Знаменитые евреи Америки

Америка - еврейский фактор

Книга 1

Михаил Столин

МИХАИЛ СТОЛИН

Знаменитые Евреи Америки

АМЕРИКА - ЕВРЕЙСКИЙ ФАКТОР
КНИГА-I

Znamenitye Evrei Ameriki: Amerika - Evreyskiy Faktor. Kniga 1.

by Mikhail Stolin

Copyright © 2018 by Mikhail Stolin.

All rights reserved, including the right of reproduction in whole or in part in any form.

Published by Stolin Family Books, San Francisco, CA (415) 846-6042

September 2018: First Russian Language Edition

"Znamenitye Evrei Ameriki" (*Famous American Jews*) is a collection of fascinating biographical essays about Jewish Americans who emigrated from Russia in the beginning of the 20th century (or grew up in immigrant families), and who had considerable influence on various spheres of American life: from sports and culture to espionage and organized crime. These essays by Mikhail Stolin have previously appeared in the *New Life* – a Russian-language newspaper published in San Francisco from 1980 to 2015, and have been selected and adapted for this book by the author.

Подготовка макета и компьютерная верстка — Н. Столин.

Оформление обложки — А. Столин.

Редактор – С. Абрамович.

Столин М.И.

Знаменитые евреи Америки. Америка - еврейский фактор. Книга 1. — Сан-Франциско, Калифорния: Stolin Family Books, 2018. — 215 с.

Увлекательные биографические очерки Михаила Столина об американцах еврейской национальности, эмигрировавших из России в начале прошлого века (или выросших в семьях эмигрантов) и оказавших значительное влияние в разных сферах американской жизни: от культуры и спорта до шпионажа и криминала. Очерки, вошедшие в эту книгу, печатались в газете «*Новая Жизнь*», издававшейся в Сан-Франциско с 1980 по 2015 год.

ISBN-13: 978-0-692-13646-1
ISBN-10: 0-692-13646-0

Посвящается Любе и Маре

СОДЕРЖАНИЕ

1 АЙЗЕК АЗИМОВ КАК НАЦИОНАЛЬНОЕ ДОСТОЯНИЕ … 1
2 СОЛ ЮРОК: ЖИЗНЬ СРЕДИ ЗВЕЗД … 9
3 МЕНУХИН ВЕЛИКИЙ … 17
4 СИДНЕЙ ФРАНКЛИН - МАТАДОР ИЗ БРУКЛИНА … 23
5 ДВОЙНАЯ ЖИЗНЬ МО БЕРГА … 29
6 ДЖОРДЖ БЁРНС: «КАК ПРОЖИТЬ ДО СТА И БОЛЬШЕ» … 36
7 ОСКАР ЛЕВАНТ: МЕЖДУ ГЕНИЕМ И БЕЗУМИЕМ … 43
8 МИККИ КАЦ: «МУЗЫКА ЗВУЧАЛА ТАК ВЕСЕЛО…» … 50
9 БЕННИ ГУДМЕН - ПОЭТ КЛАРНЕТА, КОРОЛЬ СВИНГА … 58
10 ВЫ ЕЩЕ НЕ ТАКОЕ УСЛЫШИТЕ! … 67
11 ВЕЛИКИЙ ГОЛДВИН … 73
12 МАЙК И ЛИЗ … 82
13 ИМПЕРАТОР … 89
14 БАГСИ СИГЕЛ: ВООРУЖЕН И ОЧЕНЬ ОПАСЕН … 97
15 БИЛЛИ РОУЗ - ЛЕГЕНДА И ЧЕЛОВЕК … 106
16 ПРЕЛЕСТНЕЕ ТЕБЯ Я НЕ ВСТРЕЧАЛ НИКОГО … 114
17 БЕВЕРЛИ … 121
18 ЖАН ПИРС – ЕДИНСТВЕННЫЙ И НЕПОВТОРИМЫЙ … 129
19 ОПЕРАЦИЯ «СОЛО» … 135
20 ДВЕ ЖИЗНИ ЗИРО МОСТЕЛЯ … 145

21	ШИРЛИ ПОВИЧ: РОМАН С ГАЗЕТОЙ ДЛИНОЮ В ЖИЗНЬ	151
22	ЛЕО РОСТЕН: «УРА ИДИШУ!»	157
23	ДОРОГИЕ ЭББИ И ЭНН - КОРОЛЕВЫ МУДРЫХ СОВЕТОВ	162
24	БАРБАРА УОЛТЕРС: «В МОИХ ВОПРОСАХ НЕТ НИЧЕГО СТРАШНОГО»	170
25	БАЛОВЕНЬ СУДЬБЫ ЛАРРИ КИНГ	177
26	КОРОЛЬ МОДЫ РАЛЬФ ЛОРЕН	183
27	БИЛЛИ КРИСТАЛ: «ОКАЗЫВАЕТСЯ, РОДИТЬСЯ - ЭТО ЕЩЕ НЕ ВСЕ!»	189
	БИБЛИОГРАФИЯ	196
	ОБ АВТОРЕ	207

1 АЙЗЕК АЗИМОВ КАК НАЦИОНАЛЬНОЕ ДОСТОЯНИЕ

«Айзек Азимов всю жизнь был трудягой, - писал о нем Рэй Брэдбери. - Люди часто называли Айзека трудоголиком...». И было за что: дотошные исследователи творчества великого фантаста подсчитали, что за свою более чем полувековую литературную карьеру Айзек Азимов написал 477 книг, несколько тысяч статей, газетных заметок, аннотаций к различным литературным произведениям и более тысячи смешных (и среди них не очень приличных) острот, анекдотов и лимериков.

Вот, к примеру, один более или менее приличный из неприличных или, как сам Айзек называл их, «распутных» лимериков.

> По весне объявила Аврора:
> «Я покончу с невинностью скоро
> Всюду птицы поют
> И деревья цветут -
> И к тому же мне минуло сорок».
>
> (Перевод Мих. Лукашевича)

«Необыкновенная продуктивность Азимова, способного «выстреливать» на электрической пишущей машинке до 90 слов в минуту, стала, что называется, притчей во языцех, - писал об Айзеке Азимове Артур Кларк, не менее, чем Айзек, известный писатель-фантаст (и не менее, чем Айзек, искрометный шутник). - У него четыре электрические машинки и он может печатать сразу четыре книги двумя руками и двумя ногами», - понапридумывал про Айзека ехидный Артур Кларк. И «по-дружески», а они были друзьями, заметил: «Азимов - экологическая катастрофа, на издание его книг в бумажную массу переведены целые гектары леса...». «Такие отрасли промышленности, как писчебумажная и деревообрабатывающая,

- как бы в подтверждение слов Артура Кларка вторит ему американский фантаст, Бен Бова, (а сам, межу прочим, написал уже более 115 книг), - просто пребывали бы в состоянии хронической депрессии, не напиши в свое время Айзек все эти сотни книг и тысячи статей. И многие издательства разорились бы, это несомненно, без того стабильного и немалого дохода, который в течение десятилетий приносили им труды Айзека».

Многие читатели не верили, что столь огромное количество книг способен написать один человек. «Между тем, - делился с читателями Айзек Азимов, - практически всю свою работу я делаю сам. У меня нет никаких помощников: ни агента, ни менеджера, ни научных ассистентов, ни секретаря, ни стенографистки. Печатаю я сам, вычитываю тоже, сам составляю указатели, провожу исследования, сам пишу письма, (заметим, написал он их более 90 тысяч), и сам отвечаю на телефонные звонки».

Учитывая огромный интерес читателей к личности знаменитого фантаста, издатели не однажды предлагали Азимову написать автобиографическую книгу. Он же всякий раз пытался отговориться, убеждая их, что с ним никогда ничего интересного не случалось. Однако поддавшись настойчивым уговорам издателей, он написал все-таки, не один, а целых три довольно увесистых тома воспоминаний. И читаются они с неменьшим интересом, чем его фантастика.

«С годами, - вспоминал Айзек Азимов, - когда я стал известным писателем-фантастом, мои книги появились в Советском Союзе. И, очевидно, потому, - предположил он, - что моя фамилия имела русское окончание «ов». Правда, однажды некий читатель поведал Айзеку, будто встречал человека, который клятвенно его заверял, что писатель Азимов - узбек. «Мне это немного льстит, но это не так, - писал о своем происхождении Айзек. - Я не узбекский Азимов... я, судя по всему, еврей. По крайней мере моя мама еврейка, мама моего отца также еврейка, значит, и мой отец, и я определенно евреи... Я не посещаю синагогальные богослужения, не соблюдаю традиций и даже не проходил бар-мицву... Тем не менее я - еврей, и все тут».

«Известно, - сообщал о своей родословной Айзек Азимов, - что родителями моего отца были Аарон-Менахем и Ханна-Хая Озимовы... Мой отец Юда Озимов родился в Петровичах, недалеко от Смоленска».

Сегодня Петровичи - деревня в Смоленской области. А в начале прошлого века входившее в черту оседлости хасидское

АЙЗЕК АЗИМОВ КАК НАЦИОНАЛЬНОЕ ДОСТОЯНИЕ

местечко Петровичи, в котором проживали 1065 евреев (три четверти деревенских жителей), было приписано к Климовичскому уезду Могилевской губернии.

В 1998 году в Петровичах на месте дома, в котором 2 января 1920 года родился Айзек Азимов, установили мемориальный камень. Правда, медная табличка, можно прочесть в интернете, хранится в конторе администрации деревни... во избежание кражи. Ну да ладно, спасибо и за памятный камень, хоть и без медной таблички, и за посвященный знаменитому земляку стенд в районном краеведческом музее, под стеклом которого, можно увидеть альбом «АЗИМОВ АЙЗЕК... ЮРЬЕВИЧ».

После Октябрьской революции в местечке появились: еврейский национальный сельсовет, клуб и магазин сельского потребительского общества, сокращенно - сельпо, в котором Юда Озимов стал трудиться в должности счетовода-бухгалтера. В 1919 году, в возрасте 22 лет, он женился на своей соседке, девушке из бедной семьи Ханне-Рахили Берман. Первенца родители назвали Исааком, в честь покойного деда по матери. В третьем томе воспоминаний Айзек Азимов писал о себе: «Мое имя - Исаак, не менее известное из библейских имен, чем имя еврейского пророка Моисея... Я - Исаак Азимов, и у меня никогда не было мысли поменять свое имя па имя Ирвинг или какое-либо другое. Я не раз отказывался публиковать свои книги под какими-либо творческими псевдонимами, которые предлагали мне издатели, уверяя, что мои имя и фамилия, переделанные на американский лад, прибавят мне популярности среди читателей».

Страшный голод, начавшийся сразу же после окончания Гражданской войны, подтолкнул Юду и Рахиль к эмиграции. В 1923 году по вызову старшего брата матери Иосифа супруги вместе с детьми - трехлетним Исааком и восьмимесячной Миной - отправились в дальнюю дорогу: Петровичи - Рига - Ливерпуль - Нью-Йорк. «Родители, - по словам Айзека Азимова, - уехали в Америку ради лучшего будущего своих детей». Их надежды сбылись: еще при жизни они успели порадоваться за младшего сына Стэнли, уже родившегося в Америке и ставшего успешным журналистом, и за счастливую в замужестве дочь Мину. И, добавим от себя, за ставшего всемирно известным писателем Айзека.

«Мы жили в Бруклине, - вспоминал свое детство Айзек Азимов. - Чтобы прокормить семью, отец брался за любую работу: был уборщиком, расклейщиком афиш, уличным торговцем, наконец устроился вязальщиком свитеров на швейную фабрику. Спустя три года, скопив достаточную сумму денег, он открыл небольшую кондитерскую лавку».

Айзек - так уже «по-американски» называли в семье Исаака, научился читать в пять лет, в семь стал посещать библиотеку и прочитывал по две книги в неделю. Мог бы и больше, но свободного времени не хватало: он ежедневно вставал в шесть часов утра, чтобы успеть разнести газеты, затем, возвратившись из школы, помогал отцу торговать в лавке.

Пристрастившись к чтению, Айзек с детских лет решил посвятить себя писательской карьере. «Впервые я начал думать о себе как о «писателе», - вспоминал он, - когда мне было одиннадцать лет. Пятицентовая тетрадка была мне по карману; ручка имелась и как-то вечером я устроился в углу кухни и принялся писать свою первую книгу... В первом порыве я настрочил полторы главы, затем, осилив еще семь или восемь, точно не помню, бросил сочинительство». И лишь спустя семь лет, будучи уже студентом химического факультета Колумбийского университета, он написал и опубликовал свой первый научно-фантастический рассказ. «Когда я начал писать, - рассказывал Айзек Азимов в одном из интервью, - я еще ни в кого не был влюблен, и женщины для меня были все равно что марсиане». Однажды, случилось это как раз в Валентинов день, в феврале 1942 года, на вечеринке в Бруклинском клубе писателей друзья познакомили 22-летнего Айзека с привлекательной девушкой Гертрудой Блугерман. «Полагаю, каждому из нас приходилось иногда произносить фразу: «Ну и что он в ней нашел?» или: «Ну и что она в нем нашла?» - заметил Айзек, рассуждая на тему: «Что это за штука – любовь?» Именно так - «Что это за штука - любовь?» - он назовет один из своих рассказов. «Смешной вопрос, - ответит он сам себе, - потому что то, что он видит в ней или она видит в нем, просто так, глазом, не увидишь...».

Сам же Айзек нашел, что Гертруда (на самом деле настоящее имя которой было Гитль) поразительно похожа на его любимую актрису Оливию де Хэвилленд. Читатели постарше наверняка помнят раскрасавицу Оливию, голливудскую звезду 30-40 годов, по ролям в «трофейных» фильмах «Капитан Блад» и «Приключения Робин Гуда», которые крутили в кинотеатрах и клубах в послевоенные годы. И вот Айзек настолько серьезно увлекся неотразимой Труди, что твердо решил на ней жениться. Даже несмотря на то, что она была на три года старше и курила, а он не переносил запах табачного дыма! Но он ничего не мог с собой поделать: влечение к Труди было непреодолимо. Айзек, по профессии биохимик, был убежден в том, что любовь - дело химии или эндокринологии, поскольку верил в свою собственную научную теорию, согласно которой «в конечном итоге наши эмоции зависят от гормонов. Гормоны проникают в ваш кровеносный поток, и вы, как принято говорить, влюбились».

Поразмыслив, что будущую жену и будущую семью научной фантастикой не прокормить, Айзек поступил на работу в химическую лабораторию при экспериментальной авиабазе военно-морского флота в Филадельфии. Заработная плата - 2600 долларов в год вполне позволяла ему содержать семью, и 26 июля 1942 года - менее, чем через полгода после знакомства - Айзек и Гертруда поженились. В течение трех лет службы в Филадельфии Айзек наезжал в уик-энды в Нью-Йорк, чтобы проводить время в семье. В ноябре 1945 года его призвали в армию, но восемь месяцев спустя демобилизовали. Возвратившись из армии, Айзек продолжил обучение в Колумбийском университете и после завершения докторантуры и получения докторской степени в области биохимии устроился преподавателем в Медицинскую школу Бостонского университета. Кроме преподавательской работы Айзек занимался наукой и сочинительством, «выстреливая» в среднем по четыре(!) книги в месяц. Труди же - преданная жена и мать и прекрасная хозяйка, занималась воспитанисм детей. В семье их было двое: сын Дэвид и дочь Робин.

Казавшаяся со стороны счастливой семейная жизнь Айзека не была такой уж безоблачной: Труди постоянно была чем-то недовольна, постоянно находила в Айзеке все новые недостатки (по его подсчетам, их было более тысячи!), а главное - курила, и отговорить ее от вредной привычки было невозможно. Надо полагать, что и сам Айзек не был ангелом, иначе как отнестись к его сентенции: «Господь любит нас всех, но ни от одного из нас не в восторге»?

1 мая 1959 года на банкете в клубе писателей-фантастов он познакомился с писательницей и врачом-психиатром Джанет Опал Джеппсон. К моменту знакомства с Айзеком 33-летняя Джанет успела окончить Стэнфордский и Нью-Йоркский университеты и получить докторскую степень по медицине. Завязавшаяся между Айзеком и Джанет переписка со временем переросла в настоящий почтовый роман. Между тем отношения Айзека с Гертрудой не ладились, и брак, хромавший, по выражению Азимова, уже несколько лет, наконец рухнул.

«6 июля 1970 года, - вспоминал Айзек, - как раз, когда на носу был двадцать восьмой юбилей нашей свадьбы, я ушел из дому и уехал в Нью-Йорк».

Он снял двухкомнатный номер в отеле на Манхэттене. И чтобы преодолеть «чёрную» полосу в жизни - уход из семьи и затянувшийся на неопределенное время бракоразводный процесс - стал работать над книгой «Кладовая юмора Айзека Азимова», в которую включил 640 анекдотов. Он прожил в своем двуспальном номере 57 месяцев и за это время опубликовал 57 книг!

1 декабря 1973 года, спустя две недели после официального расторжения брака с Гертрудой, Айзек женился на Джанет Джеппсон. Вопреки утверждению Бернарда Шоу о том, что идеальная любовь возможна только по переписке, (Джанет и Айзек переписывались двенадцать лет), их брак оказался на редкость счастливым. В отличие от Гертруды Джанет не замечала в Айзеке ни одного недостатка и не курила!

«Меня очень часто спрашивали, на что это похоже: быть женой самого Айзека Азимова, - писала Джанет в послесловии к сборнику фантастических рассказов «Курсанты академии». - Поразмыслив, я могу ответить на это следующим образом. Взгляды Айзека на жизнь и вопросы бытия порой заставляют меня испытывать прилив счастья - я просто радуюсь, что мне довелось повстречаться с таким замечательным человеком. Он действительно замечательный, совершенно естественный, бесконечно изобретательный и такой милый».

По воспоминаниям Джанет, Айзек был ходячей энциклопедией и словарем одновременно, обладал исключительной памятью, совершенно не боялся показывать свои чувства и эмоции, не слишком жаловал дураков, никогда не знал, что это такое - презрительно поджимать губы, всегда был терпелив и всегда открыто демонстрировал свою привязанность или симпатию к людям. В компании друзей и коллег он любил рассказывать анекдоты, отчаянно флиртовал с молодыми дамами, болел за свою любимую бейсбольную команду «Нью-Йорк Метс» и вообще был большим патриотом Нью-Йорка: «Если бы я переехал в Лос-Анджелес, все равно бы любил Нью-Йорк, а если бы вздумал поселиться в деревне, то отравился бы свежим воздухом».

Он так и не научился плавать и ездить на велосипеде, без особой охоты садился за руль автомобиля, из-за боязни высоты не летал на самолётах, предпочитая отправляться в далекие путешествия на круизных судах. Но более всего он любил путешествовать по различным небесным телам.... не отходя от письменного стола. «Пишущая машинка расплывается в тумане перед моими глазами и превращается в пульт космического корабля... И мое сердце, в котором нет ни грамма любви к приключениям, тревожно сжимается при этом».

- Может быть, стоит уже оторваться от пишущей машинки и пощадить «тревожно сжимающееся сердце»? - поинтересовалась бравшая у Айзека интервью Барбара Уолтерс.

- Для меня писать все равно что дышать, - ответил Айзек. - Если врач скажет, что мне осталось жить шесть месяцев, я не буду рвать на себе волосы. Просто я стану печатать на машинке немного быстрее.

Сердце Айзека тревожно сжималось постоянно - его рабочий день начинался в 7 утра и продолжался до 22 часов, иногда и позже... После повторной операции коронарного шунтирования 6 апреля 1992 года Айзек Азимов скончался в больнице Нью-Йоркского университета. Ему было 72 года.

«Айзек Азимов - это природный феномен и национальное достояние», - так отозвался о великом фантасте известный американский палеонтолог Джордж Симпсон. По словам одного из самых известных сегодня в мире писателей-фантастов Бенджамина Бова, «Айзек Азимов - настоящая звезда. Причем одна из ярчайших». Ему можно верить: Бен знает о звездах все или почти все, он - почетный президент Национального космического общества.

То, что Айзек Азимов природный феномен, национальное достояние Америки и настоящая звезда, причем, одна из ярчайших, готовы подтвердить миллионы поклонников творчества классика мировой фантастики.

Кроме серьезных научно-художественных и научно-популярных произведений, Айзек Азимов написал семь книг в жанре юмористики. В книгу, которую он написал в последний год своей жизни - «Айзек Азимов смеется снова» (на русском языке книга не издавалась), он включил более 700 своих любимых острот, лимериков и анекдотов. Вот один из них.

Мистер Московиц пообещал инвестировать внушительную сумму денег в постановку пьесы, но при этом поставил условие: он должен появиться на сцене, пусть даже в самой крохотной роли. Продюсер и режиссер не хотели терять обещанные Московицем деньги и, конечно же, согласились с его желанием.

- Вы должны выйти на сцену, - сказал ему режиссер, - и произнести всего лишь одну фразу: «Король умер!»

На первой же репетиции, выйдя на сцену, Московиц без всякого выражения произнес: «Король умер».

- Постарайтесь произнести эту фразу более эмоционально, - попросил Московица режиссер. Но тот снова произнес ее монотонным голосом.

- Послушайте, Московиц, - стал объяснять режиссер, - народ любил своего короля. Его смерть для страны явилась настоящей катастрофой. Вы должны выйти на сцену и объявить зрителям о его смерти с выражением глубокой скорби и печали в голосе. Вы поняли?

- Понял, - ответил Московиц и выйдя на сцену, произнес трагическим голосом: «Король умер!», и подняв над головой руки, воскликнул: «Ой, вэй!»

Апрель 2012

2 СОЛ ЮРОК: ЖИЗНЬ СРЕДИ ЗВЕЗД

В 1915 году в Погаре, местечке под Брянском, рижский предприниматель Александр Рутенберг открыл табачную фабрику, наладив на ней выпуск первых русских сигар. После революции фабрику национализировали, и она стала выпускать папиросы, сигареты, курительный табак, а в тридцатые годы - первые, уже советские, сигары: «Москва», «Золотой олень», «Погар»... К слову, в Тегеране и Ялте Сталин презентовал погарские сигары любителю гаванских сигар Черчиллю; курил ли он их - неизвестно, зато известно, что подымить погарскими сигарами любили Иосип Броз Тито и Илья Эренбург. Сегодня погарская табачная фабрика - единственное предприятие в России, выпускающее сигары. Знаменит городок Погар еще и тем, что в 1888 году в нем родился Соломон Гурков, известный всему миру под именем Сол Юрок - выдающийся импресарио XX века. «В нем удивительным образом сочетались тонкость дипломата, необычайная хватка менеджера, редкая романтическая привязанность к искусству, совершенно детское преклонение перед талантом», - вспоминал о Соле Юроке Игорь Моисеев. Термин Hurok давно уже вошел в американский лексикон: быть Юроком - значит быть лучшим, быть человеком слова, надежным деловым партнером.

Соломону исполнилось семнадцать лет, когда отец, державший скобяную лавку, отправил его в Харьков учиться торговому ремеслу. Как раз грянул 1905 погромный год, и Соломон, подобно тысячам евреев, решил покинуть Россию. Поездом, через Брест-Литовск и Варшаву, он добрался до небольшого городка Мислевич на границе с Германией. Ночью в компании попутчиков, с которыми он подружился в поезде, он перешел вброд неглубокое озеро и оказался на немецкой территории. Беглецов отправили в Гамбург, спустя три недели на старой океанской посудине «Граф Вильдерзее» - в Америку. Через 23 дня, ранним майским утром 1906 года, «Граф» благополучно прибыл в Нью-Йорк.

По семейному преданию фамилия Гурков произошла от

слова огурец, на местном наречии - гурок. Именно так и переиначил на американский лад фамилию Гурков чиновник иммиграционной службы. Сойдя на берег, Соломон, случайно встретив на улице земляка, слесаря из Погара, одолжил у него два доллара и смог купить билет на поезд до Филадельфии, где жил его старший брат Шмерул и кое-какие родственники.

За первые полгода пребывания в Филадельфии Соломон сменил восемнадцать работ. Он был курьером, мойщиком бутылок, кондитером, кондуктором трамвая, продавцом в магазине строительных материалов... «К ноябрю я стал богачом, - вспоминал свою работу в магазине Сол Юрок. - Получая семь долларов в неделю, я купил себе за восемь долларов новый костюм и уехал в Нью-Йорк». В Нью-Йорке Соломон нашел работу в магазине хозтоваров, записался на вечерние курсы английского языка и стал посещать митинги и собрания социалистов.

Ораторов на рабочих митингах и собраниях хватало, но и Сол оказался при деле. Ему поручили организацию благотворительных концертов, сборы от которых шли в фонд социалистической партии. К участию в концертах Сол привлекал профессиональных исполнителей - певцов и музыкантов. 20 ноября 1907 года впервые услышав в театре «Метрополитен» Шаляпина (в опере Арриго Бойто «Мефистофель»), Сол, набравшись смелости, (а по словам самого Юрока - нахальства), стал посылать уехавшему в Европу певцу письма с предложением организовать новые гастроли в Америке. Но все его письма так и остались без ответа.

В воспоминаниях Сол признавал за собой не только нахальство, но и равнодушие к академическим дисциплинам, позволявшим получить приличную профессию.

«Я ненавидел учебу, - вспоминал свое детство и юные годы Сол Юрок, - на берегу пруда посматривал на молоденьких купальщиц, шестнадцатилетним подростком, перелезая через ограду городского парка, ломал ветки душистой сирени для своей любимой девушки». Любимую девушку звали Тамара Шапиро. Спустя год после отъезда Соломона она последовала за ним в Америку. 28 марта 1908 года они поженились.

Тем временем Сол Юрок становится заметной фигурой в культурной жизни Нью-Йорка. Он организует выступления артистов в небольших театрах, рабочих клубах, в Музыкальной академии Бруклина. Когда в 1911 году после триумфальных выступлений в Европе в Нью-Йорк прибыл Ефрем Цимбалист, Сол поспешил в гостиницу на встречу с молодым, но уже всемирно известным скрипачом. «Впервые я беседовал один на один с музыкантом с мировым именем как настоящий менеджер. Когда я вышел от него, в кармане у меня лежал подписанный контракт». Окрыленный успехом, Сол в тот же день отправил очередное письмо Шаляпину. И вскоре получил от него телеграмму: «Встречайте меня в Гранд-отеле. Париж. Шаляпин».

Сол помчался в Европу. «Я устрою Вам выступления в Нью-Йорке, Чикаго, Сан-Франциско, - стал обещать при встрече Шаляпину Юрок. - Это будет легендарное турне! Превосходная реклама! Роскошные условия! Грандиозный успех! Баснословные гонорары!..» Но Шаляпин прервал поток его красноречия: «Нет, - сказал он, - я не поеду в Америку».

«Зачем же Вы пригласили меня в Париж?» - удивился несостоявшийся импресарио. «Чтобы посмотреть на нахала, который в течение четырех лет забрасывал меня письмами», - ответил певец. Пройдет еще десять лет, и Юрок вновь получит телеграмму от Шаляпина, на этот раз с согласием приехать в Америку.

Шаляпин прибыл в Нью-Йорк 28 октября 1921 года. На причале Эллис-Айленда сопровождаемый Юроком Шаляпин попал в окружение репортеров. Свою краткую речь по-русски он закончил словами: «В России сейчас настоящая разруха и голод». «О чем он говорил?» - поинтересовались у Юрока репортеры. «Если кратко, - ответил Юрок-переводчик, - он говорил о том, что Америка великая страна».

Шаляпин поселился в гостинице «Уолдорф-Астория», неподалеку от «Манхэттен-опера», где должен был состояться его первый сольный концерт. Но утром часов в двенадцать того дня, когда был назначен вечерний концерт, Шаляпин позвонил Юроку. «Соломон, - со вздохом сказал он, - я себя ужасно чувствую. Горло у меня, как сырая котлета. Петь вечером не смогу». Из-за простуды певца Юроку пришлось отменить три запланированных концерта. Он ежедневно мчался к Шаляпину в гостиницу и всячески выражал ему сочувствие. В день, когда должен был состояться четвертый концерт, Шаляпин чувствовал себя лучше, но выступать отказался по той причине, что был «не в голосе». «Как жаль, - сокрушался Юрок. - Как жаль! Бедняга. Конечно, вы не можете петь. Я сейчас же отменю концерт. Вам это обойдется всего в каких-нибудь пару тысяч долларов, но это же ничто по сравнению с вашей репутацией».

Шаляпин вел себя, как избалованный ребенок; и только сочувствие, а Юрок не раз проявлял его при общении со своими временами капризными звездами, было единственным шансом заставить великого певца выйти на сцену. Конечно же, гастроли в Америке, которые устроил Шаляпину Юрок, прошли с триумфом. «...Благодаря успеху в разных странах Европы, а главным образом в Америке, мои материальные дела оказались в отличном состоянии», - напишет Шаляпин в книге воспоминаний. Юрок платил щедро. Он часто любил рассказывать, что с Шаляпиным их связывали близкие дружеские отношения. Но на самом деле их дружба скорее всего походила на выгодное для обоих деловое, коммерческое сотрудничество.

Более близкие, доверительные отношения связывали Юрока с Анной Павловой. «Я знал Павлову. Я знал ее слезы так же хорошо, как и ее улыбку», - писал Юрок о великой балерине. - Я знал ее преданность работе, артистам ее труппы и ее публике. И я знал ее ранимую душу... Однажды (это было весной 1922 года во время выступлений в Канаде) мы сидели с ней под высоким деревом на парковой скамейке в Калгари и говорили обо всем на свете. Она рассказывала мне подробности своей личной жизни, о своем детстве, о том, что она никогда не видела своего отца, что ее отец еврей. Она попросила держать это в тайне». После успешных трехнедельных выступлений балетной труппы Анны Павловой в «Манхэттен опера», началось ее почти шестимесячное гастрольное турне от побережья до побережья. В больших городах - Чикаго, Филадельфии, Лос-Анджелесе, Сан-Франциско - Юрок, заботясь об удобстве артистов, в труппе их было 45 человек, размещал их в лучших гостиницах. А для выступлений снимал самые известные театральные и концертные залы. Но в маленьких городках, где театров вообще не существовало, артистам приходилось выступать в неприспособленных для театральных представлений спортивных аренах и в актовых залах школ. «Это ничего, Юрокчик, - утешала импресарио Анна Павлова после выступления в Монтгомери в помещении с протекавшей от дождя крышей, - мы нужны людям, сидящим в зале. И это доставляет мне еще большую радость, чем тогда, когда я танцую в «Метрополитен-опера». После окончания одного из представлений в «Манхэттен-опера», когда Юрок находился в гримерке Анны Павловой, ему вручили телеграмму из Москвы от Айседоры Дункан с просьбой организовать ее гастроли в Америке. «Ах, Юрокчик, это так интересно! - воскликнула Павлова. - Конечно, вы должны пригласить Айседору в Америку!»

«Москва, Пречистенка 20», - улетела из офиса Юрока

ответная телеграмма.

«Предлагаю Вам 15 представлений. 40 тысяч долларов. Я оплачиваю все расходы: пароход из России, переезды по железной дороге, театральную рекламу, оркестры в Нью-Йорке, Большом Чикаго, пианистов в других городах...».

Билеты на три первых спектакля Дункан в Карнеги-холл были проданы в течение дня. На каждом представлении Айседора, прерывая свое выступление, обращалась к публике с «большевистскими речами». «Почему Америка не протягивает руку помощи России - так как это сделала я? Я прошу вас, сделайте то же самое. Я говорю вам - любите Россию!» В Бостоне, в конце танца «Славянский марш», сорвав повязанный на шее красный шарф, Айседора, подняв его высоко над головой, закричала: «Он красный! И я тоже!..» Опасаясь «большевистских речей» Дункан, мэр Бостона в целях «поддержания порядка» запретил дальнейшие выступления в городе «красной танцовщицы». «Я умолял ее: танцуй и оставь свои речи политикам! Ты ведь одним своим жестом, одним взмахом руки в «Марсельезе» можешь сказать зрителям больше, чем словами. Она выслушивала меня и говорила: «Мистер Юрок, это больше не повторится». Но в следующий раз все повторялось сначала». Юрок пытался хоть как-то спасти остатки гастролей Айседоры, но после выступлений в Вашингтоне, Милуоки, Кливленде и Чикаго, которые неизменно заканчивались «Интернационалом», турне прекратилось. К чести Юрока, несмотря на убытки, которые он понес в связи с отменой гастролей, он оплатил все расходы, связанные с организацией двух последних выступлений Дункан в Карнеги-холл.

«В тридцатые годы в моей жизни произошло много прекрасных событий, - рассказывает в своих мемуарах Юрок. - В Париже, в концертном зале, я впервые услышал Мариан Андерсон; Артур Рубинштейн стал моим другом, моя любимая Эмма стала моей женой». Ко времени знакомства Юрока с Эммой, которая стала его второй женой, та успела сбежать из революционной России и дважды побывать замужем. Эмма Борисовна Рыбкина родилась в Санкт-Петербурге в состоятельной еврейской семье. Ученица Александра Глазунова, прекрасная пианистка Эмма обладала красивым голосом. В 1920 году после смерти мужа, известного адвоката и банкира Перпера, в Риге она вышла замуж за драматического артиста, звезду российского немого кино Осипа Рунича. Брак оказался непрочным, и с тремя детьми от первого брака Эмма переехала из

Риги в Берлин. В начале 1929 года открыватель талантов Сол в очередной раз отправился в Европу. В Берлине он посетил русский театр - кабаре «Синяя птица», где под собственный аккомпанемент Эмма исполняла русские народные и цыганские песни. «Очи черные» и «Гори, гори, моя звезда» в исполнении красотки кабаре - а красавицей Эмма была несомненно! - обычно вызывали восторг публики. Истинный ценитель талантов (и красивых женщин) Сол открыл новую звезду. «Одна заветная» - Эмма долгие годы будет озарять жизнь импресарио. В начале 30-х годов, переехав в Нью-Йорк, Эмма продолжила свою артистическую карьеру. Под именем Эмма Рунич она выступала на сцене театра-варьете «Континенталь» и в музыкальных шоу на Бродвее. Несколько напетых ею пластинок выпустила граммофонная фирма Columbia.

После развода Юрока с женой новая миссис Юрок - Эмма - с головой окунулась в светскую жизнь. Гостеприимный дом Юроков в Беверли-Хиллз, где Сол и Эмма проводили летние месяцы, посещали Артур Рубинштейн, Сергей Рахманинов, Игорь Стравинский, Михаил Чехов, Дмитрий Темкин, известные режиссёры и актеры Голливуда. Она дружила с Марлен Дитрих и другими красавицами Голливуда и, по свидетельству современников, в компании с ними, будучи уже не первой молодости, смотрелась восхитительно, словно принцесса. Очевидно по просьбе Эммы, Юрок пригласил на гастроли в США её учителя - Александра Глазунова. После окончания концерта в оперном театре «Метрополитен», на котором Глазунов дирижировал Нью-Йоркским симфоническим оркестром публика стоя в течение десяти минут, аплодировала «патриарху русской музыки».

Десятки еврейских музыкантов были обязаны своим успехом Александру Глазунову. В течение двадцати пяти лет он был директором Петербургской консерватории. На этом посту он принимал участие в судьбе музыкально одаренных еврейских детей. Путь к поступлению в консерваторию им был заказан не только из-за процентной нормы, им устраивали еще и тяжелые экзамены. Отец Миши Эльмана вспоминал, что когда он привел сына на прослушивание, Глазунов спросил своего ассистента: «Ну, кто там следующий?»

«Мальчик по фамилии Эльман, из Одессы».

«А какой он национальности?» - поинтересовался композитор. «Еврей», - ответил ассистент. «Ну что ж, - сказал Глазунов, - я думаю, мы зачислим его без экзаменов».

На банкете в отеле «Коммодор», устроенном Юроком в

честь Глазунова, речам и приветствиям не было конца.

В период между 1935 и 1939 г.г. Юрок организует в Нью-Йорке гастроли театра Михаила Чехова, труппы «Русский балет Монте-Карло», сольные концерты Кирстин Флагстад, Мариан Андерсон, Жана Пирса, Артура Рубинштейна, Артура Шнабеля... В годы войны Юрок устраивает благотворительные концерты, сборы от которых направлялись в фонд помощи Красной Армии. Один из них - «в честь доблестных русских солдат, сражающихся на фронтах Второй мировой войны» - состоялся в оперном театре «Метрополитен»: были показаны сцены из балета Михаила Фокина «Русский солдат» (на музыку Сергея Прокофьева к кинофильму «Подпоручик Киже»). 22 июня 1942 года артисты Юрока участвовали в проходившем в «Мэдисон-сквер-Гарден» ралли под девизом: «Помоги народу России в годовщину нападения на его землю вражеских захватчиков». На собранные 250 тысяч долларов было закуплено медицинское оборудование и лекарства для бойцов Красной Армии. Начавшаяся вслед за Второй мировой «холодная война» на долгие годы прервала контакты в области культурного обмена между США и Советским Союзом.

«В Америку?! - возмутился Никита Сергеевич Хрущев, когда ему доложили о предложении приехавшего осенью 1956 года в Москву Юрока организовать выступления советских артистов в США. - Они ведь там будут брать отпечатки пальцев у наших артистов! Отпечатки пальцев берут только у преступников!»

К счастью, закон Маккаррена-Уолтера об «отпечатках пальцев» был отменен, Никита Сергеевич успокоился, и 27 января 1958 в Вашингтоне СССР и США подписали Соглашение в области культуры, техники и образования. Уже спустя три месяца Юрок организует приезд а Америку ансамбля Игоря Моисеева.

«На нашу долю пришелся первый громоподобный успех, - вспоминал Игорь Моисеев, - и иначе, чем триумфальными все гастроли в Америке назвать невозможно. С тех пор мы гастролировали в США одиннадцать раз.»

Вслед за ансамблем Моисеева Юрок организует выступления в США выдающихся советских музыкантов: Эмиля Гилельса, Святослава Рихтера, Давида Ойстраха, Владимира Ашкенази, Мстислава Ростроповича. С неизменным успехом в США проходят организованные Юроком гастроли звезд оперной сцены: Ирины Архиповой, Елены Образцовой, Галины Вишневской, Государственного симфонического оркестра под управлением Кирилла Кондрашина и Константина Иванова, балета Большого и Кировского театров, Театра кукол Сергея Образцова, ансамбля «Березка». Он приглашает на гастроли «Комеди Франсез» и «Кабуки», привозит израильских артистов.

21 мая 1973 года, отметив 85-летие, Сол Юрок, несмотря на свой столь почтенный возраст, не собирается уходить на покой. В его планах - выступление оперных звезд Джузеппе Ди Стефано и Марии Каллас, гала-представление «Нуреев и друзья». Осуществить задуманное он не успел: 5 марта 1974 года Сол Юрок умер от сердечного приступа. На панихиду в Карнеги-холл собрались две с половиной тысячи человек: звезды американской и мировой культуры, политики и друзья самого знаменитого импресарио XX века.

«Он был удивительный человек и великий импресарио – Соломон Израилевич Юрок, - вспоминала Галина Вишневская. - Мы чувствовали себя с ним как за каменной стеной, зная, что своих он никогда не даст в обиду, и если уж он взялся работать с артистом, то можно быть уверенным, что он сделает для него все возможное и невозможное».

«Он был более, чем выдающийся импресарио, - не в силах сдержать слезы говорила на церемонии прощания с Юроком в Карнеги-холл великая певица Мариан Андерсон. - Человек широкой души и большого сердца, он был учителем, советчиком, другом... Он положил начало сотням карьер, он воодушевлял тысячи других - и этим он внес чувство радости и наполненности в жизнь миллионов».

О себе Сол Юрок говорил: «Я идолопоклонник! Я из тех, кто преклоняется перед талантом. Я - охотник на звезд». «Жизнь среди звезд» - так он назовет одну из глав своей автобиографической книги «Импресарио».

Апрель 2010

3 МЕНУХИН ВЕЛИКИЙ

«Чудо-ребенок», «Скрипач-вундеркинд», «Гордость Америки», - так писали о Иегуди Менухине газеты в ту пору, когда ему едва исполнилось девять лет. «Орфей скрипки», «Карузо скрипки», «Эйнштейн скрипки», - не переставали награждать Иегуди все новыми титулами музыкальные критики, когда чудо-ребенку исполнилось... двенадцать.

Его первый сольный концерт состоялся в Сан-Франциско, в парадном зале Шотландского землячества, 25 марта 1925 года. После окончания концерта огромная толпа восторженных поклонниц заполнила сцену. Они без конца обнимали чудо-ребенка и целовали его, словно божество. Стирая обеими руками со своих щек дамские поцелуи, Иегуди пытался вырваться из плотного окружения, но тщетно. Когда одна из дам, вне себя от восторга, стала восклицать: «Он играл, словно Паганини! Нет, он играл лучше Паганини!», Иегуди прервал ее: «Мадам, а вы слышали Паганини?»

«Он не талант, он - гений», - написал о девятилетнем скрипаче музыкальный критик Рэдфрсн Мэйсон в рецензии, опубликованной в газете «Examiner» на следующий день после концерта. Узнав из сообщения в газете о появлении в городе «скрипичного вундеркинда», родители бросились покупать своим детям скрипки. Но не прошло и полгода после выступления Иегуди, как ставшие было дефицитом музыкальные инструменты пришлось нести в скупку: не все дети оказались столь гениальными, как Иегуди.

Моше и Марута Менухины приехали в Сан-Франциско с полуторагодовалым Иегуди в 1918 году из небольшого городка Элизабет, штат Нью-Джерси, где преподавали иврит в местной школе Талмуд-Тора. Иврит был их родным языком с детства: оба они эмигрировали в Америку из Палестины. Человек широко образованный, окончивший гимназию в Яффе и университет в Нью-Йорке, Моше нашел место учителя-меламеда в религиозной школе при синагоге Emanu-El. Однажды вечером, придя в гости к Менухиным, кантор синагоги Рубен Райндер услышал, как Иегуди, лежа в кровати, сам себе напевает колыбельную песню. Малыш пел ее на языке Торы, иврите, выразительно и эмоционально. Кантор Райндер ушам своим не поверил: двухлетний ребенок своим пением точно передавал смысл, содержание и настроение песни, ее прекрасную мелодию. Кантор Райндер был первым, кто распознал в Иегуди музыкального гения и предсказал ему в будущем выдающуюся музыкальную карьеру.

Иегуди Менухин родился 22 апреля 1916 года в Бронксе. «Моя судьба и мое имя были предопределены еще до моего рождения», - рассказывал в одном из интервью Иегуди Менухин. В ожидании первенца его родители решили подыскать квартиру побольше. Они нашли очень хорошую, солнечную и чистую квартиру в Бронксе, на 165-ой улице, и уже готовы были подписать контракт, когда хозяйка, желая поднять цену, заявила: «И еще вам наверняка будет приятно узнать, что евреям я не сдаю». - Жаль, что мы не сможем воспользоваться случаем, - услыхав «приятную новость», ответила ей Марута, - потому что мы сами евреи. «Но вы совсем не похожи на евреев! - не растерялась хозяйка. - Так что для вас я сделаю исключение». «Выйдя на улицу, моя мать поклялась, - свидетельствует Менухин, - что если родится мальчик, она даст ему имя в честь своего народа. И назвала меня Иегуди: на иврите - «еврей». Когда спустя годы она спросила меня, не сожалею ли я о своем имени, я ответил ей: «Нет, что ты, у меня такой необычный паспорт!» В необычном паспорте великого скрипача XX века рукой клерка будет записано его полное имя - Иегуди Сион Менухин.

Исключительная музыкальная одаренность Иегуди обнаружилась удивительно рано. Вероятнее всего музыкальные гены передавались у Менухиных из поколения в поколение: отец Иегуди, Моше Мнухин (Менухиным он стал уже в Америке), родился в Гомеле, в семье потомственных любавических хасидов, в повседневной жизни которых музыка занимала важное значение. Первой учительницей Иегуди стала его мать, прекрасно игравшая на фортепьяно и виолончели. Иегуди исполнились пять лет, когда она привела его в музыкальную студию известного в городе скрипача Зигмунда Анкера. Уже спустя полгода ему присудили вторую премию за исполнение менуэта Бетховена на конкурсе юных музыкантов, ежегодно проходившем в Fairmont Hotel. «Почему не первую? – обиделась на Зигмунда Анкера мама и повела Иегуди на прослушивание к Луису Персингеру, концертмейстеру Сан-Францисского симфонического оркестра. Луис Персингер, скрипач, пианист и композитор, был опытным педагогом. «У мальчика был абсолютный слух, - вспоминал согласившийся давать Иегуди уроки скрипки его новый учитель, - и превосходное чувство ритма... Он только начал играть, как я тут же остановил его: настолько выразительным было его исполнение».

17 января 1926 Иегуди дебютирует (вместе со своим учителем в качестве аккомпаниатора) на сцене нью-йоркской «Манхэттен-Опера». После исполнения сонаты Генделя, «Испанской симфонии» Лало и первой части скрипичного концерта Паганини восхищенная игрой Иегуди публика, вновь и вновь заставляла его бисировать короткие пьесы Блоха, Сарасате и Дворжака, и отпустила со сцены лишь тогда, когда в зале погас свет.

Восторженные отзывы в прессе привлекли к Иегуди внимание антрепренеров. Но Менухины отказались от выгодных контрактов, решив дать сыну настоящее музыкальное образование. Деньги на обучение Иегуди Менухиным предложили известные в еврейской общине Сан-Франциско филантропы: состоятельный бизнесмен, скрипач-любитель Сидней Эрман и доктор Сэмюэль Лэнгер. Менухины, дороже всего ценившие свободу и независимость и привыкшие надеяться только на себя, отказались от помощи меценатов. Но Сиднею Эрману все же удалось уговорить родителей Иегуди. Его довод был более чем убедительным: «Иегуди принадлежит не только вам, - сказал Сидней Эрман, - он принадлежит всему миру». Осенью 1926 года на пароходе «Де Грасс» Иегуди с родителями отплыл из Нью-Йорка в Европу. Прощаясь со своим учеником, Луис Персингер подарил ему свою фотографию с надписью: «Дорогому Иегуди с надеждой, что придет день, когда он вырастет великим артистом и будет не только мастером, но и честным служителем Прекрасного. С любовью и восхищением от друга и учителя Луиса Персингера».

В Париже Иегуди продолжил обучение под руководством выдающегося скрипача Джордже Энеску. Первый сольный концерт десятилетнего Иегуди с симфоническим оркестром в Париже стал настоящей сенсацией. «После исполнения «Испанской симфонии» Лало, - вспоминал дирижер оркестра Поль Парэ, - совершенно ошеломленный и потрясенный, я подбежал к ребенку, обнял его и целовал, целовал, как безумный... Это был настоящий триумф». Поздней осенью 1927 года Менухины возвратились в Америку и уже 27 ноября Иегуди выступил с Нью-Йоркским симфоническим оркестром в Карнеги-холл. После выступления публика устроила юному концертанту оглушительную овацию. «Одиннадцатилетний Иегуди Менухин, - свидетельствует музыкальный критик, - исполнил скрипичный Концерт Бетховена с таким мастерством, зрелостью и такой глубиной, которые не поддаются никакому разумному объяснению. В этот вечер юный скрипач вознесся на высоту, которая достигается лишь гениями в зените своей славы. Оркестранты плакали от восторга, понимая, что присутствовали при рождении музыкального чуда, а критики не скрывали своей растерянности».

В марте 1928 года 12-летний Иегуди записывает свою первую пластинку. На ней звучали «Романеска» Иосифа Ахрона и «Сьера Морена» Де Монастерио. Год спустя появились новые записи: Бах, Бетховен, Моцарт, Паганини, Шуберт, Новачек, Венявский. Последующие граммофонные записи 30-х годов свидетельствуют, сколь обширным был репертуар молодого Иегуди: Римский-Корсаков, Брамс, Дворжак, Дебюсси, Сарасате, Шимановский, Равель, Россини, Мендельсон, Барток. В тринадцать лет (!), по мнению музыкальных критиков, Иегуди был уже зрелым, состоявшимся музыкантом. Спустя два года пятнадцатилетний Иегуди получает первую премию на конкурсе Парижской консерватории и свою первую награду – бельгийский Орден Леопольда. «Моцарта скрипки», как называли юного Иегуди газеты, не обходят вниманием меценаты. Когда они спрашивали Иегуди, какой подарок ему хотелось бы получить после концерта за старание, он обычно отвечал: «Мороженое. Лучше всего с клубничным сиропом».

Известный своей щедростью нью-йоркский филантроп банкир Генри Голдмэн не стал размениваться на мороженое с клубничным сиропом: он подарил Иегуди приобретенную за 60 тысяч долларов (огромные по тем временам деньги) скрипку работы знаменитого мастера Антонио Страдивари.

После успешного концертного турне по Америке Иегуди вновь гастролирует в Европе. 12 апреля 1929 года, за несколько дней до своего тринадцатого дня рождения, он выступил с Берлинским филармоническим оркестром, сыграв за один вечер скрипичные концерты Баха, Бетховена и Брамса. После окончания концерта аплодисменты не смолкали в течение 45 минут. Среди публики, заполнившей в тот вечер до отказа концертный зал, находились: американский посол Шурман, мировые знаменитости - Альберт Эйнштейн, Макс Рейнхарт, Фриц Крейслер, Осип Габрилович, Сэм Франко. Эйнштейн сидел в первом ряду и, слушая игру Иегуди, не сводил с него восхищенных глаз и восторженно аплодировал вместе с залом, высоко вскидывая над головой руки. «Когда концерт окончился, - вспоминал Иегуди Менухин, - Альберт Эйнштейн бросился ко мне в артистическую (ему и в голову не пришло пройти через фойе), обнял меня и воскликнул с восторгом, переходящим все мыслимые границы: "Теперь я знаю, что есть Б-г на небесах!"»

В 1934 году Иегуди отправился в свое первое мировое турне. Он побывал с концертами в 13 странах, включая Новую Зеландию и Австралию, и дал 110 концертов в 63 городах всех континентов.

Иегуди было 22 года, когда во время выступлений в Лондоне он познакомился с 19-летней Нолой Николас, дочерью богатого фабриканта. Они поженились спустя два месяца после знакомства. Брак не сложился: к разрыву привели различие в происхождении, несхожесть характеров и интересов. В семье подрастало двое детей, но в конце 1944 года Иегуди и Нола расстались. Второй женой Иегуди стала английская балерина и актриса Диана Гоулд. Лучшую ученицу балетной школы Мари Рамбер, четырнадцатилетнюю Диану заметил Сергей Дягилев и тут же зачислил в свою труппу. Спустя год Диана уже танцевала сольные партии, «словно божественная Тамара Карсавина». После смерти Дягилева Диана получила ангажемент от Анны Павловой, выступала в балете Джорджа Баланчина и де Базиля, танцевала с Сержем Лифарем, Нижинским, Мясиным. «Она не только великолепная балерина, но и одна из прекрасных актрис в истории английского балета», - писал о Диане Гоулд балетный критик.
Став миссис Менухин (Иегуди и Диана поженились в октябре 1947 года), Диана оставила сцену. «Диана - удивительная красавица и человек редких душевных качеств, - с любовью пишет о жене в своих воспоминаниях Иегуди Менухин. - Всю жизнь она отдала без остатка - сначала балету, потом мужу и детям, была моим любящим, верным, преданным и мудрым спутником». В шутку называя Иегуди «агентом по распространению скрипичной музыки», она часто сопровождала его в беспрерывных гастрольных турне по всему миру. В счастливом браке они прожили более полувека, у них было двое сыновей.

Современники, которым доводилось общаться с Иегуди Менухиным, свидетельствуют о его необычайной скромности и доброте, сердечности и благородстве. По словам выдающегося скрипача Ицхака Перлмана, «Менухин был одним из гигантов нашего столетия и как скрипач, и как музыкант, и как личность».

Когда после нападения Японии на Перл-Харбор начался призыв в армию, Иегуди Менухин, отец двоих детей, не подлежал мобилизации. Но «ответственность и долг» заставили его обратиться к руководству военного департамента за разрешением выступать с концертами перед воинскими частями. За время войны он дал более пятисот бесплатных концертов в госпиталях, армейских лагерях, на боевых кораблях и авиабазах, в наступающих частях действующей армии, освобождавших Европу от нацистов. В июне 1945 года Иегуди Менухин играл в Сан-Франциско, в концерте, посвященном подписанию Устава ООН. Проявлением гражданской позиции Менухина стало его сотрудничество с правозащитной организацией «Международная амнистия» в поддержку узников совести, его постоянная готовность помогать притесняемым и преследуемым. В 1948 году он выступал против травли Прокофьева и Шостаковича, в 1970-х - в защиту опальных Евтушенко, Солженицына и Ростроповича. «Лучший из американских послов», как называли Менухина в Госдепартаменте, давал концерты по всему миру, стараясь подружить народы и страны. Иегуди Менухин активно гастролировал до самых последних дней своей жизни. Он умер от инфаркта 12 марта 1999 года в Берлине, куда приехал продирижировать концертом с Варшавским симфоническим оркестром.

XX век дал миру много выдающихся скрипачей. Но лишь одного из них, Иегуди Менухина, называли «вестником музыки на земле». Среди бесчисленного множества титулов был у него еще один: «Менухин Великий».

Не только музыкальные критики и выдающиеся музыканты, но и любители музыки, которые имели счастье слышать игру Менухина, отмечали присущее лишь ему одному возвышенное, вдохновенное исполнение, способность «поистине божественным звуком выражать самые сокровенные человеческие мысли». «В медленных частях сонат Бетховена или Брамса, - свидетельствует известный скрипач Артур Штильман, - часто ощущалась какая-то неземная высота духовной сферы, куда поднимал своих слушателей этот гениальный юноша. Это бесценное качество осталось с Менухиным на всю жизнь». Как же удавалось ему поднимать своих слушателей на неземную высоту духовной сферы? Ответ на этот вопрос дал сам Менухин Великий: «Играть надо так, чтобы музыка проникала прямо в сердце».

Сентябрь 2010

4 СИДНЕЙ ФРАНКЛИН - МАТАДОР ИЗ БРУКЛИНА

«Конечно, я безмерно люблю бой быков и испытываю своего рода чувственное наслаждение, сражаясь спокойно, видя, что опасность совсем рядом. Я бы не поменял это чувство ни на какой другой жизненный опыт», - утверждал Сидней Франклин, еврейский паренек из Бруклина, достигший вершин в одном из самых опасных, зрелищных и жестоких видов спорта - в бое быков.

Сиднея Франклина часто спрашивали, почему он решил овладеть такой уникальной, единственной в своём роде профессией. «Откровенно говоря, - отвечал он, - я и сам не знаю. Путь от Jackson Place в Бруклине до Plaza de Toros в Мадриде был для меня настолько же естественным, сколь захватывающим и интересным».

Вообще-то настоящая фамилия знаменитого матадора была Фрумкин. Но в студенческие годы он сменил её в честь одного из отцов - основателей Соединённых Штатов Бенджамина Франклина. Сидней Франклин родился 11 июня 1903 года в Бруклине в семье эмигрантов из России, в поисках лучшей доли переселившихся в Америку в конце XIX столетия. В отличие от доброй и ласковой идише-мамы Любы отец был строг с детьми, а их в семье было десять, и требовал от них беспрекословного подчинения и послушания - профессия наложила отпечаток на его характер: папа Абрам был полицейским. Он часто напоминал детям о том, что они должны прилежно учиться. «Только образование, - наставлял он их, - поможет добиться успеха в жизни». Сидней, пятый ребенок в семье, с детства был наделен разносторонними способностями: хорошо рисовал, в тринадцать лет стал победителем конкурса любителей вышивки бисером, а спустя два года стал посещать театральную студию и выступать на сцене Globe Theatre. Отец не разделял увлечения юного Сиднея и мечтал «направить его по торговой части». По настоянию отца Сидней поступил в Бруклинское коммерческое училище. После его окончания продолжать образование по «торговой части» он не захотел и против воли отца поступил в Колумбийский университет, где стал изучать испанский язык. Но вскоре, оставив учебу, вместе с напарником занялся шелкографией, росписью тканей и изготовлением плакатов на продажу, посчитав, что занятие бизнесом станет для отца доказательством самостоятельности сына, что он уже достаточно взрослый, чтобы содержать себя и помогать семье. Но решение Сиднея бросить учебу вызвало гнев отца, и после размолвки с ним, не простившись с семьей, на корабле «Монтерей», Сидней отплыл в далекую Мексику. Родители были уверены, что блудный сын вернется домой через две недели, но ни они, ни сам Сидней и не предполагали, что его отъезд затянется на семь долгих лет и что хороший еврейский мальчик станет матадором.

Вскоре после прибытия в Мехико-сити Сидней нашёл работу в небольшой фирме по изготовлению плакатов, афиш и рекламных щитов с изображением сцен с боем быков и портретами известных матадоров. Коррида - любимый вид развлечений мексиканцев - так понравилась Сиднею, что он и сам решил стать матадором.

Его новые друзья-мексиканцы, узнав о планах Сиднея, стали доказывать ему, что матадор - профессия опасная, связанная с риском для жизни, и требует мужества и отваги, которых нет у американцев. «У американцев в мизинце больше мужества и отваги, чем у остальных в пятерне, - возмутился Сидней. - И я докажу вам это».

Первым учителем Сиднея стал Радолфо Гаона, лучший матадор Мексики и один из трех самых известных в то время матадоров в мире. Несколько уроков искусства корриды преподнес Сиднею кумир Мадрида и Мехико-сити Марсиал Лаланда. После этого один из промоутеров предложил Сиднею выступить перед публикой. У «гринго» нет ни опыта, ни мастерства, прикинул он, зато его выступление позабавит публику, и она вдоволь посмеется над беспомощным новиллеро - новичком-матадором. Он и не предполагал, что, выпуская Сиднея на арену, открывает ему путь к известности и славе, и что вскоре янки-матадор станет одним из самых знаменитых матадоров в мире.

Дебют Сиднея Франклина на большой арене El Toreo в Мехико-сити состоялся 20 сентября 1923 года. Во время выступления он дважды был сбит с ног, но мужественно довел бой до победного конца. На следующий после выступления день спортивный комментатор газеты «Excelsior» отметил, что новичку на арене явно не хватало опыта, изящества и красоты поз и движений, но публику покорили его мужество и отвага. Мастерство янки-матадора росло с каждым боем, и после успешных выступлений в Мексике Сидней отправился за океан покорять родину корриды - Испанию.

Дебют Сиднея Франклина в Севилье в июне 1926 года оказался настолько успешным, что после окончания боя публика двадцать раз вызывала его на арену, и с разрешения губернатора провинции толпа фанатов вынесла его через Infante puerta - главные ворота арены, названные в честь наследного принца и предназначенные для выхода королевской семьи. Сидней Франклин стал пятым матадором, который удостоился столь высокой чести за 175-летнюю историю существования арены в Севилье. Тесня друг друга, тысячи поклонников храброго матадора пожимали ему руки. «Рукопожатия были такими сильными, - вспоминал свое первое выступление в Севилье Сидней, - что у меня еще пару недель болели пальцы». Было уже около полуночи, когда толпа поклонников принесла его к отелю на Plaza de Cadiz. Десять тысяч человек, заполнившие сквер перед отелем, ни за что не хотели расходиться по домам, и Сиднею приходилось целую ночь выходить на балкон, чтобы снова и снова поприветствовать своих поклонников. После успешных выступлений в Севилье, Валенсии и Барселоне промоутеры поспешили заключить с Сиднеем контракт на выступления в Мадриде. Однажды, когда Сидней сидел за столиком мадридского кафе на Gran Via, к нему подошел незнакомый человек, небритый, давно не стриженый, в помятом поношенном костюме и стоптанных домашних шлепанцах.

- Вы Сидней Франклин, матадор? - тихим голосом спросил он по-английски. Вынув из бумажника деньги, Сидней протянул их незнакомцу.

- Я не нуждаюсь в деньгах, - сказал ему тот, - я просто хочу познакомиться с вами. Мое имя - Эрнест Хемингуэй, я писатель. Я хотел бы поговорить о бое быков, чтобы более подробно узнать о корриде и искусстве матадора.

За бутылкой любимого Хемингуэем абсента они проговорили более пяти часов и расстались друзьями.

«Он был открытым человеком, - вспоминал свою первую встречу с Хемингуэем Сидней Франклин, - и чем больше я узнавал его, тем больше он мне нравился. Он расспрашивал меня о великих матадорах прошлого. Гуэррита - великий? А Хозелито? А Фраскуэльо? А Фэентес? Он просил рассказать о мастерстве каждого из них, о их манере ведения боя».

Почти месяц на новеньком «Форде» они колесили вдвоем по дорогам Испании, и Хемингуэй не пропускал ни одного выступления своего нового друга. По его словам, каждое из них «было чудесным, восхитительным и на редкость впечатляющим зрелищем». С 9 июня по 17 октября 1929 года Франклин провел пятьдесят восемь боев, одержав много блестящих побед на аренах Испании, Португалии и Испанского Марокко. «Он словно высечен из камня, он человек без нервов, хладнокровный и храбрый - таким может быть только испанец», - писал о Франклине один из газетчиков. Слава Сиднея Франклина росла, его признал Мадрид, и теперь своего кумира любители корриды в Испании называли уже не янки-матадор, а Торо Торреро. Журналисты писали о нем всякие небылицы, будто он уроженец Мадрида (Севильи, Барселоны, Валенсии...) - каждый город, где выступал Сидней «приписывал» его себе. В зимний сезон 1929 года он получил приглашение провести серию боев в Южной Америке и Африке, диктатор Гомес пообещал ему 150 тысяч долларов за трехмесячное турне по Венесуэле. Во время боя в городке Геуата (Северная Африка) Сидней был опасно ранен быком и, оправившись после операции, 14 августа 1930 года вновь появился на арене в Мадриде, восторженно приветствованный тридцатью тысячами зрителей.

«Сидней - превосходный боец! Он обладает абсолютным мужеством, к тому же он необычайно умен», - сказал Хемингуэй корреспонденту одной из газет, взявшему у него интервью накануне боя. - Он намного лучше тех парней, которые выросли на давней традиции корриды. Может, они и грациозны, и артистичны на арене, но нет у них той сообразительности, сноровки и быстроты, которыми обладает Сидней». В свободное от выступлений время Сидней ездил с Хемингуэем на охоту или рыбалку, помогал ему в работе над книгой «Смерть после полудня» (о бое быков). «Он самый лучший из собеседников, которых я когда-либо встречал в жизни», - так отзывался о Франклине Хемингуэй.

Приезжая в Америку, Сидней навещал Хемингуэя в его доме в Ки-Уэст (штат Флорида), и вместе они часто уходили на яхте Хемингуэя порыбачить в открытом море. В один из приездов Хемингуэй предложил Франклину поехать на Кубу, чтобы уговорить диктатора Батисту открыть арену для боя быков в центре Гаваны на территории Луна-Парка для привлечения в страну туристов. Батиста заинтересовался их предложением, но осуществить задуманное не удалось: летом 1936 года вспыхнул франкистский мятеж в Испании. Подписав контракты с Северо-Американским газетным агентством, весной 1937 года оба они - Хемингуэй и Франклин - отправились в Испанию в качестве военных корреспондентов. «Хемингуэй жил на Гран Вия в гостинице «Флорида» недалеко от телефонной станции, по которой все время била фашистская артиллерия», - писал Илья Эренбург в книге воспоминаний «Люди, годы, жизнь». «Гостиница была продырявлена прямым попаданием фугаски. Никого в ней не оставалось, кроме Хемингуэя... В Мадриде он был всегда голодным».

Да нет же! На третьем этаже подвергавшейся артобстрелам франкистов гостиницы «Флорида», Хемингуэй поселился вместе с Сиднеем Франклиным. И Сидней не давал голодать своему другу. Только за одну из «ходок» в Валенсию, загрузив старенький «Ситроен» продуктами, Сидней привез по просьбе Хемингуэя: шесть огромных свиных окороков, две двадцатипятигаллоновые банки топленного свиного сала, четыре килограмма масла, десять килограммов чудесного кофе, двадцать килограммов карамели, сто килограммовых банок разных сортов мармелада и желе, а также корзину в сто килограммов весом с мандаринами, грейпфрутами и лимонами. В рассказе «Мадридские шоферы» Хемингуэй так описывает пребывание Франклина в осаждённом Мадриде: «Сид Франклин (матадор из Бруклина), который закупал для нас продовольствие, готовил завтраки, печатал на машинке статьи, раздобывал бензин, раздобывал машины, раздобывал шоферов и знал Мадрид и все мадридские сплетни, как живой диктофон... Сид снабдил машину сорока литрами бензина, а бензин был самой жгучей проблемой военных корреспондентов (его труднее было достать, чем духи Шанель и Молинэ или джин Болс)». Ежедневно Хемингуэй и Франклин объезжали на машине позиции республиканцев вдоль линии фронта и возвращаясь после полуночи в гостиницу, писали обо всём, что видели и слышали. К утру отпечатанные на машинке репортажи Сидней передавал по телеграфу. «Он не мог расстаться с воздухом Мадрида, - писал Илья Эренбург о Хемингуэе. - Писателя привлекали опасность, смерть, подвиги». Эти же слова в полной мере можно отнести к Сиднею Франклину.

В Мадриде известный испанский художник Куинтанила написал портрет матадора. «Было солнце, играла музыка, мы пили белое калифорнийское вино, и я не знаю, почему я именно так нарисовал этого парня из Бруклина, американского матадора».

После падения Мадрида и окончания гражданской войны в Испании весной 1939 Франклин возвратился в Нью-Йорк. Его планам проводить бои быков в Соединенных Штатах не суждено было осуществиться: идею Франклина отклонило Общество против жестокого обращения с животными. Все же ему разрешили продемонстрировать мастерство матадора перед посетителями открывшейся в 1939 году Всемирной выставки в Нью-Йорке с условием, что во время поединка он не допустит смертельного исхода для быков.

Сидней Франклин вернулся в Испанию сразу же после войны и в конце 1945 года открыл школу подготовки матадоров неподалеку от Севильи и возобновил выступления на арене. Пик его профессиональной карьеры пришелся на конец сороковых годов прошлого века.

Из-за травм, увечий и перенесенных операций Сидней вынужден был прекратить выступления. Но безмерная любовь к корриде вновь привела его на арену. В мае 1958 года пятидесятитрехлетний матадор во время боя в Мексике получил тяжелое ранение и после очередной перенесенной операции все же завершил карьеру матадора. Последующие годы он посвятил журналистике и литературной работе. В 1970 Сидней Франклин поселился в Village Nursing Home в Нью-Йорке. Он и умер там в 1976 году, в возрасте 73 лет. Библиографической редкостью сегодня считается опубликованная в 1952 году книга воспоминаний Сиднея Франклина «Матадор из Бруклина». Откройте второй том Encyclopedia Britannica - там под статьей о корриде стоит фамилия прославленного тореро.

Ноябрь 2008

5 ДВОЙНАЯ ЖИЗНЬ МО БЕРГА

В здании штаб-квартиры Центрального Разведывательного Управления США в Лэнгли, штат Вирджиния, в закрытом для посетителей музее среди множества экспонатов можно увидеть встроенный в спичечный коробок фотоаппарат, приемо-передающую рацию, миниатюрное подслушивающее устройство, письмо дочери Сталина Светланы Аллилуевой с просьбой о предоставлении ей политического убежища на Западе и даже бюст Германа Геринга, который вывез после войны из Германии будущий директор ЦРУ Аллен Даллес. Под стеклом одного из стендов хранится пистолет с глушителем, который принадлежал директору Управления стратегических служб (УСС) Уильяму Доновану, а рядом с ним - два потертых картонных футляра с набором карточек с фотографиями знаменитого бейсболиста Мо Берга. Его называли «умнейшим игроком высшей лиги»: после завершения образования в Принстоне и стажировки в Сорбонне в области лингвистики Мо продолжил обучение в юридической школе Колумбийского университета. Интеллектуал, эрудит, он хорошо разбирался в искусстве, музыке и литературе и знал семь языков. Высокий, под два метра ростом, голливудской внешности красавец, он слыл покорителем женских сердец: «Не оставляйте своих жен наедине с Мо», - как бы в шутку предупреждал общих знакомых один из его друзей. И это был дельный совет... Обладатель многочисленных спортивных наград, Мо Берг был отмечен еще и высшим гражданским знаком отличия США - медалью Свободы.

Моррис Берг родился в 1902 году в Нью-Йорке в семье эмигрантов из Украины. Его отец Бернард Берг был родом из деревни Киппинья(?), мать - Роза Ташкер из местечка под Каменец-Подольском. Когда двадцатилетний счетовод Бернард влюбился в юную красавицу Розу и решил на ней жениться, ее отец, бухгалтер принадлежащего князю Крапинскому винокуренного завода, поначалу отказал будущему зятю, посчитав, что дочь слишком молода для замужества: ей не исполнилось еще и шестнадцати.

В конце 1894 года Бернард уехал в Америку. Судьба, казалось, навсегда разлучила влюбленных... В Нью-Йорке Бернард поселился в тесной комнатке многоквартирного дома в Нижнем Ист-Сайде и устроился гладильщиком в прачечную на Ludlow street. Легко и быстро освоив английский язык, он стал посещать вечерние классы школы фармацевтов. Чтобы выбиться из нищеты, Бернард экономил каждый цент. Спустя два года после приезда в Америку Бернард встречал на причале Эллис-Айленда «свою Розу». Еще через шесть лет в семье было уже трое детей: Самуил, Этель и Моррис. Моррис родился 2 марта 1902 года настоящим богатырем, весом почти шесть килограммов! Но несмотря на столь внушительный вес младенца, родители с первых же дней появления Морриса на свет стали называть его уменьшительно - Мо, под этим именем знаменитого бейсболиста знала вся Америка.

Мо исполнилось три года, когда семья переехала в Ньюарк, штат Нью-Джерси, где его отец открыл собственную аптеку. В бейсбол Мо начал играть во время учебы в школе, а после ее окончания, поступив в Принстон, стал кетчером университетской команды. Способного игрока приметили менеджеры профессиональных клубов, и после окончания университета, в 1923 году, Мо стал выступать за команду высшей национальной лиги Brooklyn Dodgers. Через два года его «перекупили» владельцы чикагской команды White Sox, по слухам, за сто тысяч долларов. В сезон 1931 года Мо Берг был признан лучшим игроком высшей лиги.

В составе спортивной делегации бейсбольных звезд Мо посетил Японию и заснял во время поездки любительской кинокамерой панораму Токио с крыши одного из самых высоких зданий - госпиталя Св. Луки. После нападения японцев на Перл-Харбор военные специалисты нашли фильм Мо Берга ценным пособием для летчиков бомбардировочной авиации: Мо удалось заснять на пленку не только достопримечательности города, но и доки, нефтехранилища, а также несколько важных промышленных объектов японской столицы.

Вскоре после возвращения из Японии Мо познакомился с обаятельной девушкой Эстеллой Хани, покорившей его красотой, очарованием и тонким умом. Родители Эстеллы, оперный баритон и скрипачка, обучали ее с детских лет игре на фортепьяно, в шестнадцать лет она стала победительницей конкурса пианистов в Лондоне. Мо и Эстелла были красивой парой, вместе они посещали оперные спектакли, музеи, играли в теннис и весело проводили время в компании друзей. Свою последнюю игру Мо сыграл 30 августа 1939 года, накануне Второй мировой войны. Война и разлучила влюблённых.

В июне 1942 года приказом президента Рузвельта было создано Управление Стратегических Служб (УСС) для сбора и анализа разведывательной информации во главе с генерал-майором Уильямом Джозефом Донованом. К работе в УСС Донован привлек не только профессиональных разведчиков, но и людей совершенно далёких от мира шпионажа. Одним из них стал бывший игрок бейсбольной команды Boston Red Sox Мо Берг. В конце 1942 года Мо посетил более десяти стран Центральной и Южной Америки; его донесения разведывательного характера о связях нацистов с прогермански настроенными элементами руководство УСС признало «превосходными». Вскоре после возвращения Мо Берга домой, в Рио-де-Жанейро и Монтевидео — в центрах разведки германского шпионажа — была выявлена и арестована сеть агентов Абвера.

Спустя два дня после освобождения Рима от нацистов, 6 июня 1944 года, Мо Берг прибыл в итальянскую столицу с заданием выяснить местопребывание крупнейших итальянских физиков для получения от них информации о немецком «атомном проекте». В поездку Мо взял с собой пистолет 45-го калибра, кинокамеру, фотоаппарат «Кодак», книгу Макса Борна «Экспериментальная и теоретическая физика» и дюжину пар женских нейлоновых чулок: чулки в объятой пламенем войны Европе были дефицитом, и любая женщина посчитала бы за царский подарок получить их, особенно от такого галантного красавца-мужчины, как Мо Берг.

В течение июня-июля 1944 года Берг встречался в Риме более чем с десятком учёных-физиков, в том числе и с Эдуардо Аманди и Гайано Карло Викком, близко знавшими Вернера Гейзенберга, известного немецкого физика, по сведениям разведки, возглавлявшего работы по созданию нацистской атомной бомбы. 8 декабря 1944 года через резидентуру УСС в Швейцарии было получено сообщение о предстоящем приезде Гейзенберга в Цюрих, где он должен был выступить с лекцией о природе космического излучения. В тот же день Берг выехал в Цюрих вместе с агентом УСС Лео Мартинуцци. Перед Бергом была поставлена задача получить лично от Гейзенберга сведения о продвижении работ по созданию атомной бомбы и в случае, если он сочтет, что работы близки к завершению, похитить или ликвидировать ученого.

15 декабря, в день лекции, оставив в гардеробе пальто и шляпы, Берг и Мартинуцци вошли в зал, где уже собралось около двадцати преподавателей и студентов университета. В кармане Берга лежал пистолет 45-го калибра и таблетка цианистого калия, которой он должен был бы воспользоваться в случае провала операции. После окончания лекции Бергу не удалось остаться наедине с Гейзенбергом. Но на следующий день он встретился с ним на обеде в доме директора Института физики в Цюрихе Пауля Шеррера, информатора УСС, завербованного шефом бюро разведки в Швейцарии Алленом Даллесом. Гейзенберг охотно отвечал на вопросы гостей. «Нет, я не нацист и не разделяю идеи Гитлера... Сейчас я работаю над проблемами баллистики, но Германия, я уверен в этом, войну, безусловно, проиграла, - разоткровенничался профессор, - и мне вряд ли удастся завершить начатые исследования». Когда гости стали расходиться, Мо вызвался проводить Гейзенберга до гостиницы. Они шли по тихим темным улочкам Цюриха, на столбах светились редкие фонари, и Берг подумал, что сейчас самый подходящий момент для похищения или убийства ученого. Но воздержался от решительного шага: если бы Гейзенберг действительно занимался секретными работами по созданию атомной бомбы, решил он, то в целях безопасности Гитлер ни за что бы не отпустил его в Швейцарию. И коль, по мнению ученого, война Германией проиграна, то и работы по созданию нацистской «сверхбомбы» в ближайшее время не будут завершены. Ознакомившись с донесениями Берга, руководитель американского «атомного проекта» бригадный генерал Лесли Гровз поспешил доложить о них президенту. «Прекрасно, просто прекрасно, - сказал Рузвельт. - Будем молиться за то, чтобы Гейзенберг оказался прав. И, генерал, мои поздравления агенту».

Возвратившись в Рим, Мо передал в Вашингтон копии секретных документов с описанием и техническими характеристиками новых разработок немецких ученых в области военной техники: радаров, пеленгаторов, перископов, видоискателей и радиосветотехнического оборудования. Вскоре после атомной бомбардировки Хиросимы и Нагасаки руководству УСС стало известно о планах советской разведки привлечь немецких ученых-физиков к сотрудничеству в научной и практической деятельности, связанной с созданием атомной бомбы. Но к июлю 1945 года десять самых известных немецких физиков уже были интернированы в Лондон. Советские эмиссары склоняли к выезду в СССР бежавшую от нацистов в Осло Лизу Мейтнер; в феврале 1946 года Петр Капица при встрече в Копенгагене с Нильсом Бором приглашал его на работу в Москву, обещая от имени советского руководства высокую зарплату и дачу на Черном море. Но никто из них - ни Бор, ни Мейтнер - не согласились переселиться в коммунистический рай: за неделю до встречи с Капицей Бора посетил Мо Берг. А перед визитом к Бору он дважды навещал Лизу Мейтнер. Руководство УСС повысило Мо зарплату за его «исключительной важности работу с Нильсом Бором и Лизой Мейтнер», которую он провел «на высоком профессиональном уровне, проявив глубокие технические знания и личное мужество».

В 1946 году после встречи в Париже с Жолио-Кюри Мо Берг передал в УСС информацию о новых научных разработках французских ученых в области ядерной физики и о запасах урана, предназначенного для работы трех проектируемых атомных реакторов. В 1945 году Управление Стратегических Служб было реорганизовано в Центральное разведывательное управление (ЦРУ), а его штатный сотрудник Мо Берг был представлен к правительственной награде. 10 октября 1946 года в Белом доме Мо Бергу была вручена высшая гражданская награда США - медаль Свободы.

В послевоенные годы Мо непродолжительное время работал адвокатом, но в 1950 году вновь был привлечен (по контракту) к выполнению секретных операций в Европе. Спустя три года после возвращения в Америку контракт не был продлен: ЦРУ, освобождаясь от старых агентов, старалось подбирать на работу сотрудников помоложе. После запуска в 1957 году советского спутника Мо Берг был включен в группу технических советников и специалистов НАТО, принимавших участие в исследованиях по аэронавтике и исследованию космоса в военных целях.

Мо так и не обзавелся семьей. В начале войны Эстелла еще получала от него редкие письма, но со временем связь между ними прервалась. После войны она вышла замуж за инженера, офицера флота, и всю жизнь хранила от детей тайну о своих отношениях с Мо Бергом.

Общительный, наделенный невероятным мужским обаянием Мо нравился женщинам. Знавшая его популярная писательница Анита Лус, по книге которой «Джентльмены предпочитают блондинок» был снят фильм с одноименным названием, находила его «галантным, обходительным, обладавшим прекрасными манерами». «А его окутанные тайной рассказы, - свидетельствовала она, - просто завораживали слушателей». Мо часто видели с прекрасными спутницами, но, по слухам, больше одного раза он с ними не встречался.

В послевоенные годы Мо жил в Ньюарке в семье брата, но, вечный странник, часто переезжая из города в город, он подолгу гостил у своих друзей. В Принстоне Мо несколько раз встречался с Альбертом Эйнштейном. Во время одной из встреч Эйнштейн попросил Мо ознакомить его с «теорией бейсбола». «Профессор дал мне карандаш и бумагу, - вспоминал Мо, - но как я ни пытался разъяснить ему принципы игры, он снова и снова просил меня повторять все сначала... Профессор подал мне чашку чая, сыграл на скрипке и затем сказал: «Мистер Берг, может, вы еще раз попытаетесь объяснить мне принципы игры в бейсбол? В свою очередь, я постараюсь объяснить вам теорию относительности. Затем, после паузы, профессор добавил: Нет, не получится; вы быстрее овладеете теорией относительности, чем я разберусь в бейсболе».

Мо редко участвовал в традиционных ежегодных встречах в Ньюарке, на которых собиралась многочисленная родня Бергов: Гринберги, Рейхи и Гинсберги (поэт Аллен Гинсберг и Мо Берг были дальними родственниками). И когда кто-либо интересовался, почему отсутствует Мо, брат отвечал, что он находится в деловой поездке. В 1969 году Мо исчез на несколько месяцев, и никто, кроме брата и сестры, не знал, что он принимал участие в операции по отправке ста военных вертолетов в Израиль. По словам брата, во время пребывания в Израиле Мо встречался с Голдой Мейер.

В конце мая 1972 года у Мо Берга случился острый сердечный приступ, и его срочно доставили в госпиталь. «Как сегодня сыграли Метс?», - спросил Мо медсестру. Он умер прежде, чем она ответила на его вопрос. Спустя два года, Этель Берг отвезла урну с прахом брата в Израиль.

В довоенные годы популярность Мо Берга была невероятной. Газеты помещали его фотографии на самых видных местах, спортивные репортеры не переставали брать у него интервью, восторженно отзываясь не только о его высоком спортивном мастерстве, но и о его феноменальных познаниях в области астрономии, французской истории и греческой мифологии, не забывая напомнить, что к тому же он знает семь языков, в том числе и санскрит. Приняв однажды участие в популярной радиовикторине, Мо стал получать письма от радиослушателей, в которых они, бывало, просили его ответить на самые несуразные и курьезные вопросы. Не в состоянии ответить на все письма - их количество перевалило за несколько тысяч - Мо перестал участвовать в радио шоу. Но когда он появлялся на поле, любознательные фанаты не переставали донимать его своими вопросами с трибун: «Мо, это правда, что Наполеон был итальянцем?» «Эй, Мо! Какого цвета панталоны были на Марте Вашингтон во время инаугурации Джорджа?» Но Мо, поглощенный игрой, не реагировал на выкрики фанатов.

Январь 2009

6 ДЖОРДЖ БЁРНС: «КАК ПРОЖИТЬ ДО СТА И БОЛЬШЕ»

Джордж Бёрнс, один из самых популярных американских комедиантов, прожил сто лет один месяц и семнадцать дней! «Если вы спросите меня, какой самый главный ключ к долгожительству, - писал он в своей автобиографической книге «Как прожить до ста и больше», - мне пришлось бы вам ответить: думайте позитивно. Избегайте беспокойства, стрессов и напряжения... Они не только неприятны, но и укорачивают жизнь. Скажу вам честно: несколько лет назад я пальцем не шевельнул, когда мне делали коронарное шунтирование. Это было за гранью моего контроля. Это была забота врача. Когда я отошел от наркоза, хирург сказал: «Джордж, вы молодец! Все прошло просто замечательно!»

Я ему: «Доктор, я тут ни на йоту ни при чем».

- Правда? – спросил он. - А я был на грани нервного срыва.

Но даже это меня не взволновало. Он вручил мне счет, и я потерял сознание.

Так шутил 85-летний Джордж Бёрнс, лишний раз подтверждая старую истину: мы молоды лишь однажды, но с юмором можем оставаться юными навсегда.

Когда, после восьмидесяти Джордж начал замечать (может, прикидывался?), что забывает имена не то что знакомых, но и даже самых близких своих друзей, он стал называть каждого из них «малыш». Слово «малыш» прекрасно срабатывало: те, кого Джордж так называл, даже и не подозревали, что он подзабыл их имена. Так, повстречав как-то в клубе Адольфа Цукора (основателя кампании «Paramount pictures»), имя которого он запамятовал, Джордж прокричал ему в ухо: «Рад тебя видеть, малыш!». «Малышу» как раз исполнилось 103 года.

Однажды он даже забыл имя своего пятидесятилетнего сына Ронни и, представляя его своему другу, с которым не виделся много лет, сказал: «Познакомься, это мой малыш».

«Я выкуриваю от десяти до пятнадцати сигар в день, -

похвалялся Джорд Бёрнс, - выпиваю два двойных мартини за обедом и столько же за ужином. Кроме того, я путаюсь с женщинами гораздо моложе меня. Все спрашивают, что об этом думает мой доктор? А ничего не думает: он умер лет десять назад.

Меня все спрашивают: Джордж, тебе уже 88, как тебе это удается? Ты снимаешь фильмы, делаешь телепередачи, даешь концерты, записываешь альбомы, куришь сигары, пьешь мартини, проводишь время с красотками - как у тебя все это получается? Да очень просто: вы не можете не стареть, но вы не обязаны становиться стариком! Конечно, в свое время и я бы мог пойти на пенсию, - делился с читателями Джордж Бернс. - Но быть пенсионером - не для меня! Я встречаю людей, которые за пять минут до того, как им стукнет 65, начинают тренироваться быть старыми. Они учатся кряхтеть, когда встают, и к тому времени, когда исполняется 70, они уже добиваются невероятного успеха - они становятся настоящими стариками. Но не я. В моем возрасте нужно постоянно занимать себя. Нужно делать что-то, что вытаскивает вас из кровати. Да, найдите что-нибудь, что вытащит вас из кровати: увлечение, хобби, дело, красивую девочку - и с нею обратно под одеяло. В моем возрасте позвольте мне по крайней мере поговорить об этом. Есть старая поговорка: Жизнь начинается в сорок. Глупости! Жизнь начинается каждое утро, когда я просыпаюсь».

Годы, конечно, брали свое, и Джордж, которому было уже хорошо за девяносто, решил себя ограничивать. «Вместо пятнадцати я стал выкуривать по десять сигар в день и, чтобы упиться до чертиков, - откровенничал он, - мне теперь хватает одной рюмки. Не помню только, тринадцатой или четырнадцатой».

Но хватит о старости. Ведь легендарный «Король комедии», как называли журналисты Джорджа Бёрнса, был тоже когда-то молодым.

Натан Бирнбаум, девятый из двенадцати детей Луиса Бирнбаума и Дороти Блат родился в Нижнем Ист-Сайде на Манхэттене 20 января 1896 года. Натти едва исполнилось семь лет, когда во время эпидемии гриппа скончался его отец, кантор синагоги. Семья жила в бедности, и чтобы заработать немного денег, Натти чистил обувь, продавал газеты, разносил вещи, работал посыльным в лавке, наконец устроился в кондитерскую, где еще с тремя такими же как и он малолетками варил сиропы - шоколадный и клубничный. Чтобы неинтересная и однообразная работа не казалась скучной, бойчики пели песни, конечно, не те, что разучивали на спевках хористов в местной синагоге, а совсем другие - те, что слышали в подворотнях от мальчишек постарше. И допелись до того, что, организовав свой квартет под названием «Пи-Пи», в один прекрасный день объявили мистеру Розенцвейгу, владельцу кондитерской, что выходят из его бизнеса, поскольку уходят в шоу-бизнес.

Они пели на улицах, в скверах и парках, и прохожие бросали монеты в лежащие на земле кепки. Случалось, правда, что монеты из кепок выгребали, а то и вовсе умыкали кепки вместе с нехитрым заработком. В одиннадцать лет, не закончив и пяти классов, Натти бросил школу и стал настоящим актером-профессионалом. Он развлекал публику в салунах, клубах и притонах, пел песни и отбивал чечетку на палубах речных паромов, ходивших по разделяющему Манхэттен и Лонг-Айленд проливу Ист-Ривер. В четырнадцатилетнем возрасте он стал появляться на сцене с сигарой (для солидности), и избрал себе сценический псевдоним - в честь двух известных игроков Высшей бейсбольной лиги с одинаковыми именем и фамилией - Джордж Бёрнс. Знавшие же семью Бирнбаум по Нижнему Ист-Сайду соседи поговаривали, что фамилию Бёрнс в качестве псевдонима Натти выбрал в память о далеком детстве, когда вместе с мальчишками в зимние холода воровал уголь с грузовиков угольной компании «Братья Бёрнс». И если послушать их, то Натти позаимствовал имя Джордж у своего (любимого и обожаемого) старшего брата Иззи, которого именно так, на американский манер, называли школьные друзья.

Как бы там ни было, к двадцати годам Джордж Бёрнс стал универсальным исполнителем: пел и танцевал в водевилях, развлекал публику жонглерскими и акробатическими трюками (на роликах), даже выступал с дрессированным тюленем. Однажды, повстречав на улице бродячую собаку, он привел ее в театр и, выйдя с ней на сцену, стал петь песни. В середине третьей песни собака сделала свое дело. Дважды. И укусила Джорджа, когда он взял верхнюю ноту. «Дальше было еще хуже, - вспоминал Джордж Бёрнс, - пришел театральный менеджер, уволил меня и нанял собаку».

«Я никогда не забывал делать добрые дела, - вспоминая молодые годы, рассказывал Джордж Бернс, - Так, частенько я помогал юным дамам перейти улицу, вплоть до моего дома». Неудивительно поэтому, что чаще всего его партнерами на сцене были девушки. С одной из них - Ханной Сигал - Джордж так замечательно станцевался, что некий театральный антрепренер предложил парочке контракт на 36-недельное турне по стране. Опасаясь за честь дочери, родители Ханны согласились отпустить ее с Джорджем на столь долгие гастроли лишь в том случае, если он женится на ней. Молодые поженились, и спустя тридцать шесть недель, возвратившись в Нью-Йорк, разошлись по обоюдному согласию. Расставшись с Ханной, Джордж сменил не одну партнершу и хотя с каждой страстно сливался в знойных латино-американских танцах, ни одной из них не удалось покорить его сердце, пока... Пока в 1923 году, во время выступления в Нью-Джерси, он не познакомился с танцовщицей и певицей Грейси Аллен.

Грейси родилась в Сан-Франциско в семье ирландских католиков. В трехлетнем возрасте она уже выступала вместе со своими тремя старшими сестрами в водевилях, к тридцати - блистала на театральных подмостках Бродвея.

Ослепительная красота и необыкновенное обаяние Грейси сочетались в ней с блестящим остроумием - именно о такой партнёрше по сцене (и по жизни) мечтал Джордж. Большая любовь связала их на долгие годы: Джордж и Грейси поженились 26 января 1926 года в Кливленде и прожили в счастливом браке тридцать восемь лет. Своих детей у них не было, и в 1934 году, спустя восемь лет после женитьбы, в их семье появились приемные дети - годовалая Сандра и трехмесячный Рональд - будущий актер Голливуда Ронни Бёрнс.

С начала 30-х на протяжении более четверти века комический дуэт Джордж Бёрнс и Грейси Аллен считался одним из самых известных и успешных в шоу-бизнесе. Они выступали в ревю и водевилях, снимались в кино, в течение шестнадцати лет, с 1934 по 1950 годы, были ведущими популярной и любимой миллионами радиослушателей музыкально-развлекательной программы «Шоу Джорджа Бёрнса и Грейси Аллен». Не менее успешно сложилась их карьера на телевидении.

Грейси Аллен, легенда радио и телевидения, скончалась 27 августа 1964 года от сердечного приступа в возрасте 69 лет.

После смерти Грейси, несмотря на преклонный возраст, 70-летний Джордж Бёрнс продолжал активно выступать с разными исполнителями, работал в ночных клубах, давал сольные концерты, снимался в комедийных телесериалах, записывался на пластинки, писал книги - все они мгновенно становились бестселлерами.

В 1974 году он перенес операцию на открытом сердце и, быстро восстановившись после болезни, снялся в роли старого актера в комедийном фильме Герберта Росса «Солнечные мальчики», за которую получил премию «Оскар».

«Последний раз я снялся в кино тридцать семь лет назад, - сказал на церемонии вручения премии Джордж Бёрнс. - Золотой «Оскар» мне так нравится, - продолжил свою речь 80-летний оскароносец, - что я решил через тридцать семь лет - снова сняться в кино, чтобы получить его во второй раз». Покинув под смех и аплодисменты зала сцену, Джордж признался журналистам, что не столько рад «этому золотому «Оскару», сколько своей шутке, которая вызвала смех в зале.

После 80, «чтобы не заржаветь», Джордж стал делать зарядку и много гулять. «Я беру одну ногу и ставлю ее перед второй. Затем я беру эту вторую ногу и ставлю ее перед первой. И прежде чем я сумею сказать «мама», я уже прогуливаюсь. Мой вам совет: когда это возможно, ходите пешком. Это бесплатно, вы чувствуете себя лучше и выглядите соответствующе».

Одно время «оздоровительные прогулки» (в основном, по врачебным кабинетам) стали его настоящим хобби. Часами просиживая в комнатах ожидания, он узнал о десятках болезней, названия которых никогда не слышал ранее, перезнакомился со многими интересными людьми и получал истинное удовольствие в минуты, когда его пульс прощупывали хорошенькие медсестры.

Как-то он пожаловался одному из докторов на сухость в горле. И доктор посоветовал ему бросить курить. Решив услышать второе мнение, Джордж записался на прием к другому доктору. «Похоже, он сам курил, - решил Джордж. – поскольку, услышав о моей проблеме, сказал: забудьте о ней. И я по-прежнему стал попыхивать сигарой - вот как важно вовремя услышать второе мнение!»

Неожиданно для себя он и сам стал доктором. В 1986 году Гарвардский университет присвоил 88-летнему Джорджу Бёрнсу звание почетного доктора гуманитарных наук. «Теперь, став доктором, - сказал после получения диплома Джордж Бёрнс, - я уверено смотрю в будущее. В случае повторной операции на сердце я прооперирую себя сам». Опасаясь непредсказуемых последствий в случае, если Джордж и вправду решится в будущем на задуманное, президент университета тут же отобрал у него диплом. «Это была шутка», - успокоил присутствующих на церемонии Джордж и спросил, знают ли уважаемые коллеги, чем отличается обычный доктор от доктора гуманитарных наук? Ученые мужи крепко призадумались, но ни один из них так и не смог ответить на его вопрос. Тогда Джордж просветил их: «Обычный доктор зарабатывает намного больше денег». Очередная шутка настолько понравилась «уважаемым коллегам», что президент университета возвратил Джорджу диплом и даже помог ему надеть черную мантию и академический головной убор - четырехугольную шапочку с кисточкой.

Он все реже выходил с клюшкой на поле для гольфа, но по-прежнему продолжал посещать гольф-клуб, где вечерами просиживал за игрой в бридж. Многим из его партнеров было уже хорошо за девяносто пять, и почти у каждого были проблемы со слухом. «Арти - сказал как-то Джордж во время игры одному из них, - у тебя упали две карты».

Тот ответил: «Спасибо, Джордж. Ты тоже прекрасно выглядишь сегодня».

«Да не прекрасно, а потрясающе!» - свидетельствовали бравшие у 95-летнего Джорджа интервью журналисты. «Не люблю я хвастаться, но я сейчас и вправду очень хорош» - продолжал рекламировать себя Джордж и несмотря на то, что сам же утверждал, будто «настолько стар, что помнит время, когда Мёртвое море было всего лишь больным», в одном из интервью признался, что «не прочь в свой столетний юбилей провести ночь с Шэрон Стоун». (Ему прощались даже такие шуточки).

Вспоминая прожитые годы, Джордж писал в одной из своих книг: «У меня десятки наград и почетных титулов, сотни памятных знаков и ключи от десятков городов. Именем Грейси и моим именем названы улицы Лос-Анджелеса, за вклад в искусство в нашу честь на голливудской «Аллее славы» заложены памятные звезды. У меня прекрасные дети - дочь Сэнди и сын Ронни, семь внуков и пять правнуков. Они придают мне новые силы жить дальше, без них - моя жизнь была бы абсолютно пустой и бесцельной».

Джордж Бёрнс продолжал оставаться активным и энергичным до последних дней своей жизни. В 1994 году в 98-летнем возрасте он снялся в документальном фильме «Век кино» и комедийном детективе Мэла Смита «Убийство в стране радио». В конце декабря 1995 года, накануне своего столетнего юбилея, на рождественской вечеринке в доме Фрэнка Синатры Джордж сыпал шутками и остротами из своей коллекции, которую собирал всю жизнь, вроде: «Мне очень приятно быть здесь, среди вас. Хотя скажем прямо: в моем возрасте приятно быть где угодно».

20 января 1996 года Джорджу Бёрнсу исполнилось сто лет. Спустя месяц и семнадцать дней, 9 марта 1996 года, Джордж Бёрнс скончался в своем доме в Беверли-Хиллз.

«Ушел из жизни «Актер века», «Король юмора, «Великий

комедиограф» - пестрели заголовками газетные страницы. Друзья и коллеги вспоминали:

- Он был по-настоящему открытым и милым человеком, который своим примером сумел доказать, что наслаждаться жизнью можно даже в весьма преклонном возрасте.

- Джордж Бернс был щедрым человеком, обладавшим врожденным чувством доброты; он жертвовал миллионы долларов больницам, домам престарелых, на культурные и образовательные проекты и другие благотворительные цели.

- Никто и никогда не слышал от него грубых слов, недовольства или неодобрительных высказываний в адрес своих коллег-конкурентов.

- Блестящий комический актер Джордж Бёрнс был еще и превосходным писателем. Его книги должны быть обязательным чтением для тех, кто ценит жизнь. Хотя бы вот эти: «Как прожить до ста и больше», «Мудрость девяностых», «Рецепт счастья Доктора Бёрнса».

Почитайте их, особенно, если планируете жить до ста лет.

Март 2012

7 ОСКАР ЛЕВАНТ: МЕЖДУ ГЕНИЕМ И БЕЗУМИЕМ

Музыкальные критики относят Оскара Леванта к числу самых известных пианистов начала XX века. Автор трех ставших бестселлерами автобиографических книг он признавался читателям в одной из них: «По своей натуре я человек бездеятельный и инертный, вроде героя романа Гончарова, Ильи Обломова, ленивого русского джентльмена, который предпочитал целыми днями лежать на диване, ничем не занимаясь». Однако не стоит воспринимать это признание всерьез: Оскар Левант был человеком эксцентричным, отличался оригинальностью суждений и поступков, имел привычку иронизировать над собой. Чего он только не говорил о себе.

- *В молодости я походил на Аль Капоне, но у меня отсутствовало его сострадание к ближнему.*
- *Я - противоречивая натура. Мои друзья не нравятся мне или ненавидят меня.*
- *У меня шестое чувство. Не хватает других пяти.*

Что же касается лени, то на самом деле Оскар Левант нисколько не походил на русского джентльмена Илью Обломова, а напротив, был энергичным и трудолюбивым человеком: за свою музыкальную карьеру он дал тысячи концертов, записал свыше ста пластинок, в его композиторском наследии – сочинения самых разных жанров: от джазовых композиций до произведений симфонической и камерной музыки. «Бездеятельный» и «инертный», Оскар на пике своей славы в 1940-50 годах зарабатывал больше денег, чем любой другой пианист в Америке. Он обладал огромным интеллектом и потрясающим умом, поражая окружающих своими разносторонними познаниями (хотя даже не окончил среднюю школу). Современники считали его гением.

Макс Левант, отец Оскара, часовщик по профессии, был

родом из Санкт-Петербурга. Прибыв в Америку, он поселился в Питтсбурге, где открыл ювелирный магазин и вскоре женился на Энни (Анне) Радин, дочери хасидского раввина. Оскар, самый младший из четырех сыновей Макса и Энни, родился 27 декабря 1906 года. Игре на фортепьяно он начал учиться с шести лет, сначала под руководством матери и старшего брата Бенджамина, затем продолжил обучение у профессионального учителя музыки, выпускника Лейпцигской консерватории Мартина Мейслера. В двенадцать лет Оскар уже давал сольные концерты, в которых исполнял произведения Баха, Бетховена, Листа, Шопена, Шумана и других композиторов-классиков.

После ранней смерти отца - Оскару едва исполнилось пятнадцать - мать увезла его в Нью-Йорк, где он продолжил занятия музыкой с известным педагогом фортепьяно Сигизмундом Стойовским, учеником Игнация Падеревского. Спустя два года, когда материальная поддержка от матери прекратилась, Оскар, чтобы заработать денег на продолжение музыкального образования, стал подрабатывать джазовым пианистом в танцевальных залах и ночных клубах. Несмотря на юный возраст, Оскар довольно быстро стал известным пианистом на Бродвее.

«Я был просто нарасхват, - вспоминал он начало своей профессиональной карьеры, - я выступал как солист и аккомпаниатор, играл в популярных танцевальных оркестрах, участвовал в музыкальных радиопрограммах». В 1925 году 19-летний, он познакомился с Джорджем Гершвиным и несмотря на разницу в возрасте (Гершвин был старше на восемь лет), стал его близким другом. Левант еще при жизни Гершвина считался самым совершенным интерпретатором его музыки. Он стал первым пианистом, который записал на пластинку «Рапсодию в стиле блюз», и в последующие годы исполнял знаменитую «Рапсодию» Гершвина бесчисленное множество раз с ведущими оркестрами Америки. По просьбе Гершвина Оскар сыграл его джазовую симфонию - блюзовый «Концерт фа-мажор» (перед семнадцатью тысячами слушателей на нью-йоркской открытой сцене Льюисон-стадиона). Сыграл так блестяще, что получил в подарок от Гершвина часы с дарственной надписью: «Оскару от Джорджа. Льюисон-стадион. 15 августа 1932 года». Дружеское общение Оскара с Джорджем Гершвиным оказало влияние на его становление как композитора. Он написал ряд серьезных симфонических и камерных произведений, оперу, музыку для восьмидесяти песен и к более чем двадцати кинофильмам.

Одним из самых известных хитов в карьере Оскара Леванта-песенника стала песня «Леди, сыграйте на мандолине». В предвоенные годы в Советском Союзе перезапись песни была сделана с граммофонной пластинки фирмы «Виктор» и растиражирована с русским названием (кто помнит) «Девушка играет на мандолине».

Наряду с композиторской и концертной деятельностью Оскар Левант успешно снимался в кино. Его партнерами на съемочной площадке были такие известные актеры, как Джин Келли и Лесли Кэрон («Американец в Париже», шесть «Оскаров»), Фред Астер и Джинджер Роджерс («Театральный фургон»), Бинг Кросби и Мэри Мартин («Ритм на реке»), Джоан Кроуфорд и Джон Гарфилд («Юмореска»). После успеха фильма «Рапсодия в стиле блюз» (экранная версия биографии Джорджа Гершвина), в котором снялся Оскар, мэр Питтсбурга провозгласил в честь прославленного земляка «Неделю Оскара Леванта». В фильмографии Оскара Леванта 14 фильмов, почти все - музыкальные комедии, где он исполнял «вставные» музыкальные номера и саркастически комментировал действия главных героев.

Ироничные реплики Оскара звучали не только с экрана: он постоянно подшучивал над своими друзьями и нередко над самим собой. Так, по завершении очередных киносъемок он заявил с присущей ему самоиронией: «В своем последнем фильме я сыграл неприятного персонажа - самого себя». Когда его близкий друг, известный киноактер и комик Харпо Маркс, представил ему свою невесту, Оскар заметил: «Она просто прелесть. Она заслуживает хорошего мужа. Женись на ней, пока она его не нашла».

Он и сам женился (хотя друзья и отговаривали его от необдуманного поступка) на 18-летней Барбаре Вуделл, танцовщице кордебалета знаменитого бродвейского «Зигфелд тиэтр».

После церемонии бракосочетания Оскар позвонил в Питтсбург матери, чтобы сообщить ей о радостном событии.

- Привет, ма! Я только что женился, - обрадовал он ее.

- Это найс! - сказала мама. - Мазл тов! Но упражнялся ли ты сегодня на фортепьяно?

Брак с Барбарой оказался недолгим: они разошлись менее чем через девять месяцев после женитьбы. Причиной расставания стало несходство характеров. «Помимо несовместимости, - откровенничает в своих мемуарах Оскар, - мы еще и терпеть не могли друг друга». Фразы Оскара: «Каждый раз, когда я смотрю на тебя, я испытываю желание быть одиноким», или: «Я храню в своей душе как сокровище, каждое мгновение, когда я не вижу ее» скорее всего навеяны его опытом короткого и неудачного первого брака. Между тем сменившая после Оскара еще несколько мужей Барбара Вуделл сумела сделать успешную карьеру в Голливуде - она снялась в 105 фильмах.

Спустя семь лет после развода с Барбарой, в 1939 году, 33-летний Оскар женился вновь. Его избранницей стала 28-летняя певица и актриса Джун Гэйл, одна из первых красавиц Голливуда. Джун родилась в Сан-Франциско, ее настоящие имя и фамилия - Доррис Джилмартин (Джун Гэйл - сценический псевдоним).

Завоевать сердце красавицы было непросто. Вот как об этом вспоминал сам Оскар. «Мы стали встречаться, но всякий раз, когда я предлагал ей выйти за меня замуж, она отвечала отказом... В пору ухаживания за Джун по мне сходила с ума восходящая звезда Голливуда Джуди Гарланд - ей было тогда только семнадцать. Джуди забрасывала меня письмами и однажды спросила: «Ну скажи, я тебе нравлюсь?»

«Ты очаровательна! - ответил я ей; я был старше Джуди на шестнадцать лет и воспринимал ее как ребенка. «Нет, - всякий раз при встрече со мной спрашивала Джуди, - скажи мне правду: я тебе нравлюсь?» Тогда я ответил ей словами Жюльена Сореля, героя романа Стендаля «Красное и черное»: «Ты подобна симфонии Моцарта!» Джуди обиделась на меня: скупив пластинки Моцарта, она так и не прониклась любовью к его творчеству, поскольку предпочитала чувственную музыку Дебюсси и Равеля».

Тем временем Джун, прослышав о увлечении юной Джуди Оскаром, согласилась наконец стать его женой.

По словам близко знавших Оскара друзей (да и сам Оскар признавал это), Джун терпеливо относилась к его нервным срывам, причудам, странным поступкам и прихотям. Так, суеверный Оскар приходил в настоящее бешенство, когда кто-то желал ему удачи. Он был убежден в том, что встреча с черным котом является предвестником неудачи, считал несчастливым число тринадцать и никогда не произносил его вслух, не переносил запаха лимона и розы. Оскар запретил Джун покупать консервированные сардины «Король Оскар», поскольку на этикетках упоминалось его имя. «В доме должен быть один король, - пояснил он Джун, - то есть я». Доказать ему свою правоту и убедить его в чем-либо было пустой затеей: «На каждый вопрос существуют две точки зрения, - с непререкаемой категоричностью утверждал Оскар, - неправильная и моя». Молодым и неженатым, собравшимся связать себя узами брака, он оставил свою крылатую фразу: «Брак - это триумф привычки над ненавистью». Шутил, конечно: хотя и не все было безоблачно в его семейной жизни, но как бы там ни было, в браке с Джун (у них было три прелестные дочери), он прожил 33 года - до конца своих дней.

В 1944 г. Оскар получил повестку в армию. Но солдатом так и не стал: после медицинского освидетельствования ему выдали справку 4-Ф, подтверждавшую его принадлежность к категории призывников, не годных к воинской службе из-за физических и умственных недостатков. Членов призывной комиссии можно было понять: на вопрос психиатра: «Как вы думаете, можете ли вы убить человека?» Оскар не задумываясь ответил: «Относительно незнакомых и чужих людей я не уверен, но в отношении родственников и друзей - да».

В послевоенные годы Оскар Левант по-прежнему снимался в кино, записывался на пластинки, выступал в самых престижных концертных залах, в том числе и в Карнеги-холл. 14 января 1947 года по приглашению Гарри Трумэна (президент, кто не знает, был профессиональным пианистом), Левант дал сольный концерт в Белом доме. На концерте присутствовали советники президента, сенаторы и конгрессмены, члены Верховного суда и другие высокопоставленные гости. Покидая Белый дом, Оскар, пожелав президенту и миссис Трумэн спокойной ночи, повернулся к Джун: «Теперь, я думаю, - заметил он - мы с тобой должны пригласить Гарри и Бесс (супруга президента) на обед к нам домой».

В начале 50-х Оскар стал постоянным участником популярных развлекательных радио и телепрограмм, в 1958-60 гг. вел свое собственное телешоу на канале КСОР-TV (Лос-Анджелес). Гостями его программы в свое время были писатели Олдос Хаксли, Кристофер Ишервуд, Роман Гари, выдающийся ученый-химик и дважды нобелевский лауреат Лайнус Поллинг, актеры Голливуда и звезды шоу-бизнеса - Кэрри Грант, Фред Астер, Эдди Фишер, Дин Мартин, «король ринга» Джек Демпси и другие знаменитости. Однажды во время передачи, которую Оскар вел вместе с женой, он заснул. Джун разбудила его. Взглянув на словоохотливого гостя программы, Оскар обратился к Джун: «Разбудишь меня, когда он закончит говорить». И вновь как ни в чем не бывало задремал.

Как правило, во время передач он часто с невозмутимым спокойствием отпускал свои остроумные реплики, которые зачастую появлялись на страницах юмора популярного журнала «Reader's Digest» в виде афоризмов. И хотя многим из его крылатых фраз уже более полувека, они нисколько не устарели и читаются будто написаны сегодня. Судите сами.

- *Телевизионные новости - это серия катастроф с показом моды в конце.*

- *Женские фильмы: фильмы, в которых жены в течение всего сеанса изменяют своим мужьям, а в конце мужья просят у них прощения.*

- *Единственное отличие между демократами и республиканцами в том, что демократы позволяют бедным тоже быть коррумпированными.*

Вечернее «Шоу Оскара Леванта» пользовалось огромной популярностью: в отличие от других ведущих он не только обсуждал с гостями студии актуальные темы и новости, но и исполнял на фортепьяно свои музыкальные шутки и часто рассказывал телезрителям о своей личной жизни, о своих неврозах и приступах депрессии, лекарственной и наркотической зависимости. В одной из передач он поведал им, будто однажды его выгнали из психиатрической клиники, потому что он вызывал депрессию у других пациентов.

«Я завидую пьяницам. По крайней мере они знают, *что* всему виной», - заявил он, обсуждая тему алкоголизма. А на вопрос одного из телезрителей, как он сам относится к выпивке, ответил: «Я не пью - не люблю, потому что сразу же начинаю чувствовать себя хорошо».

«Я ежедневно выкуриваю по четыре пачки сигарет и выпиваю от сорока до шестидесяти чашек кофе», - на полном серьезе поделился с телезрителями Оскар, не преминув при этом изобразить из себя жертву - человека, решившего, но так и не сумевшего начать вести здоровый образ жизни: «Однажды я попробовал заняться собой - бросил пить и курить, сел на диету, перестал есть тяжелую пищу - и за 2 недели... потерял 14 дней».

Постоянные шутки, розыгрыши и эпатажные выходки закрепили за Оскаром Левантом славу чудаковатого, не от мира сего человека. Истинные же поклонники его многогранного таланта прежде всего видели в нем серьезного пианиста. В его обширный концертный репертуар входили произведения Баха, Бетховена, Листа, Шопена, Брамса, Грига, Дебюсси, Равеля.

ОСКАР ЛЕВАНТ: МЕЖДУ ГЕНИЕМ И БЕЗУМИЕМ...

Значительное место в его творчестве занимала музыка русских композиторов - Чайковского, Балакирева, Рахманинова, Антона Рубинштейна. В свои концертные программы он часто включал произведения советских композиторов: Прокофьева, Шостаковича, Хачатуряна.

В разные годы Оскар Левант выступал и делал грамзаписи с такими выдающимися дирижерами, как Артуро Тосканини и Юджин Орманди, Димитрис Митропулос и Отто Клемперер, Ефрем Курц, Мортон Гульд, Андре Костелянец.

Его исполнительское искусство высоко ценили великие музыканты, признанные короли фортепиано - Игнаций Падеревский, Владимир Горовиц, Артур Рубинштейн.

В последние годы жизни из-за проблем со здоровьем он все реже появлялся перед публикой. Оскар Левант умер от сердечного приступа 14 августа 1972 года в Беверли-Хиллз в возрасте 65 лет. Современники, напомним, считали его гением. Сам же Оскар однажды заметил: «Между гением и безумием - тонкая черта. И эту черту я стер». Невеселая шутка.

Февраль 2013

8 МИККИ КАЦ: «МУЗЫКА ЗВУЧАЛА ТАК ВЕСЕЛО...»

Известный актер театра и кино, певец и танцор Джоэл Грей снялся более чем в семидесяти фильмах. Но наибольшую популярность принесла ему роль конферансье в киноверсии знаменитого бродвейского мюзикла «Кабаре», за которую он был удостоен премии «Оскар». Звездой Голливуда называют дочь Джоэла - Дженнифер Грей, завоевавшую мировую известность благодаря роли юной Фрэнсис Хаусман по прозвищу Бэби в нашумевшем фильме «Грязные танцы».

Но рассказ наш не о них, а об отце Джоэла и дедушке Дженнифер - популярном в свое время комедианте и джазовом музыканте Микки Каце. Выступая на сцене, он играл на кларнете и саксофоне, пел, а в паузах между номерами веселил публику, рассказывая анекдоты и смешные истории из жизни.

Вот одна из них, которую Микки услышал от своего близкого друга, популярного комика Марти Дрейка.

Отец Марти, набожный еврей, после субботней службы в синагоге обычно приводил домой на обед кого-нибудь из бедных прихожан. Однажды мама, увидев в окне, возвращавшегося из синагоги отца в компании четырех мужчин, сказала детям: «Сейчас к нам на обед придут четыре дяди, а я приготовила всего лишь одну курицу. Так что, когда я спрошу: «Кто будет курицу?», то, пожалуйста, пусть каждый из вас ответит: «Я не хочу». И дети (в семье их было пятеро) исполнили просьбу матери. Когда же мама поставила на стол яблочный пирог и спросила: «Кто хочет пирог?» - дети закричали: «Я хочу! Я хочу!» Тогда мать сказала: «Тот, кто отказался есть курицу, не получит и пирога».

«Дело было в Нью-Йорке, в Нижнем Ист-Сайде, - рассказывал еще одну смешную историю Микки Кац. - В небольшом еврейском театре, во время представления, сидевшая в первом ряду молодая мама решила подкормить годовалого ребенка. - Ешь, ешь! - оголив грудь, стала нашептывать она ему (по-русски). Но бэби, решив проявить характер, то и дело отворачивался от материнской груди, отталкивая ее руками. Тогда вконец расстроенная мама, указав пальцем на грудь, сказала: - Ешь, или я дам *это* дяде-артисту».

Мейер Мирон Кац, сменивший свое имя на сценическое Микки, родился 15 июня 1909 года в Кливленде в семье прибалтийских евреев - Менахема Каца, родом из еврейского местечка под Вильно (Вильнюс), и Ханны Герцберг, родом из Либавы (ныне Лиепая). Отец Микки, переплетчик, прибыв в Новый Свет, освоил новую профессию портного: и, должно быть, портным был неплохим: если верить семейной легенде, его клиентом был нефтяной магнат Джон Рокфеллер-старший, карьера которого начиналась в Кливленде.

Несмотря на скромный достаток семьи, все четверо детей Менахема и Ханны обучались игре на музыкальных инструментах. Микки начал с игры на кларнете в школьном оркестре и с одиннадцатилетнего возраста стал брать уроки музыки у известного в Кливленде кларнетиста Джозефа Наровека. Уже спустя полгода Микки исполнял на любительских концертах незатейливую, веселую мелодию «Янки-дудл», «Вторую венгерскую рапсодию» Листа, популярные концертные пьесы для кларнета. В пятнадцать лет, самостоятельно освоив еще и игру на саксофоне, Микки вступил в профсоюз музыкантов и стал работать в самых известных в Кливленде танцевальных оркестрах. Одновременно он выступал в ночных клубах и лучших ресторанах города - «Золотой Фазан» и «Пикадилли». После биржевого краха 1929 года Микки потерял работу и, прихватив с собой в дорогу кларнет, саксофон, и смокинг 38-го размера с атласными лацканами, в поисках удачи подался в Нью-Йорк.

Он остановился в дешевом отеле, а на следующее утро направился на биржу музыкантов.

- Сэм Шмулевиц, бэнд-лидер, - протянул Микки для знакомства руку набиравший на работу музыкантов заказчик.

- Микки Кац: кларнет, сакс, - пожимая ладонь бэнд-лидера, представился Микки.

- Кац, - стал засыпать Микки вопросами мистер Шмулевиц, - согласен ли ты поработать со мной в субботу на бар-мицве? - У тебя есть смокинг и черный галстук-бабочка? – И, надеюсь, ты играешь на «еврейском кларнете»?

- Разве кларнеты имеют национальность? - удивился Микки.

- Я спрашиваю, - пояснил непонятливому Микки мистер Шмулевиц, - играешь ли ты еврейские мелодии? Да, кстати, Кац, можешь ли ты, играя на кларнете или саксофоне, играть ещё и на тарелках?

- Мистер Шмулевиц, - изумился Микки, - во время игры на кларнете или на саксофоне мне приходится держать инструмент двумя руками. Как же я смогу одновременно играть еще и на тарелках?

- Очень просто, - пояснил Шмулевиц, - ты будешь играть сидя: тарелки - «ножные», так что тебе придется лишь нажимать ногой на педаль.

- А на каком инструменте будете играть вы? – поинтересовался Микки.

- Я? Я буду играть на скрипке, - ответил Микки бэнд-лидер. - И тоже, сидя, поскольку правой ногой буду бить в бас-барабан. Хаим, мой напарник, будет играть на аккордеоне. Так что увидишь: наше замечательное трио будет звучать как первоклассный биг-бэнд.

Торжество по случаю бар-мицвы, на котором «замечательному трио» пришлось развлекать более четырехсот приглашенных гостей, проходило в одном из кошерных ресторанов Нижнего Ист-Сайда. «Маленькие дети, - вспоминал свое первое выступление в Нью-Йорке в составе «замечательного трио» Микки Кац, - просто так, из озорства, бросали в раструб моего саксофона кныши, пирожные, обертки от конфет и огрызки яблок, но самое ужасное – они постоянно пытались повалить на пол стойку с медными тарелками. После пяти часов непрерывной игры на кларнете, саксофоне и чертовых тарелках, вручив мне пять баксов (вместо шести обещанных), мистер Шмулевиц сказал: - Кац, ты прекрасно играешь на кларнете и саксофоне, но мой тебе совет: подучись играть на тарелках».

Расставшись без сожаления с мистером Шмулевицем, а вслед за ним еще с пятью подобными «заказчиками», Микки нашел работу кларнетиста и саксофониста в популярном оркестре Ховарда Филлипса. И какую! Новый бэнд-лидер платил ему 68 долларов в неделю - причем наличными.

О своей удаче Микки поспешил сообщить в письме Грейс, своей *sweetheart*, не забыв при этом в очередной раз признаться ей в вечной любви. «Микки, - написала ему Грейс в ответном письме, - если ты так сильно любишь меня, то возвращайся поскорее домой и женись на мне, потому что мне уже исполнилось семнадцать лет, и у меня уже просто нет сил ждать тебя так долго». Грейс, Грейс Эпштейн, тремя годами младше Микки, была не просто красива - Грейс была невероятной красавицей! Четверо ее старших сестер, стараниями папы Эпштейна, владельца овощного магазина, повыходили замуж. Не сомневаясь в том, что папа Эпштейн уже вовсю занимается поисками подходящего для Грейс жениха, Микки, решив не упускать счастье, возвратился в Кливленд.

Хупа прошла в синагоге, где молодых благословил рабби Барнетт Брикнер. Веселую свадьбу, на которой, как водится, молодым вручили подарочные конверты с деньгами, сыграли в Еврейском центре. Спустя несколько дней после свадьбы в первом же распечатанном конверте вместо денег Микки и Грейс обнаружили записку: «Зайдите в магазин Ньюмана, и там вам вручат оплаченную чугунную вафельницу». В остальных конвертах были деньги - свадебные подарки от бедных родственников, по одному-два доллара в каждом. Так, благодаря женитьбе Микки и Грейс стали обладателями чугунной вафельницы и девяноста долларов, но главное - обрели друг друга и прожили вместе пятьдесят пять счастливых лет.

Чтобы прокормить семью, Микки работал не покладая рук: играл в оркестре городского театра, подрабатывал в ночных клубах и ресторанах, потом, в течение последующих пяти лет, уже со своим собственным джазовым ансамблем работал на экскурсионном пароходе «Goodtime», совершавшем в летние месяцы прогулки по озеру Эри.

Когда в декабре 1941 года, после Перл-Харбора, началась мобилизация Микки, не дожидаясь повестки, отправился на призывной пункт. На медосмотре доктора, обследовав щуплого «добровольца», обнаружили у него плохое зрение и плоскостопие - с такими диагнозами не брали не то что в пехоту, в авиацию и на флот, но и не принимали в бойскауты, летние молодежные лагеря Бней-Брит и спортивные секции общества «Маккаби». Получив освобождение от военной службы, Микки, решив внести свой вклад в победу, выступал перед солдатами и офицерами в госпиталях и армейских клубах, а когда союзные войска высадились во Франции, отправился со своим оркестром в Европу (вокалисткой оркестра была комедийная актриса и певица звезда Голливуда Бетти Хаттон), поднимать боевой дух американских и британских солдат.

После войны, поселившись с семьей в Лос-Анджелесе, Микки играл в оркестре Спайка Джонса «Городские пижоны», в репертуаре которого была самая разная музыка: от танцевальных мелодий и фолка до джаза и музыкальных пародий на известные произведения композиторов-классиков.

Под влиянием Джонса Микки и сам стал сочинять и исполнять смешные пародии на популярные хиты, вставляя в песенные тексты слова и целые фразы на идиш и иврите. Так, известная как неофициальный гимн Американского Запада песня «Home on the Range» превратилась в «Haim afen Range». Пластинку с записью «Haim afen Range», выпущенную студией «RCA Victor» тиражом 150 тыс. копий, любители музыки раскупили в течение нескольких недель. Не меньшим успехом пользовалась и следующая пластинка Микки с записью песни «Tikle, Tikle», пародию на известную песню «Tico, Tico». Рассказывали, будто любезный продавец одного из музыкальных магазинов Бруклина предложил юной мексиканке, пожелавшей купить «Tico, Tico», на выбор три пластинки.

- Вот эту, - пояснил он, - записал Хэвиеро Кугат, эту - Тито Пуэнтес, а эту - Мигуэлито Валдез.

- Нет, - возвращая любезному продавцу пластинки, сказала покупательница, - мне нужна пластинка «Tico, Tico», которую напел Мигуэлито Кац.

Необыкновенно популярными были и другие шуточные песни Микки, и среди них – «Шлемильский цирюльник», «Кармен Кац», «Песах в Португалии», «Хэлло, Солли!», последние две - пародии на песню «Апрель в Португалии» и музыкальный номер из всемирно известного мюзикла Джерри Хермана «Хэлло, Долли!».

Особым успехом у публики пользовался поставленный Микки Кацем эстрадный спектакль-ревю «Borscht Capades», получивший свое названное в честь борща - любимого блюда бедных еврейских иммигрантов. Премьера состоялась в октябре 1948 года в Лос-Анджелесе, и все последующие 35 представлений прошли с аншлагами. Затем был Нью-Йорк, где спектакль в течение трех месяцев шел на сценах престижных бродвейских театров «Рояль» и «Шуберт»; два представления прошли в знаменитом Карнеги-холл. Популярности бродвейским шоу прибавило участие в них знаменитого дуэта - сестер Берри. «Борщ» собирал полные залы в Лас-Вегасе и Рино, Чикаго и Миннеаполисе, Далласе и Майами. После успешных гастролей в Канаде Микки подписал несколько ангажементов на выступления в фешенебельных курортных отелях в Катскильских горах, излюбленном месте летнего отдыха нью-йоркских евреев. Во время пребывания в «Еврейских Альпах», как в шутку прозвали острословы Катскильские горы, Микки пополнил свою коллекцию веселых историй. Вот одна из них.

МИККИ КАЦ: «МУЗЫКА ЗВУЧАЛА ТАК ВЕСЕЛО...»

Зимой в горах Катскилл часто случались снежные бури. В одну из таких зим после трехдневного снегопада, спасателям удалось «откопать» из-под снежного завала небольшой коттедж. Только после второго звонка дверь открылась, и на пороге появился весьма немолодой хозяин дома. Вдали маячила его обеспокоенная супруга.

- Кто вы? – поинтересовался старичок.
- Мы из Красного Креста! - радостно воскликнул один из спасателей.
- Из Красного Креста? - удивился хозяин дома. - Так я вам уже отсылал donation.

В начале 60-х Микки вновь возобновил показ музыкального ревю «Borscht Capades». С труппой молодых комедиантов и своим оркестром он объездил десятки городов и всюду был огромный успех. «Своей игрой мы не только радовали слушателей, - вспоминал Микки Кац, - но и сами получали удовольствие от игры: музыка звучала так весело, как звучит только на еврейских свадьбах, и нигде больше». Коронным номером ревю был фрейлехс, которым обычно заканчивалось представление. «Ни один оркестр, ни один - уверял Микки, - не исполнял его так вдохновенно и с таким задором, как мои «кошерные ребята!»

Благодаря записям на пластинках имя Микки Каца стало известно за рубежом, и в 1961 году он получил приглашение на гастроли в Европе, Австралии и ЮАР.

Активная концертная деятельность Микки Каца не прекращалась до последних лет жизни: он записывался на пластинки, регулярно выступал на концертной эстраде, снялся в музыкальной комедии «Весьма современная Милли», в которой в одном из эпизодов (еврейская свадьба), звезда экрана Джули Эндрюс в сопровождении его оркестра исполняла песню - естественно на идиш.

Не менее удачно сложилась карьера жены Микки - Грейс, талантливой художницы, владевшей двумя популярными среди звезд Голливуда галереями в Беверли-Хиллз. Ее работы считали за честь приобрести: Кэри Грант, Барбра Стрейзанд, Шер, Дайана Росс и другие известные актеры.

Гордостью Микки и Грейс были дети: старший - Джоэл, звезда Бродвея и Голливуда, и младший – Рональд (в отличие от оскароносного брата фамилию не сменил, так и остался Кацем), признанный финансовый и компьютерный гений, известный как изобретатель автоматизированной системы обработки банковских кассовых операций, автор пятидесяти других не менее крупных изобретений в области информатики, вычислительной техники и компьютерных технологий и президент собственной компании с многомиллиардным оборотом.

Популярный и знаменитый джазовый музыкант, певец и шоумен Микки Кац умер 30 апреля 1985 года в Лос-Анджелесе.

За свою долгую музыкальную карьеру Микки Кац записал девяносто синглов и одиннадцать музыкальных альбомов - любители музыки сметали их с прилавков магазинов словно горячие латкес на благотворительных обедах в Еврейских центрах во время празднования дней Хануки. Еще бы! С его пластинок звучали не только музыкальные пародии на ультрамодные хиты - «Сан-Луи блюз», знаменитое аргентинское танго «Кумпарсита», «Кан кан», «Танец с саблями» из балета Арама Хачатуряна «Гаяне», «Казачок», «Эй, Мамбо», «Сесибон!», но и не менее известные шлягеры: «Мазл тов!», «Бублички», «Аидише мама», «Шалом» и «Папиросн», «Лехаим» и «Хава Нагила», щемящая мелодия песни «Восход, закат» («Sunrise, sunset») из мюзикла «Скрипач на крыше», радостный и веселый фрейлехс.

И напоследок несколько смешных историй «от Микки Каца».

Разговор Микки с одной из его поклонниц.
- Это правда, что актер Джоэл Грей ваш сын?
- Да, мой.
- А какая фамилия у него была прежде, чем он сменил ее на Грей?
- Кац.
- Вы знаете, я так и предполагала.

***

Сын миссис Голдберг отправился в свадебное путешествие. Через неделю она получила от него телеграмму: «Дорогая мамочка! Нам очень хорошо. Сарочка - просто прелесть. Я счастлив!» Прочитав телеграмму, миссис Голдберг пожала плечами и фыркнула: - Ничего себе, штучка! Она уже научила его врать!

***

МИККИ КАЦ: «МУЗЫКА ЗВУЧАЛА ТАК ВЕСЕЛО...»

Однажды, - вспоминал Микки Кац, - мама сказала о своем младшем брате, владельце скромного магазина ношеной одежды: - Сэм у нас настоящий миллионер. Он скопил уже пять тысяч долларов!

***

Заприметив как-то в зале грустного вида пожилую леди, известный шоумен Антони спросил ее: - Вы чем-то расстроены, дорогая? Может быть, я смогу помочь вам решить вашу проблему?
- Нет, нет! - расплакалась пожилая леди, не только вы - никто не в силах решить мою проблему. Я замужем уже тридцать три года, но вчера Сэм, придя домой, заявил, что хочет развестись со мной. И завтра, в пять часов вечера, обещал привести с собой адвоката. И теперь меня мучает одна проблема: должна ли я готовить ужин еще и на адвоката?

***

Подслушанный Микки разговор двух леди преклонного возраста.
- Что бы ты сделала, дорогая, если бы нашла миллион долларов?
- Ну, если бы этот миллион потерял бедный человек, я бы тут же возвратила ему деньги.

Февраль 2012

9 БЕННИ ГУДМЕН - ПОЭТ КЛАРНЕТА, КОРОЛЬ СВИНГА

В конце мая 1962 года на основе американо-советских соглашений о культурном обмене в США отправился Украинский ансамбль народного танца, а в Москву прибыл джаз Бенни Гудмена. В СССР оркестр дал 32 концерта, которые посетили 180 тысяч зрителей. Те, кому посчастливилось побывать на них, конечно, помнят, как в переполненных залах неистовствовала публика, какой бешеный, ошеломляющий, оглушительный - иных слов и не подберешь - успех, сопутствовал каждому выступлению знаменитого джазмена и его оркестра. Выдающийся кларнетист, композитор, аранжировщик и дирижер Бенни Гудмен еще при жизни стал настоящей легендой. Его игра отличалась яркой выразительностью, безукоризненной техникой, блеском импровизации. Бенни Гудмен стал первым джазовым музыкантом, который со своим оркестром выступил в нью-йоркском Карнеги-холл – респектабельном концертном зале, о выступлении в котором мечтает любой всемирно известный исполнитель классической музыки.

Организацию концерта взял на себя известный импресарио Сол Юрок, но ни сам Бенни Гудмен, ни музыканты его оркестра не верили в возможность выступления в столь престижном концертном зале до тех пор, пока на его рекламных щитах не появились огромные афиши: «Первый свинг-концерт в истории Карнеги-холл. БЕННИ ГУДМЕН и его СВИНГ-ОРКЕСТР. Воскресенье, 8.30 вечера. 16 января 1938 г». Все 2760 билетов были распроданы за несколько часов. Несмотря на холодный зимний вечер, у здания театра собралась огромная толпа фанатов джаза, каждый из них не терял надежду - приобрести лишний билет. Музыканты так волновались, что перед открытием занавеса никто из них не решался выйти первым на сцену. Наконец Бенни уговорил их выйти всем вместе, и они, поборов робость, с независимым видом под гром аплодисментов, крики и свист публики прошествовали на подиум. Первой прозвучала композиция Бенни Гудмена «Don't Be That Way» в инструментальной аранжировке Эдгара Сэмпсона, и по тому, как публика шумно отреагировала на ее исполнение, стало ясно, что концерт пройдет с успехом. Всего в концерте прозвучало более двадцати джазовых композиций и среди них: «The Man I Love» и «I Got Rhythm» Джорджа и Айры Гершвинов, «Blue Skies» Ирвинга Берлина, «Who» из мюзикла Джерома Керна «Sunny».

Листая сохранившуюся программку концерта, понимаешь, почему так задыхалась от невероятного восторга публика и дрожали от оваций стены знаменитого Храма Музыки. Попробуй сдержать эмоции, когда со сцены звучат такие джазовые шедевры, как: «Shine» Луи Армстронга, «Blue Reverie» Дюка Эллингтона, «Sensation Rag» Эдвардса или суперхит Шолома Секунды «Bei Mir Bist Du Schoen»! И все - в блестящем исполнении биг-бэнда Бенни Гудмена. На следующий после концерта день газета «New York Sun» писала: «Неизвестно, зафиксировали или нет местные сейсмологи сильное землетрясение, но толчки от необычной силы ударов явно ощущались: это вчера вечером в Манхэттене, в Карнеги-холл, звучал свинг». Еще одно издание, ведущий журнал в области популярной музыки «Down Beat», отметил: «Выступление Бенни Гудмена с оркестром войдет в анналы свингологии; в Карнеги-холл воскресным вечером 16 января 1938 года маэстро пришел, сыграл и покорил публику своей виртуозной блестящей игрой. То, что произошло, можно сравнить с открытием радио, выдающимся достижением в области воздухоплавания братьев Райт или созданием теории относительности Эйнштейна».

На эту тему есть анекдот. Манхэттен, Нью-Йорк. Один прохожий обращается к другому:

- Не подскажете, как попасть в Карнеги-холл?

- Только посредством многолетних ежедневных многочасовых упражнений.

Анекдот не иначе как о герое нашего рассказа! Не только уникальный природный музыкальный талант, но и необычайное трудолюбие и упорство позволили Бенни Гудмену достичь вершин исполнительского мастерства. «Хорошие результаты неотвратимо зависят от труда, который вы вкладываете, - писал в автобиографии Бенни Гудмен, - и в самом этом труде вы найдете истинное удовольствие».

По словам Бенни Гудмена, его отец, Давид Гутман, был родом из Белой Церкви. В Америку он эмигрировал из Варшавы после волны погромов, прокатившихся в конце 80-годов XIX века на западных окраинах России. Оказавшись в Балтиморе, он стал работать на швейной фабрике и вскоре женился на Доре Грински, приехавшей в Америку из Мариамполя, еврейского местечка неподалеку от литовского города Ковно (ныне Каунас). В 1903 году супруги с тремя детьми (а всего они подарили миру двенадцать) переехали в Чикаго и поселились в еврейском районе – в гетто Вест-Сайда, на Максвелл-стрит, в неотапливаемом подвале многоквартирного дома, населенного такой же, как и они эмигрантской беднотой.

Бенджамин Дэйвид, их восьмой ребенок, Бенни, как его называли в семье, родился 30 мая 1909 года. Дети подрастали, и чтобы уберечь своих младших сыновей от влияния улицы, где подростки постарше учили малышей владеть револьвером раньше, чем они знакомились с азбукой, отец решил увлечь их музыкой. В синагоге Kehelah Jacob, которую он посещал по субботам, за небольшую плату - 25 центов в неделю - детей обучали музыке и предоставляли напрокат музыкальные инструменты. Однажды Давид привел сыновей в синагогу, чтобы они выбрали себе инструменты по душе. Но получилось так, что струнные уже давно разобрали, и братьям пришлось выбирать себе инструменты не по душе, а по росту и весу. Так, самому старшему из них, рослому двенадцатилетнему Гарри досталась довольно внушительного веса туба, Фредди, которому исполнилось одиннадцать, инструмент полегче - труба, а самому младшему, десятилетнему, носившему еще короткие штанишки очкарику Бенни - кларнет. «Весил бы я на фунтов двадцать больше и был бы на пару дюймов выше, - вспоминал с улыбкой Бенни Гудмен, - моя карьера музыканта сложилась бы совсем по-другому».

Первые уроки игры на кларнете Бенни преподал руководитель синагогального оркестра Богуславский. Когда через год из-за нехватки средств оркестр при синагоге был распущен, Бенни стал брать частные уроки у Франца Шеппа из Чикагского симфонического оркестра. Прилежный и старательный ученик, Бенни за два года учебы у опытного педагога хорошо освоил технику игры на классическом кларнете. Однажды, услышав записанную на граммофонную пластинку джазовую мелодию в исполнении известного кларнетиста Тэда Льюиса, Бенни, очарованный его игрой, спросил учителя: «Мистер Шепп, что вы думаете о джазе? Что вы скажете, если я тоже стану играть джаз?». «Джаз? - усмехнулся учитель, - джаз это не музыка, мой мальчик. Музыка - это Моцарт, Брамс,

Гайдн. Так что если ты хочешь стать хорошим музыкантом, забудь о джазе и учись у великих мастеров».

Конечно же, Бенни хотелось поскорее стать хорошим музыкантом, чтобы радовать своими успехами отца и мать. И еще для того, чтобы, зарабатывая деньги музыкой, помочь семье вырваться из беспросветной нужды.

Как-то выступавшего на школьном концерте Бенни заметил менеджер оркестра «Central Park Theater» и предложил ему заменить заболевшего кларнетиста. Мог ли он, двенадцатилетний, не согласиться? За исполнение джазовых композиций: «When My Baby Smiles At Me» Тэда Льюиса, «I Never Knew I Could Love Anybody» Лестера Янга и знаменитого хита Уильяма Хэнди «St. Lois Blues» он получил 5 долларов - больше, чем отец за десять часов изнурительной работы на швейной фабрике.

Спустя год несмотря на юный возраст - ему едва исполнилось четырнадцать - Бенни получил карточку местного профсоюза музыкантов. Вскоре, бросив школу, он стал играть в известных в Чикаго оркестрах Билла Гримма и Мерфи Подольски, выступавших в танц-залах, мюзик-холлах и ночных клубах.

«Все говорили о пареньке по имени Бенни Гудмен, - вспоминал саксофонист Гил Родин, отбиравший молодых музыкантов для популярного в Чикаго оркестра Бена Поллака. - Я пошел послушать его, и он сразу меня поразил. Бенни играл просто фантастически!» В августе 1925 года, незадолго до своего шестнадцатилетия, Бенни Гудмен уже играл в оркестре Бена Поллака (одновременно с Гленном Миллером), а в декабре 1927 года вышла первая пластинка с записью его сольного выступления в составе оркестра. Проработав четыре года в оркестре Поллака, двадцатилетний Бенни становится свободным музыкантом и переезжает в Нью-Йорк. Он сотрудничает с известными оркестрами Арта Кеселя, Реда Николса, играет в небольших инструментальных ансамблях, создает собственные композиции, записывает 18 пластинок со своим другом, блистательным аранжировщиком и будущим руководителем получившего мировую известность оркестра, Гленном Миллером. Встреча с продюсером и джазовым критиком Джоном Хэммондом (Бенни женится на его младшей сестре Элис) во многом определила его дальнейшую музыкальную карьеру.

В марте 1934 года по совету и при материальной поддержке Джона Хэммонда Бенни Гудмен вместе с братом Гарри, игравшем на трубе и контрабасе, создает свой первый биг-бэнд из тринадцати первоклассных музыкантов. Первое его выступление состоялось 1 июня 1934 года в праздничном шоу в честь открытия нового роскошного мюзик-холла Билли Роуза в здании Manhattan Theater на Бродвее. Предчувствуя успех, Билли Роуз пригласил на гала-представление репортеров. И не ошибся: зал был заполнен до отказа, а шоу, которое продолжалось с семи часов вечера до трех часов ночи, имело грандиозный успех. В тот вечер Бенни впервые исполнил свои собственные композиции: «Moon Glow» («Лунный свет»), «Take My Word» («Верь мне») и «Bugle Call Rag» («Труба зовет танцевать рэгтайм»), сразу же взлетевшие на первые строчки хит-парадов. В начале августа 1934 года Бенни Гудмен с оркестром был приглашен на радио NBC для участия в популярной музыкальной программе «Let's Dance» («Потанцуем»).

Летом 1935 года оркестр отправился в свою первую гастрольную поездку по стране, которая закончились триумфальным выступлением в развлекательном комплексе Лос-Анджелеса «Palomar Ballroom». Этот знаменитый дансинг, возведенный в 1925 г. на пересечении Вернон авеню и Второй стрит, был провозглашен «самым большим и популярным танцевальным залом на Западном побережье»: он был рассчитан на 4 тысячи танцующих пар.

В первом отделении оркестр исполнял популярные танцевальные мелодии: вальсы, фокстроты, чарльстоны, но как музыканты ни старались, раскачать и завести публику своей игрой им не удалось. В антракте Бенни решил сменить программу второго отделения. Все согласились с его идеей и после антракта выдали настоящий свинг. И случилось чудо! После исполнения композиции «Sometimes I'm happy» Флетчера Хендерсона, публика взорвалась аплодисментами. И уже каждый следующий номер программы бурно приветствовала шумными криками одобрения: новый популярный музыкальный стиль - свинг с его энергичным мощным ритмом и «свингующим» мелодичным кларнетом Бенни - пришелся по вкусу танцующей аудитории. Оркестр звучал слаженно и стройно; восхищенная его игрой публика, забыв о танцах, столпилась у сцены и без конца аплодировала и ревела от восторга. «Да, публика ревела, но это были самые сладостные звуки, которые мне когда-либо приходилось слышать в жизни», - вспоминал тот памятный вечер Бенни Гудмен. Историки джаза считают, что именно с успешного выступления биг-бэнда Бенни

БЕННИ ГУДМЕН - ПОЭТ КЛАРНЕТА, КОРОЛЬ СВИНГА

Гудмена в танцзале «Palomar Ballroom» 21 августа 1935 года и началась эра свинга.

В начале 1937 года Бенни Гудмен получил приглашение выступить с серией концертов в нью-йоркском театре «Paramount». Премьера была назначена на 3 марта 1937 года. К театральной кассе еще с ночи выстроилась, растянувшись на несколько кварталов вдоль Бродвея, громадная очередь. Ночь выдалась холодная, и терпеливо ожидавшие открытия кассы люди грелись у разложенных посреди тротуара костров. С каждой минутой очередь увеличивалась: нескончаемым потоком из выхода сабвея на Таймс-сквер к театру тянулись фанаты свинга.

Появление на сцене оркестра публика встретила несмолкающими криками приветствия и свистом. Но вот, приложив кларнет к губам, Бенни дал знак музыкантам, и оркестр без остановки, одну за другой, исполнил несколько популярных джазовых мелодий, знакомых публике по радиопрограмме «Потанцуем». Во время исполнения инструментальной композиции «Bugle Call Rag» экзальтированные любители джаза, увлеченные виртуозной игрой Бенни, вскочив с мест, бросились танцевать у сцены и в боковых проходах. Чудесное шоу повторялось пять раз в день в течение трех недель, ежедневно собирая под сводами театра 21 тысячу зрителей. Пресса объявила Бенни Гудмена национальным героем и «королем свинга». Популярность «короля свинга» была необычайной. Поклонники знаменитого джазмена забрасывали его письмами и часто, не зная адреса своего кумира, писали на конвертах: Mr. Benny Goodman. King of Swing. Somewhere in New York City, USA. И письма доходили!

В 1938 году Бенни Гудмен дебютирует как солист – кларнетист, исполнитель классического репертуара. Он записывает на пластинку «Кларнетный квинтет» Моцарта с Будапештским струнным оркестром, Сонаты для кларнета и фортепиано Франсиса Пуленка (совместно с Леонардом Бернстайном), композиции для кларнета Хиндемита, Копленда, Вебера, Брамса, Дебюсси. В 1939 году Бела Барток посвящает классическому музыканту-джазмену трио «Контрасты» (для скрипки, кларнета и фортепьяно).

Просмотрев нотные записи, Бенни воскликнул: «Мистер Барток, ваша музыка слишком тяжелая для исполнения. Чтобы сыграть столь сложную композицию, нужно иметь три руки!». Композитор усмехнулся: «Не волнуйтесь, Бенни, играйте приблизительно». Но Бенни никогда не играл приблизительно.

Многочасовыми репетициями он добивался в своей игре совершенства. Вскоре «Контрасты» в блестящем исполнении звездного трио: Джозеф Сигети - скрипка, Бела Барток – фортепьяно, Бенни Гудмен - кларнет были записаны на пластинку фирмой «Columbia Records».

Во время Второй мировой войны Бенни Гудмен работает на радио, снимается в кино, принимает участие в постановке бродвейских мюзиклов и шоу, создает вокальные и инструментальные композиции, многие из которых попадали на первые строчки хит-парадов. В послевоенные годы со своим джазом гастролирует в странах Западной Европы, в Японии, Бирме, Таиланде, Латинской Америке.

Весной 1962 Бенни Гудмен со своим оркестром отправился в гастрольное турне по СССР. Два концерта прошли в Москве: во Дворце спорта в Лужниках и в Центральном Доме Советской Армии. Озвучивать выступление оркестра в Лужниках было поручено 32-летнему звукорежиссеру Дома звукозаписи и радиовещания Виктору Бабушкину. В зале не было устройства для усиления звука. Но изобретательный звукорежиссер, установив в одном из туалетов микрофон и громкоговоритель, подвел к ним провода, обеспечив таким образом надежную систему звукоусиления. Звук Бенни Гудмену понравился, и он подарил находчивому изобретателю магнитофон. Присутствовавший на концерте Н.С.Хрущев от души повеселился, узнав о «передаче американской музыки через советский сортир». Вместе с Никитой Сергеевичем в ложе восседали пока еще его верные друзья и соратники: Косыгин, Микоян, министр культуры Фурцева и примкнувший к ним товарищ Козлов Ф.Р. Концерт открылся специально написанной к предстоящим гастролям композитором Мэлом Пауэллом оркестровой пьесой «Визит в Москву». Затем Бенни Гудмен исполнил на кларнете «Полюшко-поле», а вслед за «Полюшком» музыканты его бэнда принялись разлагать изголодавшуюся по настоящему джазу публику зажигательными джазовыми импровизациями Джорджа Гершвина, Дюка Эллингтона, Гленна Миллера, Кола Портера. Но то ли не пришлись они Никите Сергеевичу по вкусу, то ли позвали генсека важные государственные дела - в антракте он покинул зал. На приеме в американском посольстве, однако, он подошел к Бенни Гудмену, чтобы пожать ему руку.

- О, так значит вы тоже любите джаз? - обрадовался тот.

- Нет! - осек его советский лидер, - я люблю хорошую музыку.

БЕННИ ГУДМЕН - ПОЭТ КЛАРНЕТА, КОРОЛЬ СВИНГА

Между тем газета «Правда» назвала оркестр Бенни Гудмена «одним из лучших американских джазов», а «Советская культура» назвала руководителя «одного из лучших американских джазов» - «истинным поэтом кларнета». Во время прогулки по Красной площади Бенни Гудмен с удовольствием общался и фотографировался с москвичами, по просьбе детей играл на кларнете.

Два успешных концерта оркестра Бенни Гудмена прошли в Ленинграде. Один из них, в Зимнем Дворце спорта, шел под бесконечные рукоплескания и выкрики обезумевших фанатов. Не менее восторженный прием Бенни Гудмену и его оркестру был устроен в Киеве. Концерт во Дворце спорта, вмещающем восемь тысяч зрителей, открылся исполнением знаменитой мелодии Билли Стрейхорна «Take The A Train», музыкальной заставкой, которой обычно начинались «Беседы о джазе» на радио «Голос Америки». Не на шутку разбушевавшаяся киевская публика, приветствовала исполнение каждого номера программы бурными аплодисментами, воплями и свистом. Съездить в Белую Церковь, на родину отца, всего в каких-то восьмидесяти километрах от Киева, Бенни Гудмену не позволили, сославшись на условия контракта.

С аншлагами прошли концерты оркестра в Сочи, Ташкенте и Тбилиси. Интересно, что в Тбилиси Бенни Гудмен побывал на службе в синагоге.

Госдепартамент был настолько доволен успешными гастролями оркестра в СССР, что по возвращении Бенни Гудмен был принят в Белом Доме президентом Кеннеди. А губернатор штата Коннектикут, где в своем доме проводил с семьей летние месяцы «король свинга», учредил праздник - «День Бенни Гудмена». Выход музыкального альбома «Бенни Гудмен в Москве», многочисленные интервью на радио и телевидении, наконец десятистраничный фотоочерк Надин Либер и Стэна Вэймена в популярном журнале LIFE о триумфальном визите в Советский Союз прибавили славы и популярности и без того прославленному и популярному музыканту.

Шли годы, «эра свинга» давно уже стала историей джаза, но легендарный кларнетист и бэнд-лидер по-прежнему выступал на концертных площадках, участвовал в телевизионных шоу. После выступления Бенни Гудмена 17 января 1978 года на юбилейном концерте в Карнеги-холл, журнал New Yorker поместил карикатуру Дэна Фрэдона. Король говорит королеве: «Если бы я начал жизнь сначала, я бы стал королем свинга».

Личная жизнь Бенни Гудмена сложилась на редкость счастливо. Любящая, преданная и заботливая жена (прапраправнучка, между прочим, знаменитого миллионера Корнелиуса Вандербильта), две прекрасные, талантливые (пианистка и художница) дочери. Любил Бенни порыбачить и поиграть в гольф, но главным его увлечением была музыка, которой он посвятил всю свою жизнь. Великий джазмен умер от сердечного приступа 13 июня 1986 года. С годами менялись музыкальные стили, но и сегодня джазовые оркестры исполняют неувядающие шлягеры Бенни Гудмена, «короля свинга».

Январь 2010

10 ВЫ ЕЩЕ НЕ ТАКОЕ УСЛЫШИТЕ!

Официальной датой рождения звукового кино принято считать 6 октября 1927 года, когда в Нью-Йорке состоялась премьера музыкального фильма «Певец джаза». В фильме синхронно с изображением звучали песни в исполнении блистательного шоумена и джазового певца, кумира американской публики Эла Джолсона. Интересно, что в первом звуковом фильме не было диалогов. Только в одном из эпизодов главный герой произнес две фразы. Всего лишь две, но с них и началась эра звукового кино.

А дело было так. В конце 1925 года Сэм Уорнер, старший из четырех братьев-владельцев небольшой киностудии, присутствовал на демонстрации телефонной компанией «Bell» нового звукозаписывающего устройства «Витафон». «Это так здорово! - с восхищением сказал он своим братьям - Гарри, Альберту и Джеку - и добавил пророчески, - за звуковым кино - будущее».

Весной 1926 года братья Уорнеры по предложению Джека (он обожал оперетту и всегда мечтал стать водевильным актером) отсняли несколько короткометражных музыкальных комедий, решив озвучить их при помощи приобретенной у компании «Bell» технической новинки. Эксперимент удался. Спустя год Алан Кослэнд снял на их студии «Уорнер Бразерс» первый в истории человечества звуковой фильм «Певец джаза» с Элом Джолсоном в главной роли. Во время съемок фильма, сразу же после исполнения им первой песни «Dirty hands, dirty face», съемочная группа устроила певцу настоящую овацию. «Да подождите, подождите, - закричал Джолсон, - вы еще не такое услышите! Подождите минутку, я говорю вам, вы еще не такое услышите!» - громким голосом повторил он. Руководитель оркестра Луис Силверс дал знак музыкантам, и Эл Джолсон запел новую песню. В тот же вечер режиссёр Алан Кослэнд, просматривая отснятый материал, пришел в замешательство: оператор заснял на пленку не только поющего, но и «говорящего» Джолсона. И решил вырезать не предусмотренный сценарием эпизод, посчитав его «разговорным трюком», который позволил себе актер перед камерой. Но со-продюсер Дэррил Занук уговорил его оставить произнесенные Джолсоном в фильме фразы, мало того: добавить еще несколько «говорящих» эпизодов. На премьере фильма, которая состоялась 6 октября 1927 года в Нью-Йорке одновременно во всех принадлежащих студии кинотеатрах, зрители пришли в неописуемый восторг, когда услышали синхронный с изображением голос Эла Джолсона: «Подождите минутку, вы еще не такое услышите!» Слова, произнесенные им с экрана, вызвали у зрителей чувство, близкое к экзальтации: «Великий немой», кинематограф - заговорил!

Основа сценария фильма «Певец джаза» - рассказ писателя Самсона Рафаэльсона «The day of Atonement» («Судный день»). Это история мальчика с Нижнего Ист-Сайда, Джеки Рабиновича, сына кантора синагоги, который не захотел последовать семейным традициям, а выбрал себе карьеру эстрадного певца и шоумена. Замысел написать рассказ возник у Самсона Рафаэльсона в 1917 году, когда он, будучи студентом, впервые увидел Эла Джолсона в музыкальном спектакле «Robinson Crusoe Jr.».

«Когда он закончил петь, я мысленно перенёсся в свое детство, которое прошло в Ист-Сайде, - вспоминал автор. - Боже мой, он не певец. Он - кантор! Загримированный под темнокожего, стоя на коленях на краю сцены, он дарил свою песню зрителям, и она, словно молитва, проникала в самую глубину их сердец. Он пел с такой экспрессией, в его голосе было столько печали и сострадания, что не важно, какие в песне были слова, и какой была мелодия. Его пение было настолько эмоциональным, таким пронзительным, как пение кантора». Свой рассказ Рафаэльсон переделал в пьесу (она шла на Бродвее) и сценарий, который предложил для экранизации продюсеру Элу Левину. Вскоре, снятый на его основе фильм, уже под новым названием - «Певец джаза» с Элом Джолсоном в главной роли - вышел в прокат.

Фильм «Певец джаза» во многом биографичен: Эл Джолсон, сын кантора, подобно герою фильма Джеки Рабиновичу, рано проявившему удивительные музыкальные способности, не захотел обучаться канторскому искусству; с детских лет его увлечением стал театр. Малолетка, восьмилетний Аза Йолсон - так звали тогда будущего знаменитого певца и шоумена – начал свою «концертную деятельность», выступая со своим старшим братом Гиршом у прохожих на виду в еврейских кварталах Вашингтона. Вскоре юные исполнители стали петь в кафе и салунах, получая от их владельцев в качестве «щедрых гонораров» бесплатные обеды. В 1899 году тринадцатилетний Аза впервые выступил на профессиональной сцене во второстепенной роли в спектакле по пьесе «Дети гетто» известного еврейского писателя и видного сиониста Израиля Зангвиля, того самого, который назвал Америку плавильным котлом. Оказавшись в «плавильном котле», братья Йолсоны сменили свои имена и фамилию на сценические псевдонимы: они стали Джолсонами, Гирш - Гарри, а Аза - Элом. Спустя два года, убежав из дома и оказавшись на Бродвее, они уже развлекали публику, исполняя в водевилях и музыкальных ревю модные песенки и комические куплеты. Первый сольный концерт Эла Джолсона состоялся в 1906 году в Сан-Франциско спустя неделю после знаменитого землетрясения.

Вскоре известная на рынке шоу-бизнеса компания «Lew Dockstader's Minstrels» предложила двадцатилетнему певцу принять участие в новой бродвейской шоу-программе. Успех был оглушительный. После концерта компания поспешила подписать с певцом многолетний контракт. Стремительный взлет Эла Джолсона на музыкальный Олимп произошел в 1911 году после его триумфального выступления в бродвейских шоу «La belle Paree» и «VeraVioletta». В том же году известные импресарио Шуберт и Чейнин пригласили Джолсона участвовать в праздничном ревю по случаю открытия возведенного ими на Бродвее театра Winter Garden Theatre («Зимний сад»). Вышедшего на сцену Эла Джолсона публика встретила громом аплодисментов, а по окончании выступления долго не отпускала его, скандируя: «Пой, пой, пой!»

Вскоре имя певца «засветилось» огромными буквами не только над козырьком крыши роскошного здания «Зимнего сада», но и на рекламных щитах установленных на высотных зданиях расцвеченного огнями ночного Бродвея. На сцене «Зимнего сада» Эл Джолсон, «Король Бродвея», иначе его уже не называли, выступал с неизменным успехом в течение пятнадцати лет, исполнив главные роли в более чем десятке мюзиклов (среди них такие знаменитые, как «Honeymoon express», «Bombo», «Big boy», «Night in Spain». В мюзикле «Sinbad» Джолсон впервые исполнил песню «Swanee» - «Суони», которую написал для него молодой двадцатилетний Джордж Гершвин. «Суони» в исполнении Эла Джолсона имела ошеломляющий успех и в течение многих десятилетий оставалась национальным хитом. «My mammy» - «Моя мамочка», особо полюбившуюся американцам песню, Джолсон исполнял по просьбе зрителей почти в каждом концерте, обычно появляясь на сцене в образе темнокожего американца, несмотря на существовавшую в начале прошлого века сегрегацию черного населения. Песня о маме, которая жертвует всем ради своих детей (она звучит в фильме «Певец джаза»), вызывала воспоминания об ушедшем навсегда детстве и трогала сердца слушателей. После концерта многие из них - и это вовсе не выдумка - спешили на почту, чтобы отправить «ночное» письмо своим матерям, причем даже тем, которые жили с ними в одном доме.

С начала 20-х, почти в течение четверти века ни один певец не мог конкурировать с «Королем Бродвея». Каждый его концерт проходил с бешеным успехом, публика просто сходила с ума от его великолепного баритона, его умения «со слезой», с надрывом брать высокие певучие ноты, его импровизаций и шуток. Не зря ведь он заслужил не только титул «The Worlds Greatest Entertainer» - «Величайший эстрадный артист мира», но и прозвище величайшего шутника в мире.

Как-то в начале своей звездной карьеры, в одном из концертов, выйдя на сцену после великого Карузо, он бросил публике: «Люди, вы еще не слышали что-либо подобное!» Его любимая ставшая знаменитой фраза, которую он произнесет с экрана в фильме «Певец джаза», была встречена громом оваций.

Оставив в 1923 году Бродвей ради Голливуда, Джолсон снялся в фильме «Маменькин сынок», а после успеха фильма «Певец джаза» появлялся регулярно с вокальными номерами в музыкальных лентах. Однако в 1931 году он возвратился на Бродвей. Выступление в шоу «Wonderbar» стало его лебединой песней: в зените славы великий певец и шоумен оставил сцену. Вновь оказавшись в Голливуде, он снялся еще в нескольких фильмах, но все они были не столь успешны, как «Певец джаза». Уход со сцены не повлиял на популярность певца. В 1930-1940 годы он успешно работает на радио в качестве продюсера и ведущего собственных программ: «Шоу Эла Джолсона» и «Джолсон снова поет». Во время Второй мировой войны 55-летний Джолсон оказался первым певцом, который отправился в Европу выступать перед американскими солдатами. Популярность Джолсона вновь возросла после войны, когда на экраны вышли два фильма, посвященные его жизни и творчеству: «История Джолсона» (1946) и «Джолсон снова поет» (1949), главные роли в которых играл звездный Ларри Паркс. Однако все музыкальные номера в фильме исполнял Эл Джолсон.

ВЫ ЕЩЕ НЕ ТАКОЕ УСЛЫШИТЕ!

В частной жизни Эл Джолсон был веселым, добродушным, общительным человеком, элегантно, со вкусом, одевался, любил поиграть в карты и гольф, обожал скачки. Нашумевшие любовные романы, четыре женитьбы и три развода великого певца и шоумена всегда становились предметом горячего обсуждения его почитателей. В 1906 году двадцатилетний Эл женился на хористке Генриэте Келлер. Их брак распался через семь лет. Второй женой певца стала бродвейская танцовщица Альма Осборн, более известная под сценическим псевдонимом Этель Дельмар, третьей - талантливая танцовщица, звезда Голливуда Руби Киилер. Любовная история Эла Джолсона и Этель Хильды Киилер (Руби - ее сценическое имя) могла бы стать сюжетом увлекательного любовного романа. С тринадцати лет Руби пела в бродвейских мюзиклах и отбивала чечетку в ночных клубах. В одном из них - «Texs'300Club», владельцем которого был хорошо известный в криминальных кругах Нью-Йорка бутлегер и пивной король Джонни Костелло - певец и познакомился с лихой чечеточницей. Ей было девятнадцать, «Королю Бродвея» - сорок три. Эл красиво ухаживал, дарил розы, гребни в серебряной оправе, шубы на лисьем меху... В 1928 они поженились и отбыли в свадебное путешествие в Европу на пароходе «Олимпия». Они вместе выступали в бродвейских шоу, снимались в Голливуде; Руби не была выдающейся танцовщицей и актрисой, но нравилась публике (особенно мужчинам): привлекательная внешность, очаровательная улыбка, шарм. «Эл ревновал меня; если я заезжала в магазин за покупками и задерживалась хотя бы на десять минут, мне приходилось оправдываться перед ним», - вспоминала Руби. После многочисленных сцен ревности они расстались. Последней, четвертой, женой певца, с которой они усыновили двоих детей, стала бывшая медсестра Эрли Гэлбрайт.

Что еще? В довоенные годы «Король Бродвея» часто обедал в Jewish delicatessen - кошерном ресторане «Линди», который в начале двадцатых открыл на углу Бродвея и 49 улицы Лео Линдиман. В отличие от фешенебельных ресторанов с изысканной едой и выпивкой «Линди», довольно скромное заведение, было типичной закусочной, где подавали борщ, вареных цыплят, креплах и кнедлики, кныши и картофельные оладьи на курином жире, а на десерт - чай и ватрушки. В «Линди» у «Короля Бродвея» был свой столик; за соседним сиживал еще один «король» - «Король дна» Арнольд Ротстейн - человек, превративший организованную преступность Америки в большой бизнес. Кстати, Фрэнсис Скотт Фитцджеральд обессмертил последнего в «Великом Гэтсби» в образе биржевого спекулянта и мошенника Мейера Вулфшима. Так вот, по секрету: «короли» были хорошо знакомы. Но у каждого из них был свой бизнес: четырьмя годами старше Эла Арнольд во времена «сухого закона» не только контролировал большинство банд Нью-Йорка, но и имел свою долю в кабаре и ночных клубах, а Эл пел в них. Там же пели яркие звезды Бродвея - еврейские певцы и артисты: Эдди Кантор, Джордж Джессел, Фанни Брайс, Софи Такер. Свидетели вспоминают, что когда Эл исполнял в знаменитом клубе «Эмбаси», принадлежавшем еврейским гангстерам, песню «Моя идише мама», даже самые жестокие из них не выдерживали и плакали. Но не будем о грустном, а тем более о малопочтенной публике, посещавшей ночные заведения - великий певец и шоумен Эл Джолсон был любимцем миллионов.

В послевоенные годы его популярность была такой, что когда Бинг Кросби, Фрэнк Синатра и Пери Комо уже были звездами, Эл Джолсон по-прежнему считался «самым известным вокалистом». Напетые Элом Джолсоном грампластинки выпускались огромными тиражами и сразу же становились национальными хитами. Так, песня «Sunny boy» - «Сынок», которую певец исполнил в кинофильме «Singing fool» («Поющий дурак»), стала первым американским синглом с тиражом в три миллиона экземпляров. В 1948 году Эл Джолсон записал на пластинку «Хатикву», песню, ставшую национальным гимном Израиля.

Напомним читателю, что Аза Йолсон - знаменитый певец и шоумен Эл Джолсон - родился 26 мая 1886 года в местечке Средник (Литва), а умер 23 октября 1950 года от сердечного приступа в Сан-Франциско спустя месяц после возвращения из Кореи, где он выступал перед американскими солдатами. В тот день на десять минут погасили всю иллюминацию на Бродвее. Певец похоронен на еврейском кладбище Hillside в Шерман Оакс (Западный Голливуд), где покоятся Джек Бенни, Эдди Кантор, Джордж Джессел, Перси Фэйт и другие звезды эстрады. В память о великом певце и шоумене на голливудской «Аллее славы» заложены три звезды. Фильмы с участием Эла Джолсона и сегодня можно увидеть на экранах телевизоров, а лучшие песни в его исполнении часто звучат на радио и тиражируются на дисках.

Сентябрь 2009

11 ВЕЛИКИЙ ГОЛДВИН

Смешные и забавные истории о голливудском магнате, продюсере Сэмюэле Голдвине, можно встретить едва ли не в каждом сборнике американского юмора. Вот одна из них. Голдвину предложили сценарий «Ромео и Джульетта». Внимательно прочитав его, он заключил: «Мне нравится. Но конец должен быть счастливым - переделайте конец». Считая, что Голдвин шутит, режиссер возразил: «Боюсь, что это не понравится Биллу Шекспиру». «Заплатите ему больше», - последовал спокойный ответ. Не исключено, что Голдвин считал Шекспира одним из сценаристов Голливуда.

Такая история больше смахивает на анекдот, но тем не менее - это чистая правда: эрудиции «великому Сэму», как называли его в Голливуде, временами не хватало: хедер на улице Броварной в Варшаве да вечерние курсы английского языка по прибытии в Америку - вот и все его университеты.

Разбогатев, Голдвин стал коллекционировать картины и однажды пригласил к ссбс домой одного из друзей посмотреть его «Тужур-Лотрека».

Балерина Вера Зорина вспоминала, что после просмотра фильма «Сто мужчин и одна девушка», в котором снялся Леопольд Стоковский, Голдвин сказал ей с восхищением: «Фильм прекрасный! Особенно мне понравился дирижер оркестра - Достоевский». «Стоковский?» - робко переспросила его балерина. «Какой еще Стоковский?! - рассердился ценитель искусства, - Достоевский!»

«Мне не нужны сотрудники, которые могут только поддакивать, - заявил однажды Голдвин, выступая перед работниками своей студии. - Я хочу, чтобы все говорили мне правду в лицо - даже если я уволю их за это с работы».

Голдвин имел привычку хранить даже незначительные записки, письма и счета, связанные с производством фильмов. И когда секретарша однажды предложила уничтожить устаревшие документы, Голдвин заметил: «Там все-таки кое-что есть. Так что не забудьте сделать копии с каждой страницы».

Гершвина и Джорджа Баланчина, приглашенных к нему домой на совещание, он встретил в халате, крикнув им с лестницы: «Парни, подождите, я сейчас спущусь. И тогда мы обсудим все интимности».

Современники свидетельствуют, что Голдвин не только допускал в разговоре неуместные слова, но и, бывало, говорил такими фразами, что не верилось, будто он сам понимал, что сказал. Так, решив покинуть одно из продюсерских собраний, Сэм крикнул: «Include me out!». (Буквально: «Включите меня вне!» Впрочем, смысл присутствующие уловили: «Я не хочу иметь с вами дела»).

Вот еще несколько подобных фраз «великого Сэма», вошедших в обиход под названием голдвинизмов.

«Я говорю вам свое твердое и окончательное «может быть».

«Если вы не возражаете мне, то как мне узнать, что я прав?»

«Сегодня утром мне пришла в голову грандиозная идея. Но она мне не понравилась».

Или вот еще: «Это больше чем потрясающе - это посредственно».

Список подобных фраз можно продолжать и продолжать. Неудивительно поэтому, что когда Голдвин объявил о том, что собирается написать автобиографию, друзья стали подшучивать над ним: «А кто будет переводчиком?»

Но, как известно, хорошо смеется тот, кто смеется последним: несмотря на насмешки друзей, Сэмюэл Голдвин все же свою автобиографию написал. Книга вышла под названием «По ту сторону экрана» в литературной обработке писательницы Корин Лоу, которой не без труда удалось справиться с переводом голдвинизмов на нормальный язык. Рассказав на страницах книги об особенностях своей профессии, Голдвин так и не поделился с читателями подробностями своей личной жизни. За него это сделали его многочисленные биографы.

Шмуль Гельбфиц родился в Варшаве 27 июля 1879 года в семье евреев-хасидов. Его отец Аарон Довид Гельбфиц держал небольшую лавку, над дверью которой висела вывеска «Антиквариат». Товары, которыми он торговал, можно было отнести к антиквариату лишь условно: в основном это была подобранная на улице поломанная мебель и найденные на мусорных свалках предметы домашнего обихода.

Жена Аарона, Хана Рива, родила ему шестерых детей - троих мальчиков и трех девочек. Шмулю, самому старшему из них, исполнилось пятнадцать, когда умер отец. После смерти мужа Хана жила на помощь родственников и подрабатывала чем придется, в том числе и оказанием помощи своим неграмотным соседям в их переписке. Чаще всего это были письма в Америку. «Еще будучи ребенком, - вспоминал спустя годы Голдвин, - я считал Америку единственным местом, где стоит жить. Я часто слышал разговоры об Америке и о том, как свободно живут там люди. И далекая Америка стала для меня символом рая».

Когда в 1894 году по России прокатилась волна еврейских погромов и тысячи евреев стали покидать пределы империи, Шмуль решил уехать в Америку. Мать одобрила его решение, в надежде, что он найдет свою судьбу за океаном и тогда, даст Б-г, поможет встать на ноги младшим братьям и сестрам. И она не ошиблась.

Путь в Америку оказался нелегким. Покинув в 1895 году родной дом, 16-летний Шмуль прошел пешком почти пятьсот километров от Варшавы до границы с Германией. В семье сохранилась история о том, что Шмуль отдал таможеннику деньги за переход границы, но тот обманул его и запер на втором этаже здания таможни, собираясь отправить обратно. Окно комнаты выходило на Одер. Ночью, разбив стекло, Шмуль прыгнул в реку и переплыл ее. Но некоторые биографы Голдвина полагают, что все обстояло иначе: с группой беженцев Шмуль переплыл реку на пароме. Как бы там ни было, прошагав еще триста километров, он добрался до Гамбурга, где в еврейском квартале разыскал знакомого матери - перчаточника по фамилии Якоб Лейбглид. Добрый земляк ссудил ему 18 шиллингов - ровно столько стоил билет на пароход до Лондона. Оказавшись в Англии, Шмуль вновь прошагал еще сто двадцать километров и пришел в Бирмингем - там его приютила родная тетка, сестра матери. Муж тетки, Марк Линденшат, мастер на фабрике по изготовлению каминов, пристроил его подмастерьем в кузнице. Оказавшись под бдительным присмотром тетки, Шмуль по ее совету сменил имя и фамилию на Сэмюэл Голдфиш. Любительница давать советы, тетка уговаривала Сэма остаться в Англии, но мальчишка мечтал об Америке.

Четвертого декабря 1898 года на пароходе «Лабрадор» в каюте третьего класса (железная койка и матрац) Сэм прибыл из Ливерпуля в канадский порт Галифакс. Спустя месяц он нелегально перешел границу США и (вновь пешком) пришел в городок Гловерсвилл, штат Нью-Йорк. Он устроился уборщиком на фабрику по пошиву перчаток и уже через три года, старательный и целеустремленный, дорос до менеджера по продажам нью-йоркской перчаточной фирмы «Elite Glove Co.». В декабре 1907 года Сэм отправился в Европу заключать контракты на продажу продукции фирмы. Перед поездкой, узнав о болезни матери, он выслал ей деньги для лечения на карлсбадских водах. Путешествуя из столицы в столицу, Сэм из Берлина заехал в Карлсбад, чтобы повидаться с матерью. Они не виделись двенадцать лет - при встрече мать не могла наглядеться на Шмуля. Ее сердце переполняла гордость: жизнь сына за океаном сложилась счастливо и успешно. Одно только огорчало - Шмулю скоро тридцать, а он до сих пор не женат.

Молодой человек и сам задумывался о том, чтобы завести семью. Но когда он сделал предложение белокурой красавице Бесси Гинзберг, та отвергла влюбленного перчаточника и вышла замуж за известного бродвейского антрепренера Джесси Ласки. Впрочем с Сэмом она сохранила дружеские отношения и, в утешение, познакомила его с Бланш, сестрой Джесси. Тихая, скромная и застенчивая Бланш показалась Сэму идеальной женой. Они начали встречаться, и 8 мая 1910 года рабби Рудольф Гроссман благословил их на счастливый брак. Через два года после свадьбы родилась дочь Рут.

Когда в 1912 году министерство торговли снизило пошлины на импорт товаров и «Elite Glove» сократила выпуск перчаток, у Сэма появилось больше свободного времени.

Однажды, выйдя из торговой конторы на Пятой авеню, он направился к театру «Herald Square» на 34-ой улице, чтобы посмотреть «flicker» - «киношку». До этого времени он не видел ни одного фильма. В темном кинозале, где безостановочно крутили короткометражки, Сэм зачарованно глядел, как лихой ковбой Брончо Билли (актер Гилберт Андерсон) на полном скаку запрыгивает в мчащийся поезд. Фильм так понравился Сэму, что все свое свободное время он стал проводить в кинозалах. «Кино полностью захватило меня, - вспоминал позднее Голдвин, - для меня это был сказочный, неизведанный мир, и мне захотелось стать частью этого нового мира». Воплотить в жизнь свое желание без достаточных средств было делом нереальным, и Сэм уговорил Джесси поддержать его идею - вложить деньги в производство фильмов. В начале 1913 года партнеры основали кинофирму «J.Lascy Feature Picture Play Company», в которой Сэм занял пост генерального менеджера и казначея. В качестве режиссера он нанял своего друга, постановщика в варьете Сесиля де

Милля, с которым по вечерам играл в кости в ночном клубе. Выкупив за четыре тысячи долларов права на прогремевшую несколько сезонов на Бродвее пьесу Эдвина Ройли «Муж индианки», Сэм и Джесси предложили Сесилю переработать ее в экранную версию. На главную роль в фильме был приглашен актер Дастин Фарнум, звезда вестернов. «Чтобы все выглядело натурально», Сэм предложил снимать картину в Аризоне. «Там дольше световой день, зимой павильоны не требуют отопления, - стал убеждать он Джесси, - и кроме того, когда нам потребуются индейцы, их можно будет взять прямо на месте из резервуара». «Из резервации», - поправил его Джесси. «Неважно откуда, - не стал возражать Сэм. - Главное - все должно выглядеть натурально».

В начале декабря 1913 года съемочная группа во главе с Де Миллем прибыла в аризонский городок Флагстафф. Но то ли место Де Миллю не приглянулось, то ли из-за того, что в Аризоне несколько дней кряду шел дождь, Де Милль проследовал поездом дальше на Запад, откуда телеграфировал Ласки. «Флагстафф не подходит. Я в Калифорнии. Подтвердите полномочия снять амбар за 75 долларов в месяц в городке под названием Голливуд. Привет Сэму».

Получив «полномочия», Де Миль расплатился с хозяином амбара Джейкобом Стерном, и в течение недели переоборудовал амбар в первый крупный голливудский кинопавильон. (Сегодня в этом знаменитом амбаре расположен Музей голливудского наследия).

На съемки фильма ушло два месяца - его премьера состоялась 17 февраля 1914 года в «Longacre Theatre» на Бродвее. В историю кино «Муж индианки» вошел как первый, снятый в Америке (и Голливуде) полнометражный художественный фильм.

Фильм имел большой успех у зрителей и принес его создателям огромные кассовые сборы - 244400 долларов. Лентой заинтересовались прокатчики европейских стран, и для продвижения фильма на европейский кинорынок Сэм отправился за океан. Оказавшись по киношным делам в Берлине, он вновь встретился с матерью. Сэм показал ей фотографии трехлетней дочери, но о семейной жизни почти не говорил.

Брак с Бланш оказался непрочным. Сэм постоянно пропадал на студии и не всегда ночевал дома. Бланш стала подозревать его в неверности и даже (по совету матери) наняла частного детектива. Детектив лишь подтвердил ее подозрения: Сэм напропалую крутил романы с мечтавшими стать кинозвездами молоденькими актрисами. Бланш не могла простить Сэму измен, и в 1915 году после пяти лет совместной жизни они развелись. Расставшись с Бланш, Сэм, забрал свою долю в компании (900 тысяч долларов) и прервал деловые отношения с Джесси.

Его новыми партнерами стали бродвейские продюсеры братья Арчибальд и Эдгар Селвины. Вместе они основали студию - «Goldwyn Pictures» («GP»), в названии которой использовали сочетание своих фамилий - GOLDfish и SelWYN. Полученное в результате слово - Goldwyn, так понравилась Сэму, что он в очередной раз сменил фамилию.

Когда в апреле 1924 года «Goldwyn Pictures» объединилась с созданной Луисом Майером корпорацией «Metro» в кинокомпанию «Metro-Goldwyn-Mayer» («MGM»), Сэм, решив стать независимым продюсером, покинул «MGM». По условиям контракта его имя осталось в названии новой компании наравне с ее правом использовать в качестве логотипа экранную заставку «GP» - голову льва в кольце из кинопленки.

Основав собственную компанию «Samuel Goldwyn Production» и запустив в производство несколько фильмов, в январе 1925 года Сэм вновь отправился в Европу. В конце деловой поездки Сэм прибыл в Берлин, куда на встречу с ним приехали мать и сестра Маня с 12-летней дочерью Адель. «Как же мы будем разговаривать с дядей Шмулем? – поинтересовалась у бабушки Адель, - ведь он говорит только по-английски». Ее опасения оказались напрасными: дядя Шмуль отлично помнил идиш. Встреча с матерью оказалась для Сэма последней. В мае следующего года ее не стало.

Вернувшись в Америку, Сэм задержался на несколько дней в Нью-Йорке. На светской вечеринке в доме известного издателя Конди Наста он познакомился с актрисой Фрэнсис Ховард. И уже на следующий день на свидании в ночном клубе предложил 21-летней красавице руку и сердце. «Сэм покорил меня своей искренностью и прямотой, - вспоминала тот вечер Фрэнсис. «Я одинок, - сказал он, - и мне нужна жена. Жена, которой бы я мог доверять и которая бы стала мне близким человеком». И я подумала - а почему бы и нет?» Четыре недели спустя после первой встречи с Фрэнсис Сэм надел ей на палец обручальное кольцо. Второй брак оказался счастливым: с Фрэнсис, которая на момент свадьбы была в два раза младше его, Сэм прожил почти пятьдесят лет, до конца своей жизни. Фрэнсис довольно легко ладила с Сэмом несмотря на его непростой характер. С ним практически невозможно было договориться, поскольку считался он только со своим мнением. «Я признаю, что, возможно, не всегда бываю прав, - допускал он, - но я никогда не бываю неправ». За долгие годы совместной жизни они ни разу по-настоящему не поссорились. Когда Сэм входил в раж, она укрощала его на идиш: «Шмуль! - Швейг!» (Цыц). Научилась за годы совместной жизни.

Как продюсер, Голдвин вникал во все мелочи производства фильма и, бывало, поучал на съемочной площадке режиссеров, операторов и актеров. Главным в своей работе Сэм Голдвин считал производство «качественных фильмов». И на их производство не жалел никаких денег.

В 1924 году Голдвин предложил Зигмунду Фрейду 100 тысяч долларов за сценарий «лирического фильма о любовных романах известных людей и знаменитых личностей». Однако отец-основатель психоанализа отказался от больших денег, объяснив свой отказ тем, что, по его мнению, кино - это не искусство, а «индустрия развлечений».

Голдвин платил немыслимо высокие гонорары актерам. («Мы ему переплачиваем, но он того стоит»).

В ответ на замечание одного из критиков о том, что трущобы в каком-то его фильме выглядят слишком нарядными, Голдвин заметил: «Еще бы им не выглядеть нарядными - они влетели нам в хорошие деньги». В 1931 году Голдвин уговорил приехать в Голливуд Коко Шанель и заключил с ней контракт на миллион долларов. Звезды экрана в его фильмах стали блистать в костюмах «от Шанель».

В течение тридцати пяти лет «Samuel Goldwyn Production» произвела и выпустила более 80 фильмов. В 1947 году Сэм Голдвин получил премию Американской киноакадемии за фильм «Лучшие годы нашей жизни» (семь премий «Оскар»). После церемонии, вспоминала Фрэнсис, Сэм сидел в гостиной на оттоманке и рыдал, прижимая «Оскар» к груди.

Переписав имя и фамилию на американский лад, Голдвин не скрывал своего еврейского происхождения. Когда спустя два месяца после прихода в Германии к власти Гитлера немецкие студии разорвали контракты со всеми занятыми в киноиндустрии евреями, Голдвин сделал заявление для прессы, в котором объявил, что Голливуд будет рад приветствовать немецких режиссеров, «из-за своего еврейского происхождения лишившихся средств к существованию и возможности дать выход своему таланту». После случившегося в ноябре 1938 года по всей Германии погрома - «Хрустальной ночи» - Голдвин начал спонсировать еврейские организации, в частности, Объединенный еврейский благотворительный фонд, который оказывал помощь пострадавшим от погрома.

Когда, выступая на обеде, устроенном на студии «Warner Brothers» 13 ноября 1940 года, симпатизирующий Гитлеру сенатор Джозеф Кеннеди порекомендовал евреям - владельцам киностудий - прекратить производство антифашистских фильмов и убрать еврейские имена из титров картин, Голдвин оказался одним из немногих, кто отказался. На склоне лет Голдвин жертвовал огромные суммы денег на нужды еврейского государства.

За год до нацистской оккупации Польши Голдвин выслал сестре Мане и нескольким родственникам деньги и документы для выезда в Америку. Этой возможностью воспользовались лишь три его племянника. Маня с мужем и остальные родственники не спешили с отъездом. После войны Голдвин узнал, что все они погибли в нацистских лагерях смерти.

Выпустив фильм «Порги и Бесс» в год своего 80-летия (1959), Сэмюэл Голдвин передал руководство студией сыну, Сэму - младшему.

Оставив свой пост, Голдвин продолжал интересоваться делами студии и активно занимался благотворительностью. За вклад в киноиндустрию в 1971 году президент Никсон вручил Голдвину медаль Свободы - высшую награду США для гражданских лиц.

Голливудские репортеры давно уже перестали называть его «Великим Сэмом» и величали не иначе как - «Великий Голдвин».

Патриарх Голливуда Сэмюэл Голдвин скончался 31 января 1974 года в своем доме в Санта-Монике в возрасте 94-х лет. В день его похорон, во время церемонии прощания, на всех голливудских студиях на две минуты были приостановлены съемки фильмов.

В 50-х годах с появлением телевидения Голдвин продолжал снимать только качественные фильмы. Только качественные - и никак иначе! «Чего ради люди будут выкидывать свои деньги, чтобы выйти из дому и смотреть плохое кино, - сказал он в одном из интервью, - если они могут оставаться дома и смотреть плохое телевидение». «Если зрители не идут на ваш фильм, вы бессильны заставить их это сделать», - еще одна сентенция знаменитого продюсера. Серьезные маркетинговые исследования посвящаются вопросу, как привлечь зрителя в кинотеатр. А все очень просто: снимать только качественные фильмы. Во всяком случае, этот рецепт отлично помогал Великому Голдвину.

Сентябрь 2013

12　МАЙК И ЛИЗ

В начале апреля 1959 года в газетных колонках светской хроники появились сообщения о переходе Элизабет Тейлор в иудаизм. «Я горда тем, что я еврейка, - сказала она журналистам. - Я испытываю глубокое сочувствие к евреям за те страдания, которые выпали на их долю в годы войны. Меня привлекает их духовное наследие и я отождествляю себя с ними как с вечными изгоями».

Когда после двух неудачных браков Элизабет Тейлор заявила матери, что выходит замуж за Майка Тодда, мать воскликнула: «Лиз, дорогая, я так счастлива! Лучшего мужа для тебя, чем Майк, трудно представить. Он такой милый итальянец, этот Тодд». Мать чуть не хватил удар, когда Лиз произнесла: «Никакой он не итальянец, мама. Его настоящее имя Авром Хирш Гольдбоген».

***

Авром Хирш родился в 1907 году в Миннеаполисе, штат Миннесота, в семье Хаима Гольдбогена и Софии Хеллерман. Его родители, эмигранты из Польши, бедные и набожные евреи, едва сводили концы с концами - в семье было девять детей. Семья была настолько бедной, что, случалось, в доме нечего было есть, и в поисках еды Авром копался в мусорных баках. В семилетнем возрасте он продавал на улице газеты, чистил за десятицентовик прохожим ботинки и, воруя с лотков сигары, продавал их по три цента за штуку. Через год повзрослевший Авром занялся более «солидным бизнесом», сбывая по пять долларов часы-подделки. В Чикаго, куда из Миннеаполиса переехала семья, Аврома, шестиклассника, исключили из школы за игру в кости во время уроков.

Недолго задержавшись в учениках у фармацевта, он торговал вразнос фруктами, работал продавцом в обувном магазине, затем - оформителем витрин. В юном возрасте, испытывая нужду, Авром поклялся себе, что станет богатым и знаменитым.

МАЙК И ЛИЗ

Когда маленький Авром только учился говорить, слово coat, он произносил, как toat. Старшие братья и сестры, передразнивая Аврома, стали называть его Тодд. Это прозвище он использовал, когда решил изменить своё имя и фамилию на американский лад. Авром Хирш Гольдбоген стал Майклом Тоддом, а для друзей - просто Майком. В семнадцать лет Майк, сын ортодоксального раввина, не закончивший школу, уже был президентом строительной компании. Свои первые миллионы он сделал в Голливуде, заключив контракты на строительство павильонов для киносъемок. Заработанные деньги стал вкладывать в шоу-бизнес и производство фильмов. Тысячи посетителей открывшейся в 1933 году в Чикаго выставки «Век прогресса» смогли увидеть его проект-аттракцион «Огненное шоу». В финальной сцене на актрисе-«бабочке» от зажжённой свечи вспыхивали изготовленные из марли крылья. Но «смертельный номер» заканчивался хэппи-эндом: охваченная пламенем «бабочка», сбрасывая с себя горящий костюм, являлась публике обнажённой.

Майк сделал себе имя постановкой на Бродвее мюзикла «Пылкий Микадо» по известной оперетте Гильберта и Сулливана. Грандиозное пышное шоу запомнилось зрителям не только чудесной музыкой и виртуозно поставленными танцами. Уникальное представление заканчивалось извержением вулкана. Более полугода шоу демонстрировалось в одном из павильонов проходившей в 1939 году Всемирной выставки в Нью-Йорке.

За свою карьеру продюсера Майк Тодд поставил тридцать мюзиклов, шоу со стриптизом и эстрадных ревю. Он был больше, чем продюсер: он был шоуменом и импресарио, драматургом и режиссером, предпринимателем и изобретателем. Огромный успех у зрителей имел фильм «Оклахома!», снятый при помощи созданной Майком специальной системы кинокамер, известной как «ToddA-O» (Todd American Optical). Но самым грандиозным проектом Майка был снятый в 1956 году по технологии «ToddA-O» фильм «Вокруг света за 80 дней» (по роману Жюля Верна). Выручка от проката фильма, в съёмки которого он вложил шесть миллионов долларов, превысила сто миллионов. Фильм был отмечен множеством престижных наград и премией «Оскар».

О способностях Майка Тодда «делать деньги» в Голливуде ходили легенды. Рисковый игрок, он так же быстро терял миллионы, как и зарабатывал. Но выбившись из нищеты, никогда уже не был бедным. «Он был словно паровой каток, -

свидетельствует один из его друзей. - Перед его напором невозможно было устоять. Обладая деловой хваткой, энергией и настойчивостью, он без труда умел уговаривать богатых спонсоров вкладывать миллионы в его, по их мнению, безумные и сумасбродные проекты. Занимаясь осуществлением своих идей и замыслов, он несся по жизни на бешенной скорости».

В браке со своей первой женой, Бертой Фришман, он прожил шестнадцать лет, и после ее смерти женился на актрисе Джоан Блонделл. Когда через три года их брак распался, Майк увлекся актрисой Эвелин Кейс. Известность пришла к ней после исполнения роли младшей сестры Скарлетт О`Хара в фильме «Унесенные ветром». Дело шло к свадьбе, но судьба всё решила иначе: в жизнь Майка вошла Лиз - Элизабет Тейлор.

К тому времени юная Элизабет была признанной звездой и почтенной замужней дамой. Первым мужем восемнадцатилетней Элизабет стал сын владельца известных во всем мире отелей миллионер Ник Хилтон. Брак оказался неудачным, и после развода Лиз вышла замуж за английского актёра Майкла Уайлдинга. В семье уже было двое детей, но голливудские сплетницы поговаривали, что не все ладно в отношениях звездной пары.

Однажды общий знакомый Тодда и четы Уайлдингов пригласил их провести уик-энд на зафрахтованной Майком яхте. «Все были изрядно навеселе, - вспоминала первую встречу с Майком Элизабет Тейлор, - но подумать только: во время морской прогулки он не перекинулся со мной даже парой слов!» Через несколько дней Майк пригласил Уайлдингов на пикник, который он устроил в своем доме на Бульваре Сансет, затем на просмотр фильма «Вокруг света».

19 июля 1956 года студия «Метро-Голдвин-Майер» («MGM») объявила о предстоящем разводе Элизабет и Майкла Уайлдинга. На следующий же день, по словам Элизабет Тейлор, Майк назначил ей встречу на «MGM» и сказал, что любит её, что постоянно думает о ней и что хочет на ней жениться. Вскоре они ненадолго расстались. Майк улетел по делам в Нью-Йорк, Лиз - в Дэнвилл, штат Кентукки, на съемки фильма «Округ Рейнтри». Майк каждый день присылал ей цветы, а однажды посыльный доставил ей в гостиничный номер подарки Майка: браслет от Картье, букет экзотических цветов и телеграмму, в которой было всего лишь три слова: «I love you». Срываясь со съёмок, Лиз каждую

неделю чартерным рейсом прилетала к Майку в Нью-Йорк. «Я люблю Майка Тодда! - призналась она журналистам. - Я страстно его люблю». Уайлдинг понял, что не в силах удержать влюблённую в Тодда Лиз и дал согласие на развод, получив за джентльменский поступок от Майка чек на двести тысяч долларов.

Свадьбу сыграли в Акапулько, на вилле друга Майка Фернандо Эрнандеса. Невесте было двадцать четыре года, жениху - минуло сорок девять. За день до торжества Лиз пожелала, чтобы бракосочетание было проведено по иудейскому обряду. Безуспешно потратив половину дня на поиски раввина, Майк успокаивал расстроившуюся Лиз: «Sweetie, для меня ты и так еврейка». С утра в день свадьбы на виллу прибыл караван грузовиков, доставивший по заказу Майка для невесты пятнадцать тысяч белых гладиолусов и белых орхидей. Гражданский обряд бракосочетания провёл мэр Акапулько Марио Леноточи. В роли шафера и свидетельницы со стороны невесты выступили близкие друзья Майка и Лиз, популярный певец Эдди Фишер и его жена актриса Дебби Рейнольдс. Гостей развлекали наряженные в традиционные мексиканские костюмы музыканты; под вечер свадьба уже пела и плясала под музыку джаз-оркестра, выписанного Майком из Нью-Йорка. Свадебное торжество завершилось грандиозным фейерверком: в ночное небо взлетели сотни красных, жёлтых и оранжевых ракет, взрываясь гигантскими буквами «МТ» и «ЕТ». Пиротехническая забава обошлась Майку в сто тысяч долларов - сущие гроши по сравнению с миллионами, которые он потратил в первые же месяцы после свадьбы. Майк приобрёл в Беверли-Хиллз особняк, стены которого украсил полотнами Ван Гога, Дега, Моне и Ренуара. Он купил виллу в Палм-Спрингс, усадьбу площадью в двадцать акров в Вестпорте, штат Коннектикут, с бассейном и несколькими теннисными кортами и два кинотеатра в Чикаго. Наконец он купил роллс-ройс «Сильвер Клауд» с баром и двумя телефонами, яхту и самолёт «Локхид Лодстар», который назвал «Счастливая Лиз». «Всё, что у меня есть,- заявил Майк журналистам, - принадлежит ей».

6 августа 1957 года Лиз родила дочь, которую назвали Элизабет Фрэнсис. Когда журналисты поинтересовались у счастливого отца, какой подарок собирается он преподнести Элизабет в знак своей признательности за рождение дочери, Майк, немного подумав, сказал: «Может Тадж Махал? Если он продаётся, что ж, я, пожалуй, рискну... Лиз заслуживает

этого подарка!»

В ноябре 1957 года Майк и Лиз отправились в мировое турне с показом фильма «Вокруг света...». Перед вылетом из Парижа в Москву Майк заявил журналистам: «Погодите, вы еще увидите, как русские уставятся на Элизабет, когда она заявится к ним в своих новых парижских нарядах. Они у меня еще пожалеют, что когда-либо слышали о коммунизме».

Руководство Госкино не только отклонило предложенный Майком проект совместного советско-американского фильма по роману Толстого «Война и мир», но и отказалось купить фильм «Вокруг света...». «Конечно, - обиделся на русских Майк, - им подавай только такие фильмы, которые изображают американцев как монстров и идиотов».

В начале марта 1958 года «Friars Club» (знаменитый нью-йоркский частный клуб) избрал Майка шоуменом года. Торжественный прием в его честь в отеле Waldorf-Astoria, на котором ожидалось присутствие тысячи двухсот приглашенных знаменитостей, был назначен на вечер 24 марта. В Нью-Йорк Майк решил лететь собственным самолетом. У Элизабет была сильная простуда, поехать с Майком она не могла, и он стал названивать своим закадычным друзьям, приглашая их в попутчики. Кирк Дуглас, режиссер Джозеф Манкевич, репортеры Вернон Скотт и Джеймс Бейкон - все отказались: с утра зарядил проливной дождь, вечером, по прогнозу, ожидалась гроза. Они и Майка стали отговаривать от безумной затеи - лететь в непогоду. «Счастливая Лиз» - надежный самолет, - убеждал каждого из них Майк. - Да я не позволю ему разбиться. Я беру с собой фото Лиз и ни за что не допущу, чтобы с ней что то случилось».

Поздно вечером 21 марта Майк вылетел с аэродрома Бурбенк вместе со своим биографом, журналистом Артом Коном, и двумя членами экипажа - Уильямом Вернером и Томасом Беркли. По пути в Тулсу самолет попал в мощный грозовой фронт и упал в горах под Нью-Мехико. Все четверо находившихся на борту погибли. Майка похоронили на еврейском кладбище в небольшом городке Форест-Парк, неподалеку от Чикаго.

После гибели мужа Элизабет Тейлор, казалось, утратила волю к жизни. «Жизнь для меня больше ничего не значит», - говорила она. Близкие друзья - Пол Ньюман, Ширли Мак-Лейн, Эдди Фишер и Дебби Рейнольдс - старались не оставлять ее в одиночестве. Ежедневно навещал Элизабет рабби Макс Ниссбаум, друг и духовный наставник покойного

Майка. Долгие беседы с Максом Ниссбаумом, «рабби для звёзд», как называли его в Голливуде, помогли Элизабет преодолеть депрессию и обрести душевный покой. В одну из встреч она сказала рабби, что хотела бы перейти в иудаизм, религию Майка: «У меня такое чувство, будто я на протяжении всей моей жизни была еврейкой». Поначалу рабби посчитал ее решение поспешным и необдуманным. Но вскоре убедился, что ее желание было искренним, идущим от сердца. В течении полугода Элизабет изучала историю еврейского народа, читала Ветхий Завет, книги по философии реформизма и даже ставший бестселлером роман Леона Юриса «Исход». В интервью журналу Look она сказала, что нашла утешение в иудаизме и «благодаря древней еврейской религии снова обрела волю к жизни». 27 марта 1959 года Элизабет Тейлор, обращенная в иудаизм в реформистской синагоге Голливуда Temple Israel, приняла еврейское имя Элишеба Рахиль.

Переход в иудаизм самой популярной актрисы Америки и первой красавицы Голливуда вызвал негодование антисемитов. Члены организации Ку-Клукс-Клан присылали ей письма с угрозами расправы и бандероли с талисманами Вуду - заговоренными на проклятье куклами, утыканными иголками. Опасаясь за жизнь детей, она наняла охрану, которая круглосуточно дежурила у дома. Когда Элизабет Тейлор подарила Израилю сто тысяч долларов облигациями военного займа, в мусульманских странах был введен запрет на показ фильмов с ее участием. Нападки антисемитов возобновились с новой силой, когда в газетах появилось сообщение о предстоящей свадьбе Элизабет Тейлор с Эдди Фишером - ради нее он оставил семью. 12 мая 1959 года в Лас-Вегасе в синагоге Temple Beth Shalom под хупой Эдди и Элизабет подписали брачный договор. Брак со сладкоголосым певцом был не долог. На съёмках очередного фильма экранная Клеопатра, Лиз, оказалась в объятьях английского актера Ричарда Бартона, снявшегося в роли Марка Антония. Он стал ее пятым (но не последним) мужем.

Самой большой любовью всей ее жизни был Майк Тодд, - свидетельствуют биографы Элизабет Тейлор. «Майк был готов носить ее на руках, - вспоминала о своей разлучнице экс-супруга Эдди Фишера Дебби Рейнольдс. - Он постоянно твердил ей и всем окружающим, какая она замечательная мать, какая красавица, какая умница. Он покупал ей платья, дарил драгоценности, достойные королевы, он и обращался с ней как с королевой». Сам Майк сказал однажды: «Я привык делать ставки и готов поспорить, что наш союз будет длиться вечно».

Когда на великосветском приеме в Лондоне герцогиня Кентская спросила беременную Лиз, кого она хочет: мальчика или девочку, та пожала плечами. Нечаянно подслушавший разговор Майк ответил за Лиз: «Девочку. Второго такого Майка Тодда на земле уже никогда не будет. Верно я говорю, sweetie?» - «Это правда», - согласилась с ним Лиз.

Октябрь 2008

13 ИМПЕРАТОР

Майкл Романофф не был звездой экрана, он снимался всего лишь в эпизодических ролях, но в истории Голливуда остался легендой. Он был великим актером - не в кино, а в жизни.

Пятнадцатилетняя дружба связывала Майкла Романоффа с королем Голливуда Хэмфри Богартом. Когда в 1956 году Богарта настигла смертельная болезнь, никто так не заботился и не ухаживал за ним, как Майкл Романофф. Дважды в день он привозил Богарту на дом еду из ресторана, кормил и проводил у его постели долгие часы.

- Старик, - просил хриплым, слабым голосом Богарт, - ну расскажи мне о своей любви к австрийской принцессе.

- О, my friend! - начинал, уже в который раз свой рассказ Майкл. - Это была сумасшедшая любовь! Боже, как она была красива! - Случилось это в ту пору, когда мы с тобой... когда мы были молоды. Вскоре после большевистского переворота я оказался в Париже. Принцесса и я - мы оба были беженцами из рухнувших империй, оба были бедны. Когда мне удавалось заработать несколько десятков франков, я водил ее в «Мулен-Руж.

История любви Майкла и австрийской принцессы всякий раз в его рассказах обрастала новыми деталями и подробностями и обычно, выслушав ее до конца, Богарт просил:

- А теперь, старик, расскажи мне, как ты охотился на лис с принцем Уэльским. Нет, лучше о том, как ты дрался на дуэли с немецким генералом из-за красавицы-испанки.

- О, my friend! Случилось это тоже в Париже. В начале двадцатых...

***

В начале двадцатых годов прошлого века Париж был наводнен беженцами из России. Страдая от нищеты, в поисках куска хлеба они соглашались на любую работу.

Бывшему великому князю Михаилу Александровичу повезло: он получил в американской библиотеке скромную должность помощника библиотекаря. Документы, удостоверяющие личность князя, никто не проверял: у многих беженцев они были утеряны, ему поверили на слово. В работе - в его обязанности входила раскладка книг на стеллажах - князь был аккуратен, а свободное время проводил за чтением книг по русской истории. Удивительно, что с русскими он не общался, а больше заводил знакомства с богатыми американцами, решившими пожить в Европе. Он охотно рассказывал им о своем бегстве из России, о восхитительных балах в Зимнем Дворце, дуэлях чести, убийстве Распутина и красном терроре. Американцы сочувствовали великому князю и давали «жертве кровавого большевистского режима» денег взаймы. Каждому из них он обещал вернуть долг «как только продаст свои фамильные драгоценности, которые должны быть тайно вывезены из советской России». Увы, ему пришлось сообщить своим кредиторам, что, к сожалению, проклятые большевики конфисковали их при попытке надежных людей перейти границу. Знакомые князя, те, что побогаче, долги ему простили. Но нашлись и такие, кто стал требовать возврата, и поскольку князь не спешил рассчитываться с долгами, обратились в полицию. На первом же допросе выяснилось, что выдававший себя за русского князя - американский гражданин Гарри Гергюсон. Суд вынес мошеннику, мягкое наказание, приговорив к лишению свободы условно и депортации в Америку.

Гарри Гергюсон попал в Америку в десятилетнем возрасте (его настоящее имя - Гершл Гергузин). Он родился в 1889 году в Вильно в многодетной еврейской семье. Его отца Эммануила, владельца лавки поношенной одежды, убили в уличной драке. После смерти отца хозяйкой лавки стала Хинда, мать Гершла. Торговля достаточного дохода не приносила, и чтобы прокормить детей, ей приходилось постоянно подрабатывать, так что времени на воспитание детей у Хинды не хватало. Больше всех хлопот доставлял ей Гершл. Он отказывался помогать в лавке, пропускал занятия в школе, и когда мать выговаривала ему за непослушание, убегал из дому. Уезжавший в эмиграцию двоюродный брат матери Иосиф Блумберг предложил Хинде отпустить с ним Гершла в Америку. Как ни тяжко было матери расставаться с сыном, она согласилась: с таким характером, как у него, сказала она Иосифу, Гершл здесь пропадет. Может, в Америке, где, говорят, такие упрямые и самолюбивые, как Гершл, добиваются успеха в жизни, он найдет свое счастье.

ИМПЕРАТОР

В Нью-Йорке семья Иосифа Блумберга поселилась в тесной комнате многоэтажного дома на Нижнем Ист-Сайде. Гершл рано начал самостоятельную жизнь. В очередной раз сбежав из дома, он продавал на улицах газеты, бродяжничал, ночевал на парковых скамейках. Однажды во время облавы на беспризорных маленького оборвыша поймала полиция. Так Гершл оказался в Hebrew Orphange - приюте для еврейских сирот. Вскоре его определили в воспитательный дом, где мальчиков постарше обучали портновскому делу. Социальные работники несколько раз знакомили Гершла с богатыми людьми, желавшими усыновить ребенка, но он отказывался от опеки приемных родителей.

После пяти лет жизни в воспитательном доме восемнадцатилетний Гершл нанялся матросом на уходивший в Европу грузовоз. Сойдя на берег в Саутгемптоне, на корабль он уже не вернулся. Перебравшись в Оксфорд, Гершл стал портняжничать в мастерской, где заказывали одежду студенты, дети состоятельных родителей. С одним студентом из аристократической семьи Герш познакомился и стал его компаньоном и слугой - сопровождал в университет и сидел с ним на лекциях. Постоянно общаясь со студентами, Гершл стал подражать их манерам и умению держаться. Обладая хорошей памятью, запоминал не только прослушанное на лекциях, но и фамилии преподавателей, знал их академические причуды и привычки. Потом Герш переехал в Лондон и, выдав себя за недавнего выпускника Оксфорда, нашел место гувернера в богатой семье.

Осталось загадкой, как бывший портной и воспитатель стал своим в высшем свете. Его благородная осанка и манеры аристократа, джентльмена, обходительного, вежливого и учтивого, поражали своей изысканностью. Под вымышленным именем Уилби де Бюрк он появлялся на приемах в великосветских салонах и фешенебельных клубах, сам принц Уэльский угощал его дорогими сигарами. Зная о «больших связях» и близком знакомстве Уилби де Бюрка с принцем, с ним многие искали дружбы: за щедрое вознаграждение он устраивал «чужие дела», считалось, что по его рекомендации можно получить высокое назначение.

Но через какое-то время Уилби де Бюрк все реже и реже стал появляться в обществе, а потом и вовсе пропал. Но не потому, что ему наскучила светская жизнь, просто, заняв у доверчивых джентльменов крупные суммы, он сбежал в Париж, где из сэра Уилби де Бюрка превратился в русского князя

Михаила Романова.

Депортированный в декабре 1922 года из Франции в Америку Гарри Гергюсон получил вид на жительство и временные документы на имя... Майкла Романофф.

В Гарварде, куда Майкл Романофф поступил на факультет истории искусств, он уже выдавал себя за князя Дмитрия Романова-Оболенского - племянника последнего русского царя. Документы о полученном ранее образовании Лжедмитрий предъявить не мог: «все они, - пояснил он, - сгорели во время пожара, который устроили большевики после взятия Зимнего Дворца». Спустя год, бросив занятия в университете, Майкл снова пустился в мир приключений. В течение ряда лет, пересекая Атлантику, он совершал поездки в Европу. Во время плавания, знакомясь с пассажирами, он представлялся герцогом Уильямом Виллингтоном, сэром Артуром Уилси, американским художником Рокуэлом Кентом, сыном князя Феликса Юсупова, потомком британского премьера Уильяма Гладстона. Перечисление вымышленных имен, которыми пользовался Майкл, можно найти в следственных протоколах нью-йоркского департамента полиции: профессор Йельского университета Джон Адамс, капитан британской армии Читтерин, Уильям Рокфеллер, Уильям К. Вандербильт, граф Морнингтон... И, конечно же, наследник русского трона великий князь Михаил Романов.

Обладая редким даром внушать доверие окружающим, перед тем, как сойти на берег, Майкл одалживал у пассажиров деньги с условием непременно возвратить их в ближайшее же время. Распростившись со своими попутчиками, он брал билет на обратный рейс. В отличие от иммигрантов, прибывавших в США в каютах третьего класса, Майкл - пассажир первого класса - пересекал границу без всяких проверок.

В декабре 1932 года «великий князь» в очередной раз прибыл в Америку. Он сошел на берег по трапу океанского лайнера в элегантном костюме с ленточкой Почетного легиона в петлице, опираясь на тяжелую трость с малахитовым набалдашником. Переезжая из города в город, он останавливался в лучших отелях или резиденциях богачей. Сливки общества Нью-Йорка, Бостона, Чикаго и других городов принимали его по-царски - наследник русского престола показывал им рекомендательные письма от коронованных особ европейских государств. В университетах, в элитных клубах и общественных учреждениях он выступал с лекцией «Россия - прошлое и настоящее». Летний отпуск, целый месяц, он провел во Флориде

- было на что: лекции хорошо оплачивались, сочувствующие американцы не скупились перечислять солидные деньги в фонд помощи «Наследника русского престола». Газетчики преследовли Майкла, его имя часто упоминалось в светской хронике.

Популярность лжекнязя его и сгубила. Один из репортеров, заинтересовавшись особой «цесаревича», разоблачил его как афериста и мошенника, обманным путем присвоившего себе не только крупные суммы денег, но и титул великого князя, наследника русского трона. Но, странное дело, большинство читателей отказывалось верить в то, что Майкл Романофф - заурядный мошенник и самозванец. Когда лжекнязь был арестован, под его обаяние попали не только полицейские и судьи, но сам прокурор! На допросе офицер полиции Эдмунд Коллинз предупредил Майкла: «За лжесвидетельство, ложные показания и неоднократный нелегальный въезд в страну вас ждет суровое наказание - пятьдесят пять лет тюремного заключения. Если вы прекратите лгать и расскажете мне о себе всю правду, я постараюсь вам помочь». Спустя несколько дней в ожидании сурового приговора, Майкл вскрыл себе вены на запястьях. Бдительный тюремный надзиратель, вовремя заглянувший в камеру, спас ему жизнь. Судья, симпатизировавший Майклу, вынес ему условный приговор. Майкл вышел на свободу и отправился в Европу. Когда через год он возвратился в Нью-Йорк, его появление на благотворительном балу в отеле Waldorf-Astoria было встречено с восторженной овацией.

Прирожденный артист, Майкл, обладавший к тому же приятным, низкого тембра голосом, стал выступать в музыкальных шоу на Бродвее. Его партнерами на сцене Imperial Theatre, где он с успехом исполнял фривольные песенки, были любимцы публики Боб Хоуп и Гарри Ричман. В 1936 году, решив покорить Голливуд, Майкл Романофф переехал в Лос-Анджелес. Где бы он ни появлялся - в элитных клубах, на званых вечеринках, в казино или просто прогуливаясь по Сансет-бульвару - везде и всюду он вызывал к себе всеобщий интерес. Владельцы казино платили ему крупные гонорары за выступление в вечерних шоу и отчисляли проценты от прибыли игорного бизнеса. Он работал по контракту техническим консультантом и специалистом по этикету на студиях «Уорнер Бразерс» и «20-й век Фокс». Майкл снялся в эпизодических ролях в двадцати с лишним фильмах, в том числе таких известных, как «Триумфальная арка», «Парижская модель», «Гудбай, Чарли!»

Деньги шли к деньгам, и Майкл приобретает дом в Беверли-Хиллз, покупает «кадиллак» последней модели и начинает ухаживать за алчущими успеха и денег молоденькими старлетками Голливуда.

Кто первым из друзей и знакомых Майкла стал называть его Императором - не так уж важно, главное, что высокий титул, которым стали его величать, пришелся всем по душе. Однажды он пригласил на вечер в элитный Clover Club своих друзей - звезд Голливуда. В приглашении - на открытках с вензелем «R», тисненном золотом, было сказано: «прибыть на вечер в указанный день и час» и подпись: Его Императорское Величество, князь Майкл Романофф.

Прием был великолепный: музыкальное шоу, лучший в Беверли-Хиллз оркестр, под музыку которого танцевали гости, изысканная еда - все это настолько понравилось кинозвездам (среди них были Чарли Чаплин, Хэмфри Богарт, Кларк Гейбл, Джемс Кэгни), что многие из гостей покинули клуб только на рассвете; прощаясь, один из приглашенных сказал Майклу: «Как жаль, что закончился такой чудесный праздник. Почему бы тебе не открыть ресторан и устраивать подобные вечеринки круглый год».

Открытие ресторана мирового класса «Romanoff's» на North Rodeo Drive 18 декабря 1939 года стало настоящей сенсацией в Беверли-Хиллз. В роскошном зале, интерьер которого архитектор Уилшир Хоннолд оформил в стиле арт-деко, собрались звезды Голливуда. В последующие дни, как, впрочем, и в последующие годы - такая возникла традиция - те, кому посчастливилось побывать в ресторане, уносили с собой меню, бокалы, предметы сервировки, в качестве сувенира на память о посещении столь знаменитого заведения. Перед входом в ресторан выстраивались огромные очереди: каждый надеялся, что совсем рядом, за соседним столиком можно будет увидеть живую легенду Голливуда. Бывали дни, когда Император лично встречал посетителей у входа. «По моему Императорскому указу, - обращался он к метрдотелю, - посадите наших дорогих гостей за самый лучший столик и обслужите их по-царски. И не забудьте, пожалуйста, отправить мне счет в Зимний Дворец».

Лжекнязь, которого все называли Императором, стал еще и королем. Королем ресторанного бизнеса. Его ежегодный доход превышал семьсот тысяч долларов - больше, чем зарабатывали его друзья, звезды Голливуда. В 1950 году Майкл Романофф приобрел участок земли и возвел на нем новое здание ресторана, строительство которого обошлось в четыреста тысяч долларов. Над главным входом в ресторан была укреплена корона Российской империи, а над ней – золоченный, кованый из железа вензель в виде буквы «R».

Успешный бизнесмен, Майкл решил, что пришло время устроить личную жизнь. И предложил руку и сердце Глории Листер, работавшей у него бухгалтером. Очаровательная брюнетка Глория была моложе Императора на тридцать пять лет.

Все это время Майкл Романофф проживал в стране нелегально. Он неоднократно подавал прошение на возвращение ему гражданства, но все его просьбы оставались без ответа. Сам виноват: в анкетах он по-прежнему именовал себя великим князем Михаилом Романовым, наследником русского престола.

Известно, что в частной беседе президент Эйзенхауэр, озабоченный исходом предстоящих выборов, сказал директору ФБР Джону Эдгару Гуверу, что республиканцы наверняка потеряют не одну тысячу голосов в Калифорнии - и все из-за «левого» Голливуда, который симпатизирует демократам.

«Не все там левые, - заметил директор ФБР, в чьем ведомстве хранились досье на тридцать миллионов американцев. - К примеру, Майкл Романофф, вам ведь известно это имя? Он один из тех, кто агитирует голосовать за республиканцев, и к его мнению прислушиваются многие «левые». Кстати, - добавил Гувер, лично знавший Майкла, - он до сих пор не является гражданином США».

Вскоре после этого разговора специальным постановлением Конгресса Майклу было восстановлено американское гражданство.

Шли годы. Подходил к концу золотой век Голливуда. Не только на экране, но и в ресторане Майкла все реже появлялись его старые друзья - голливудские красавицы и их спутники с волевыми подбородками и медальными профилями.

Отметив свое 73-летие, Император решил уйти на покой.

В 1962 году ресторан «Romanoff's» был закрыт.

Гостеприимный хозяин и отличный кулинар, а главное - прекрасный собеседник, он радушно принимал гостей в своем доме. Чаще других Императора навещал Фрэнк Синатра, почитавший его как родного отца.

- Майкл, - спрашивал Синатра Императора за вечерним дринком, - только честно: это правда, что ты убил Распутина?

- Фрэнки, old boy! Ты был еще ребенком, когда об этом шумели газеты всего мира. Лучше я расскажу тебе о своей любви к австрийской принцессе. Старик, это была сумасшедшая любовь. Боже, как она была красива.

20 февраля 1969 года Синатра сделал Майклу царский подарок - устроил грандиозный прием в честь его 80-летия.

А спустя два года газеты сообщили о смерти Императора. Краткая биографическая интернет-справка о Майкле Романоффе озаглавлена: «Князь или мошенник?» Князь? Мошенник? Император!

Март 2008

14 БАГСИ СИГЕЛ: ВООРУЖЕН И ОЧЕНЬ ОПАСЕН

Быть гангстером - себе дороже: жизнь у них нервная, напряженная, полная риска и опасности. К тому же и век их, как правило, не долог. Как, например, у одного из самых знаменитых гангстеров Америки Бенджамина Сигельбаума, более известного как Багси Сигел. Когда у Дейви Бермана, сообщника и лучшего друга Багси, спросили, не боится ли он, что его убьют, тот, улыбнувшись, ответил: «Если твое время пришло, значит пришло».

Время Багси Сигела пришло душной июньской ночью 1947 года, когда киллер разрядил в него армейский карабин 38-го калибра. Багси Сигел любил говорить: «Жизнь быстро пролетает, умирай молодым, зато красивым». Так оно и случилось: преступная жизнь Багси Сигела закончилась, когда ему не исполнилось еще и сорока двух лет. И не где-нибудь, а в Голливуде.

О переезде Багси Сигела в Калифорнию судачили разное. Одни - будто он пытался скрыться от правосудия после неудавшегося покушения на окружного прокурора Нью-Йорка Томаса Дьюи, другие - что выполняя заказные убийства, Багси нажил себе врагов на Восточном побережье и, опасаясь за свою жизнь, решил убраться подальше от грозившей ему расправы. Многие считают, что «крестные отцы мафии», сообщники Багси, чуть ли не «командировали» его на Западное побережье, чтобы он взял под контроль игорный бизнес, контрабанду и торговлю наркотиками, проституцию, рэкет букмекеров и прочие преступные бизнесы. Но никто не отметил, что была еще одна причина: Багси, обожавший кино, и сам мечтал стать актером. В юности у него был друг, Джордж Рафт, который стал известным актером Голливуда. Джордж часто говорил Багси, что у него «экранный типаж» и уговаривал попробовать себя в кино. Выше среднего роста, широкоплечий голубоглазый красавец с ямочкой на волевом подбородке Багси и правда походил на героев голливудских фильмов. Джорж устроил другу кинопробу на одной из студий. Но, увы, криминальный талант Багси намного превосходил талант актерский: он так и не стал звездой экрана и легендой Голливуда. Судьба распорядилась иначе: Багси стал легендой преступного мира.

Прозвище «Багси» он получил за взрывной, необузданный характер. Bug или bugsy в обычном значении - «жук», на сленге - бешеный, то есть псих, у которого «жучки в голове». Багси Сигел действительно был подвержен взрывам необузданного гнева, и чуть что пускал в ход кулаки, а то и мог пальнуть в обидчика из пистолета. Прозвище «Багси» Бенни не любил: называть его этим именем было опасно. Однажды, вспылив, Бенни так двинул своего дружка, по забывчивости назвавшим его Багси, что рухнувшего на пол беднягу пришлось приводить в чувство. И когда тот пришел в себя, наклонившийся над ним Бенни закричал: «Мое имя Б-е-е-н! Б-е-е-н Сигел! Запомни это на всю жизнь и никогда не забывай!» С тех пор обидной кличкой Бенни называли только за глаза.

Багси - Бенджамин Сигельбаум родился 28 февраля 1906 года на окраине Нью-Йорка в Уильямсбурге в семье польских евреев. Жалкой зарплаты отца, Макса Сигельбаума, за каторжный труд в sweatshop - потогонной мастерской, где шили одежду, едва хватало, чтобы прокормить семью. А в семье было пятеро детей. Гнуть спину по пятнадцать часов в день, как отец, и в перспективе жить в нищете Бен не захотел. И решил зарабатывать деньги, причем большие деньги, и побыстрому.

Бойчику скоро тринадцать, самое время готовиться к бармицве, так нет же: бросив школу, Бенни становится уличным вором. В совершенстве овладев искусством мелкой кражи, он переключился на более прибыльный бизнес - рэкет. Обычно «на дело» он отправлялся со своим напарником, десятилетним Мойшей. Нахальный малолетка Мо, подходя к уличным торговцам, требовал от них доллар «И ваша лавка, - обещал он, - будет под надежной охраной». Если хозяин лавки был несговорчив и отказывался платить «оброк», тут же появлялся Бенни с бутылкой керосина. Он молча обливал товар, а Мо зажигал спичку... И чтобы отвязаться от малолетних вымогателей, большинство торговцев давали им отступного: ведь юные рэкетиры могли подпалить лавку и в ночное время.

Вскоре Бенни стал членом шайки Мейера Лански, имевшего репутацию одного из самых известных гангстеров Америки. По словам Мейера они познакомились в 1920 году, когда однажды, наблюдая на углу улицы за игрой в кости, стали свидетелями драки, завязавшейся между двумя бандами подростков. Внезапно нагрянула полиция, и один из хулиганов, чтобы не попасть в облаву с оружием, бросил на землю пистолет. Его тут же подобрал Бенни. «Ты, дурачок! - выбив из рук Бенни пистолет сказал ему оказавшийся рядом с ним Мейер. - Если полиция застукает тебя с пушкой, угодишь за решетку».

По другой версии все было иначе. Не по годам рослый, крепкий и широкоплечий Бенни - было ему пятнадцать лет - зачастил к «девочке», которую опекал Сильвесторе Лучано, главарь итальянской банды, известный в преступном мире как Чарли (Лаки) Лучано. Как-то девчонка пожаловалась Чарли на Бенни, который вроде бы не заплатил ей «за услуги». Когда Бенни пришел навестить ее в очередной раз, его уже поджидал Чарли. Чарли был старше Бенни на девять лет и, конечно, хорошенько бы отделал его, если бы их не разнял внезапно появившийся на пороге Мейер. А Мейер - об этом это хорошо знал Чарли - никогда не давал «своих», еврейских парней в обиду.

Как бы там ни было, но появившаяся в 1921 году шайка «Багси и Мейер» отличалась особой жестокостью среди других преступных группировок. Со временем, утверждают специалисты по истории преступности в Америке, шайка «Багси и Мейер» превратилась в «Murder Incorporated» - «Корпорацию убийств», которую возглавляли Лаки Лучано и Мейер Лански и в которой Багси Сигел был основным киллером. Хотя, по правде говоря, «Корпорацией убийств» преступную группировку окрестил репортер криминальной хроники Гарри Фини. Полиция и ФБР утверждают, что за двадцать лет существования пресловутой «Корпорации» на ее счету более тысячи убийств. По Мейеру и Багси давно плакала тюрьма, но удивительно, что они так и не попали на нары за участие в «мокрых делах», так и не появились ни в одной знаменитой тюрьме США, вроде Синг-Синг или Алькатрас, куда сажали закоренелых преступников. Когда дело доходило до суда, обычно исчезали главные свидетели.

В годы «сухого закона» Мейер и Багси заработали миллионы долларов на торговле контрабандным спиртным. После его отмены, в тридцатые годы, они установили контроль над игорным бизнесом, отелями и ночными клубами, борделями, продуктовыми рынками, прачечными и химчистками и даже получали деньги от предпринимателей, защищая их от профсоюзов и забастовщиков.

Более интересной представляется личная жизнь Багси. В 1929 году двадцатитрехлетний Бен женился на миловидной брюнетке Эстер Краковер из добропорядочной еврейской семьи. Шафером на свадьбе друга был Мейер. По свидетельству близких, характер Бена стал мягче, особенно после рождения дочерей, Миллисент и Барбары. Прибыв с женой и детьми в Голливуд, Бен снял особняк на McCartny Drive - огромный дом из белого камня, с бассейном и теннисными кортами. А вскоре занялся строительством собственного дома, которое обошлось ему в двести тысяч долларов.

Бен стал членом элитных клубов, его любимые дочери посещали школу верховой езды. Старый друг Джордж Рафт ввел его в круг голливудских знаменитостей. Бенни тут же закрутил роман с актрисой Китти Джаллиан, затем сменил ее на голливудскую красотку, звезду кинокомпании «Метро-Голдвин-Майер» платиновую блондинку Джин Харлоу и вовсю развлекался с молоденькими старлетками. Его закадычными друзьями стали Кларк Гейбл, Кэри Грант, Гэрри Купер и еще добрый десяток голливудских звезд.

Любитель скачек, на ипподроме в Санта-Анита Бен познакомился с графиней Дороти Ди Фрассо и стал частым гостем на приемах и вечеринках, которые она устраивала в своем доме. Любвеобильная графиня совсем недавно пережила бурный роман с Гэрри Купером; и красавчик Бенни оказался ничуть не хуже ее прежнего любовника. Дочь владельца фабрики по изготовлению кожаных изделий, она унаследовала от отца пятнадцать миллионов долларов, а титулом была обязана второму мужу, итальянскому графу Карло Ди Фрассо. Дороти было чуть больше двадцати, граф был на тридцать лет старше и предпочитал жить в Риме, в обсаженном кипарисами родовом поместье - вилле Madama, гостиная и комнаты которой были увешаны полотнами художников эпохи Возрождения. Граф был в приятельских отношениях с Муссолини. В 1938 году прибывшие по приглашению дуче в Рим Геббельс и Геринг остановились на вилле графа. В один из дней, когда Геббельс плескался в бассейне, Геринг нежился в золотой ванне графини, а обжора-Мусоллини сметал со стола деликатесы, на вилле объявились Дороти и Бен. Сигел ненавидел нацистов и, зная о преследовании евреев в Германии, решил ликвидировать прибывших из Берлина гостей. Но Дороти удалось отговорить его от этой идеи: «Ведь тогда, - строго сказала графиня, - в убийстве обвинят моего мужа». По словам Джорджа Рафта, Бенни сожалел, что не убил Геббельса и Геринга и не отправился в Германию убить Гитлера.

Нетрудно поверить, что Багси Сигел был на это вполне способен: даже став криминальным боссом, он продолжал самолично «мочить» конкурентов, а не поручать их отстрел «своим людям». Интересно, что спустя много лет после войны один нью-йоркский бандит вспоминал, что еврейские гангстеры готовили покушение на Гитлера, но ФБР начало расследование и им пришлось отказаться от задуманного.

В предвоенные годы Багси знали в Лос-Анджелесе как преуспевающего бизнесмена, но никто и не догадывался, что миллионные доходы ему приносили контрабандная торговля наркотиками, рэкет владельцев киностудий и звезд Голливуда, букмекерство, а также незаконный игорный бизнес. Он превратил в казино пароход «Rex» и более десятка мелких суденышек, увозивших любителей азартных игр за пределы 12-мильной зоны от причалов Санта-Моники. Часть заработанных преступным путем денег Багси решил вложить в легальный бизнес, который не только приносил бы ему доход, но и создал респектабельную маскировку преступной деятельности.

В начале войны он основал California Metal Company - компанию по сбору и переработке металлолома для нужд армии. Патриотический порыв Багси угас в конце войны: на складах его компании только в Лос-Анджелесе скопилось нереализованной продукции на 6 млн. долларов. И незадачливый бизнесмен, Багси решил возместить убытки, расширив игорный бизнес.

Идея превратить Лас-Вегас в Мекку игорного бизнеса возникла у Уильяма Уилкерсона, издателя журнала «Hollywood Reporter», владельца ресторана «Vandome» и трех известных в Голливуде ночных клубов - «Ciro's», «La Ruel's» и «Trocadero». Купив на окраине города участок земли, он стал возводить на нем здание отеля-казино, но из-за отсутствия достаточных средств прекратил строительство. Поделившись с Багси со своими проблемами, Билли предложил ему уступить более половины своего бизнеса по приемлемой для обоих цене. Заманчивое предложение Багси решил обсудить с Мейером. Вскоре Мейер прилетел в Лос-Анджелес, и Багси повез его в Лас-Вегас.

«Было так жарко, что шины могли запросто расплавиться», - вспоминал спустя годы их совместную поездку Мейер. «Это глупая затея, и надо быть полным мешуге, - ворчал гость, - чтобы строить игорные дома и гостиницы посреди раскаленный от зноя безжизненной пустыни».

«Послушай, Мейер, - убеждал его Багси, - эта пустыня окажется для нас настоящим золотым дном, когда из заброшенного полустанка мы превратим Лас-Вегас в столицу мирового игорного бизнеса и развлечений».

Пройдут годы и Мейер с гордостью скажет: «Лас-Вегас сегодня - невероятное место, где крупные корпорации делают миллионы. Мы с Багси стояли у истоков этого дела, были пионерами».

В сентябре 1945 года «отцы мафии» согласились профинансировать голубую мечту Багси Сигела и, учредив Nevada Project Corp., выделили на строительство отеля-казино миллион долларов.

«Бенни, - при встрече с другом сказал Мейер, - ты помнишь пикник у озера в Майами, куда по вечерам на берег слетались стаи розовых фламинго? Местные индейцы называли фламинго птицей счастья и говорили, что она приносит удачу. Может быть назовем отель «Фламинго»?

«Красивое название», - согласился с ним Багси.

Миллион долларов был весьма внушительной и достаточной суммой для строительства. Багси не считался с расходами. Рядом со строящимся зданием отеля для него построили роскошный четырехэтажный особняк. Там Багси поселил Вирджинию Хилл, свою новую любовницу. Багси познакомился с ней в ночном клубе «Ciro's» и с первого взгляда потерял голову от любви.

Вирджиния, тридцатилетняя профессиональная танцовщица (коронный номер - мексиканская румба), выступала в ночных клубах и мексиканских казино под сценическим именем Фламинго. Вирджиния, под стать Багси, отличалась бурным темпераментом; отчаянная и драчливая, она любила виски и после выпивки бранилась как портовый грузчик. Она меняла любовников и покупала себе наряды на сорок тысяч долларов в год. У нее было более сотни пар туфель и дорогие манто, а ее ярко-красного цвета «кадиллак» был одной из достопримечательностей Голливуда.

Жена Багси Эста обычно спокойно относилась к его загулам, но когда поняла, что его отношения с Вирджинией стали для Бена не просто мимолетным любовным увлечением, решила обратиться к Мейеру за советом. «Будь умницей, - сказал ей Мейер. - Его все равно не удержать. Пригрози ему разводом, и если он согласится, поторгуйся насчет денег на содержание детей». Эста послушалась совета Мейера и после развода вместе с детьми покинула Голливуд и переехала в Нью-Йорк. Багси тут же женился на Вирджинии.

Тем временем строительство отеля «Фламинго» затягивалось. Правительство еще не отменило принятые в годы войны ограничения на продажу строительных материалов, и Багси приходилось доставать их на черном рынке по завышенным ценам. Денег стало не хватать, и он обратился за помощью к Мейеру и Фрэнку Костелло. После получения нового кредита в миллион долларов Вирджиния отправилась в Европу для закупки обоев и ткани для отделки интерьеров отеля. Посетив Швейцарию, она положила на свой счет в Цюрихском банке полмиллиона долларов. В апреле 1946 года один из инвесторов (его имя так и не удалось установить) проинформировал Мейера о швейцарском счете молодоженов, и Мейер срочно прибыл в Лос-Анджелес. При встрече с Багси он по-дружески предупредил его «не играть с огнем»: вернуть (пока об этом знает только он) «швейцарские деньги», поскорее открыть отель и рассчитаться с долгами. Позже биографы Мейера назовут его последнюю встречу с Багси «поцелуем смерти». После отъезда Мейера Багси ускорил работы по строительству отеля и стал отсылать приглашения многочисленным гостям на его открытие в рождественскую ночь 1946 года. Утром 25 декабря Багси решил проверить подсветку смонтированного в холле отеля искусственного водопада. Светильники, установленные под пластиковыми панелями, не зажглись. - Ночью, - объяснил ему устранявший неисправность электрик, - под конструкцию забралась кошка и родила котят, но при пробном пуске все они погибли, снесенные потоком воды.

- Это плохая примета, - сказал Багси. – Говорят, когда в доме гибнет кошка - это к несчастью.

Первые месяцы после открытия «Фламинго» так и не принесли ожидаемой прибыли, и когда к концу мая 1947 года убытки составили 774 тысячи долларов, партнеры стали подозревать Багси в утаивании доходов. На «большом совете», где боссы мафии обсуждали «ситуацию с Сигелом», Мейер предложил «проучить вора, который крадет у собственных друзей».

Утром 20 июня Багси прилетел из Лас-Вегаса в Лос-Анджелес: через несколько дней из Парижа должна была возвратиться Вирджиния. После полудня он отправился в парикмахерскую Гарри Друкера в Беверли-Хиллз, где обычно стригся и делал маникюр, затем поехал в ресторан на Ocean

Park, куда пригласил брата Вирджинии Чака с подружкой и своего товарища и компаньона по бизнесу Аллена Смайли. Компания покинула ресторан в десятом часу вечера и поехала в дом Вирджинии на Linden Drive, Беверли-Хиллз.

Открыв входную дверь золотым ключом (подарок Вирджинии), Багси, пройдя в гостиную, спросил Чака: «Ты чувствуешь какой-то странный запах цветов?» - «Нет, - сказал Чак, - тебе показалось, в доме нет никаких цветов». - «А ты, Джерри?» - спросил Багси девушку Чака. Чак и Джерри поспешили в одну из спален, расположенных на втором этаже. «Знаешь, - прошептал Чак, когда они вошли в спальню, - моя бабушка говорила, что тот, кто почувствует цветочный запах в доме, где нет цветов, скоро умрет». Тем временем усевшись рядом с Алленом на софе в гостиной, Багси раскрыл прихваченную в ресторане газету Los Angeles Times, и они стали обсуждать спортивные новости. Было около десяти часов вечера, когда перепрыгнувший через ограду дома киллер просунул в окно армейский карабин 38-го калибра с глушителем и нажал на курок. Три из девяти выпущенных пуль попали в Багси, четвертая - в стоявшую на пианино мраморную статуэтку Бахуса, еще одна угодила в висевшую на стене картину. Аллен Смайли, от испуга забравшийся в камин, не пострадал. Услыхав выстрелы, Чак, вынув из сейфа драгоценности Вирджинии, побежал в прачечную, где припрятал их в корзине для грязного белья. Через двадцать минут после убийства Багси прибыла полиция.

А в Лас-Вегасе после полуночи в полупустое казино вошли: старый приятель Багси Мо Седуэй, один из королей игорного бизнеса Гус Гринбаум и работавший на Мейера Лански бывший нью-йоркский взломщик-грабитель Моррис Розен. И объявили себя новыми хозяевами «Фламинго». Убийство Багси Сигела так и не было раскрыто. Говорили, что это дело рук Мейера Лански, но сам он подозревал, что Багси «заказал» Лаки.

В последний путь Бена провожали всего лишь пятеро самых близких ему людей: бывшая жена Эста, дочери Миллисент и Барбара, брат Морис Сигел, известный в Беверли-Хиллз терапевт, и любимая сестра Бесси. Бенджамина Сигела похоронили на еврейском участке Hollywood Memorial Park – кладбище, где покоятся Рудольф Валентино, Мэри Пикфорд, Дуглас Фэрбэнкс и другие не менее знаменитые звезды Голливуда.

Узнав о смерти мужа, Вирджиния пыталась покончить с собой в парижском отеле «Ritz», затем, по возвращении в

Америку, в «Miami Beach Hotel». Спустя полгода после убийства Багси Мейер предложил ей вернуть лежавшие на ее счете в швейцарском банке деньги. Хорошо понимая, с кем имеет дело, Вирджиния немедленно подчинилась. Она бросила сцену, и до конца жизни ее мучала депрессия. В 1966 году Вирджиния ушла из жизни, приняв смертельную дозу барбитурата.

Не смогла перенести смерть Багси и Дороти Ди Фрассо. Печаль она заливала алкоголем и, спеша жить, пускала по ветру свои миллионы. Она заводила новых любовников, но все равно, делилась Дороти со своей подругой Марлен Дитрих, Бен был самой большой любовью ее жизни. Летом 1954 года Марлен пригласила ее на свое шоу в Лас-Вегас. После концерта, возвратившись в отель, Дороти внезапно упала. Кэри Грант и Марлен Дитрих отнесли ее в номер. Когда Марлен дала ей таблетку нитроглицерина, Дороти сказала: «Ты знаешь, *дарлинг*, мне кажется, я скоро умру». Она умерла на следующий день в купе поезда, увозившего ее из Лас-Вегаса домой.

В начале 80-х, когда в Лас-Вегасе началась «перестройка», и он стал превращаться из некогда маленького туристического города в быстрорастущий мегаполис, корпорация Hilton снесла построенный Сигелем отель и на его месте был построен новый «Фламинго». Сегодня только мемориальная доска на его здании воздает Бенджамину Сигелу хвалу за его вклад в развитие города.

Любимыми цветами Багси были розы. Он высадил сотни кустов ярко-красных роз за фасадом отеля и со временем, уже после его смерти, они разрослись в настоящий «розовый сад». Рассказывали, что в полнолуние в ночной тишине в «розовом саду» можно услышать женский шепот: «Багси, ты слышишь как чудесно пахнут розы, Багси?»

Апрель 2009

15 БИЛЛИ РОУЗ - ЛЕГЕНДА И ЧЕЛОВЕК

Билли Роуз, известный продюсер и поэт-песенник, успешный бизнесмен и филантроп, стал легендой еще при жизни: за выдающиеся заслуги в области шоу-бизнеса журналисты присвоили ему громкий титул «короля индустрии развлечений». Уильям Сэмюэль Розенберг - таково настоящее имя «короля» - родился 6 сентября 1899 года в Бронксе, районе Нью-Йорка, в семье иммигрантов с Украины. Его отец, Дэвид, бывший киевский фармацевт, не имея денег на приобретение лицензии на работу по специальности, перебивался случайными заработками. Семья жила в бедности, но при этом безмерно добрая и отзывчивая мать Билли - Фанни, одна из основательниц и активисток ХИАС, бескорыстно помогала нуждающимся иммигрантам, делилась с ними последним.

Билли исполнилось пять лет, когда отцу улыбнулась удача: он нашел место коммивояжера в торговой фирме, и семья переселились из «еврейского гетто» - Нижнего Ист-Сайда - в Верхний Манхэттен, где жило много итальянских и ирландских иммигрантов. Спустя несколько дней после переезда, придя домой с прогулки, Билли пожаловался матери:

- Дети не хотят, чтобы я играл с ними, они говорят, что я - «грязный еврей». Почему они меня так называют, мама?

- Лишь палки и камни ломают кости, прозвища же - никогда не причиняют вреда, - попыталась отшутиться известной еврейской поговоркой мама.

На следующий день, возвратившись с прогулки с разбитым в кровь носом, Билли вновь пожаловался матери:

- Мальчишки постарше побили меня и сказали, что закопают заживо в землю. «Мама умыла меня, - вспоминал позднее историю из своего детства Билли Роуз, - и прихватив старый папин зонт, вышла со мной на улицу. «А ну-ка покажи мне своих «могильщиков!» - приказала она. В тот же вечер мама посетила родителей моих обидчиков, честно рассказала им, что с их детьми уже разобралась (папин зонт был весь изломан). И поинтересовалась у каждого, как бы поступили они, узнав, что их сына обозвали презрительной кличкой, избили и пообещали закопать заживо в землю».

Известность и слава к Билли пришли довольно рано: самостоятельно освоив скоростное письмо по методу Джона Грегга, в шестнадцать лет он стал чемпионом Нью-Йорка, а еще через год - чемпионом Соединенных Штатов и мира по стенографии. Необычайными способностями юного стенографиста заинтересовался сам изобретатель метода Джон Роберт Грегг и привлек Билли к совместным выступлениям. «Уильям Сэмюэль Розенберг - величайший стенографист в мире», как представлял публике Джон Грегг своего ученика, записывал под его диктовку более 250 слов в минуту. Причем демонстрировал искусство стенографической записи одинаково быстро обеими руками.

В начале Первой мировой войны 18-летний Билли поступил на службу клерком - стенографистом в вашингтонское бюро Военно-Промышленного Комитета США. Уже спустя полгода исполнительный, аккуратный и прилежный Билли стал личным секретарем председателя Комитета - Бернарда Баруха, известного бизнесмена и финансиста, советника президента Вудро Вильсона по вопросам национальной безопасности. Часто сопровождая своего шефа в Белый дом, Билли несколько раз встречался с президентом. «Во время одной из встреч, - вспоминал позднее Билли Роуз, - президент, сам увлекавшийся стенографией, предложил мне посоревноваться с ним в скоростной записи устной речи, после чего мы обменялись с ним на память исписанными листочками бумаги».

После окончания войны, возвратившись в Нью-Йорк, Билли нашел место стенографиста в городском суде с жалованьем шестьдесят долларов в неделю - неплохие по тем временам деньги. Свободное от работы время он проводил в бильярдных, а когда случался крупный выигрыш - в расположенном на углу Бродвея и 49 улицы кошерном ресторане «Линди», традиционном месте встреч творческой богемы. Прослышав там о высоких заработках поэтов-песенников, Билли, бросив работу в суде, увлекся сочинением стихов.

Занятие сына стихотворчеством отец посчитал пустой тратой времени.

- Товары, которые я предлагаю своим клиентам: мебель, постельное белье, посуду, - сказал он Билли, - худо-бедно покупают, но кому нужны будут твои стихи, и кто их будет покупать?

- Послушай, Дэх-вид, - перебив отца, вступила в разговор

мама, - наш мальчик - гений! И уж если он посчитал, что стихи - это доходный бизнес, то будь уверен, что они принесут ему большие деньги.

Мама оказалась права. Пройдет время, и любящий и заботливый сын, Билли купит родителям за «большие деньги» прекрасный дом. А пока что, получив «королевский гонорар» за первую ставшую хитом песню «Барни Гугли» (Барни Гугли - главный герой популярного в 20-30 годы комикса Уильяма ДеБекка), Билли дал матери пятьсот долларов, чтобы она обновила свой гардероб.

Спустя неделю, увидев мать в ее старой поношенной одежде, он поинтересовался, почему она не купила или не пошила себе обновки. Оказалось, что все деньги та отдала портному. «У него больные легкие, - объяснила Фанни, - и врач посоветовал ему подлечиться в Аризоне».

Тем временем «мамин гений», сменивший свое имя на творческий псевдоним Билли Роуз, становится известным поэтом-песенником. Наиболее популярные песни на его стихи: «Я и моя тень», «Это случилось в Монтерее», «Радуга», «Золотые ворота», «Плавучий театр», «Я нашел малышку на миллион долларов», «Это всего лишь бумажная луна», «В полночь» включали в свой репертуар и записывали на пластинки знаменитые исполнители и в их числе - звезда Бродвея, комедийная актриса и певица Фанни Брайс.

Всех лиц мужского пола, от принца Уэльского, скрывавшегося в ее доме во время пребывания в Нью-Йорке от настырных репортеров, до малолетки ньюс-боя, уличного продавца газет, Фанни называла «малыш».

- Как бы встретиться с этим малышом, который написал слова к песенке «В полночь»? - спросила как-то Фанни у своей близкой подруги. - Я просто тащусь от этой строчки: «В полночь в какое-то мгновение ты и я забыли слово "нет"». Подруга раздобыла для Фанни номер телефона «малыша», написавшего слова к столь полюбившейся ей песне. Телефонный звонок от Фанни положил начало их знакомству: Билли стал писать для нее песни, интермедии, скетчи, эстрадные монологи и сценки к водевилям и ревю. Совместная работа сблизила их: Фанни и Билли влюбились друг в друга...

Не будем пересказывать историю их любви, она хорошо известна по фильму «Funny Lady», в котором в ролях Фанни Брайс и ее мужа, профессионального картежника и биржевого спекулянта Ники Арнстайна, снялись Барбра Стрейзанд и Омар Шариф, а в роли Билли Роуза, Джеймс Каан (более известный по роли Сантино Корлеоне в оскароносном фильме «Крестный отец»). Когда в 1927 году, отбыв в тюрьме срок за мошенничество, Ники Арнстайн вышел на свободу, и Фанни рассталась, наконец, со своим непутевым мужем, Билли спросил ее:

- Как ты насчет женитьбы, Фанни?
- О чем ты говоришь, малыш? Какая еще женитьба? - изумилась она.
- Ну, ты и я... В общем, выходи за меня замуж, Фанни.
- Я и ты? Ты шутишь?
- Да нет же! - стал убеждать ее Билли. - Я нисколько не шучу.
- О'кей, малыш, - сдалась после длительных уговоров смешная леди, - если ты и вправду не можешь жить без меня, я согласна.

После женитьбы, оказавшись в тени славы Фанни, Билли получил от острословов-газетчиков прозвище «Мистер Брайс». И чтобы доказать шутникам, что он вовсе не «Мистер Брайс», а «Мистер Роуз», Билли с энтузиазмом взялся за дело. В арендованных залах бродвейских театров он продюсирует и успешно ставит эстрадные ревю, водевили и оперетты. Билли открывает первый в Америке театр-ресторан «Казино де Пари», а вслед за ним - театр-кабаре «Каса Маньяна» и ночной клуб «Мюзик-холл», в которых выступали самые известные танцевальные оркестры и звезды эстрады. Завсегдатаями ночных заведений Билли были гангстеры и их подружки - «пацаны и куколки», как называли журналисты эту малопочтенную публику. Когда один из главарей мафии Томас Луккезе, говоря сегодняшним языком, «наехал» на Билли, пообещав пустить ему пулю в лоб, если он откажется платить ему, тот позвонил Бернарду Баруху и попросил о помощи.

- Не волнуйся, Билли, все будет в порядке, - успокоил его бывший шеф и перезвонил своему другу, директору ФБР Джону Эдгару Гуверу. На следующий день, переступив порог офиса Билли, пацаны во главе с Луккезе, застали его в компании с вооруженным агентом ФБР.

- Эй, парни, - остановил их в дверях двухметрового роста, с квадратным подбородком, агент, - Джи Эдгар просил передать вам, что если с головы Билли упадет хоть один волос...

Томми и пацаны поняли его с полуслова: всесильный Гувер, гроза мафии, не бросал своих слов на ветер. «После случившегося не только пацаны, - вспоминал Билли Роуз, - но и самые известные боссы мафии при встрече со мной почтительно снимали шляпы, и однажды, хотя с той поры прошло уже тридцать лет, постаревший глава криминальной семьи Томми Луккезе, узнав из газет о моей болезни, позвонил в госпитальную палату и пожелал мне скорейшего выздоровления».

В 1936 году во время пребывания Фанни в Голливуде Билли продюсирует постановку водного шоу на промышленной выставке в Кливленде. В «спектакле на воде» принимали участие знаменитые спортсмены, чемпионы мира и Олимпийских игр по плаванию и актеры Голливуда - Джонни Вайсмюллер (известный исполнитель роли Тарзана) и Элинор Холм - экранная Джейн в ленте «Месть Тарзана». Когда в газетных колонках сплетен стали появляться слухи о романе Билли с Элинор Холм, «малыш» полетел в Голливуд объясниться с Фанни. Не пожелав даже выслушать изменщика, Фанни спросила: - Ты любишь ее? - Люблю, - ответил Билли. - Это все, что я хотела бы знать, - сказала Фанни. И добавила: - Будь счастлив, малыш.

Спустя год после развода с Фанни, в ноябре 1938-го, Билли женился на 23-летней Элинор, которая была моложе его на семнадцать лет. Незадолго до свадьбы он открыл на Таймс-сквер ночной клуб-кабаре «Бриллиантовая подкова». В развлекательных шоу на подмостках «Подковы» выступали будущие звезды экрана - Вирджиния Майо и Элеанор Пауэлл, Джин Келли и его жена и партнерша в танцевальных номерах Бэтси Блэр, знаменитая оперная певица и примадонна оперетты Фрици Шифф. В эстрадных ревю с участием артистов цирка блистала совсем юная красавица, актриса и танцовщица на трапеции Жаклин Лейбофиш (в замужестве Жаклин Сталлоне, мать Сильвестра Сталлоне). Популярность «Бриллиантовой подковы» была так велика, что за право на создание фильма под одноименным названием кинокомпания «20-й век Фокс» выплатила Билли Роузу сто тысяч долларов.

В 1939 году Билли Роуз осуществил постановку водного шоу «Аквакад» на Всемирной выставке в Нью-Йорке. Шоу было грандиозным - как все проекты Роуза. Для его демонстрации был построен огромный бассейн; амфитеатр под открытым небом вмещал одиннадцать тысяч зрителей, в шоу принимали участие пятьсот артистов - музыкантов, певцов, танцоров, воздушных акробатов, каскадеров и пловцов. После закрытия Всемирной выставки в Нью-Йорке популярное «Водное шоу Билли Роуза» увидели тысячи посетителей Международной выставки в Сан-Франциско.

Водные аттракционы, цирковые представления, бродвейские постановки Билли Роуза пользовались бешеной популярностью и приносили солидный доход: деньги, по словам Билли, сыпались на него быстрее, чем он успевал их сосчитать. В предвоенный 1940 год только с дохода от зрелищ, Билли Роуз заплатил налог миллион долларов. Журналисты придумывали ему все новые и новые звучные титулы - «Маэстро Бродвей», «Великий шоумэн», «Наполеон шоу-бизнеса».

В годы войны с целью привлечь внимание правительства Рузвельта к спасению европейских евреев Билли Роуз продюсирует постановку антифашистского шоу «Мы никогда не умрем» - театрализованное представление о массовом убийстве нацистами евреев Люблина. После двух показов на сцене Мэдисон-Сквер-Гарден в Нью-Йорке в марте 1943 года, шоу прошло еще в шести городах Америки: Бостоне, Филадельфии, Вашингтоне, Чикаго, Сент-Луисе и Лос-Анджелесе.

На спектакле в Вашингтоне присутствовали: супруга президента Элеонора Рузвельт, члены Верховного суда, 300 конгрессменов и сенаторов, дипломаты, влиятельные бизнесмены и видные общественные деятели. «Мемориальная акция», по словам первой леди, никого из вип-персон не оставила равнодушными. Однако кроме выражения сочувствия жертвам люблинского гетто, никто из них так ничего и не предпринял для спасения миллионов евреев в оккупированной нацистами Европе.

В послевоенные годы Билли Роуз по призыву сионистских лидеров участвовал в сборе средств (и сам жертвовал крупные суммы денег) на покупку и доставку в Палестину оружия для боевых отрядов подпольной организации Иргун, принимавших участие в борьбе за создание государства Израиль. После его провозглашения Роуз публиковал статьи в поддержку молодого еврейского государства в своей авторской колонке «Разгибая подковы», которую вел в газете «Нью-Йорк Геральд Трибюн». Колонка пользовалась огромной популярностью: пик читательского интереса к ней пришелся на 1950 год, когда ее перепечатывали 467 ежедневных газет и 1800 еженедельных изданий в стране и за рубежом, общим тиражом более 20-ти миллионов(!) экземпляров. Материалы газетных публикаций Роуза легли в основу его, имевшей успех, автобиографической книги «Вино, женщины и слова». Книга (с иллюстрациями друга Билли Роуза - Сальвадора Дали), опубликованная солидным издательством «Саймон и Шустер», разошлась в считаные дни.

Автор бестселлера, Билли Роуз и сам стал литературным персонажем. Вот что пишет о нем в своей книге «Каждую ночь, Жозефина!» известная американская писательница Жаклин Сюзанн.

«Всем известно, что Билли окружает себя превосходными вещами. У него самый большой дом в Нью-Йорке. Если зимой на него находит блажь погреться на солнышке, он не валяет дурака и не едет во Флориду, а покупает солидный участок земли в Британской Вест-Индии. Если же речь идет о летнем отдыхе, он приобретает не просто поместье, а целый остров». И это все - ну или почти все - было правдой.

Кроме «целого острова», Таверн-Айленд на побережье Атлантики (в штате Коннектикут) и участка земли с домом на заливе Монтиго-Бэй на Ямайке, Билли Роуз владел еще двумя поместьями - в Нью-Джерси и в живописном пригороде Нью-Йорка, Маунтин-Киско. «У Билли безупречный вкус, - делится далее с читателями Жаклин Сюзанн. - Если у него дома висит Ван Гог, можете быть уверены: это не копия». Комнаты четырехэтажного особняка на Бикман Плэйс, где Билли и Элинор прожили десять счастливых лет, украшали не только картины Ван Гога, но и Ренуара, Утрилло, Модильяни, Шагала и других известных художников. Страстный коллекционер, Билли превратил в настоящий музей и свой новый дом, великолепный особняк в Маунтин-Киско, на стенах которого висели подлинные шедевры живописи: полотна Веласкеса и Франца Халса, Матисса и Писсарро, Дега и Гогена, Тёрнера и Пьера Боннара, Пикассо и Сальвадора Дали. Особой гордостью Роуза - коллекционера были приобретенные им в одной из галерей Нью-Йорка тридцать работ Хаима Сутина. Дом был обставлен роскошной антикварной мебелью, его украшали скульптуры Майоля, Бурделя, Джейкоба Эпстейна и Жака Липшица, Осипа Цадкина и Эли Надельмана.

К несчастью, случившийся в 1956 году пожар уничтожил большую часть коллекции. Убытки от пожара, оцененные в миллион долларов, показались Билли мелочью по сравнению с потерей Элинор, которую он считал любовью всей своей жизни. После пятнадцати лет брака они расстались.

Впрочем, посчитав, что предметы искусства и жены - дело наживное, Билли с прежней страстью занялся коллекционированием и вновь женился - на красавице-актрисе Джойз Мэтьюз, причем, умудрился сделать это дважды. Но и повторный, после развода, брак с голливудской дивой оказался недолгим. Последней в коллекции его жен стала Дорис Уорнер Видор, дочь Гарри Уорнера, одного из совладельцев киностудии «Уорнер Бразерз» и экс-супруга известного голливудского режиссёра Чарльза Видора, снявшего среди прочих знаменитые фильмы «Девушка с обложки» и «Прощай, оружие!»

В последние годы жизни Билли Роуз (он умер 10 февраля 1966 года) продюсировал театральные постановки, ревю и шоу, увлекался игрой на бирже, (успешно торгуя акциями, округлил свое состояние до сорока миллионов долларов), много путешествовал по миру, совершил двенадцать поездок в Израиль. По его инициативе и при его финансовой поддержке при Национальном Музее Израиля в Иерусалиме был создан «Сад скульптур» (ныне он носит имя Билли Роуза). Вскоре после его открытия, Билли Роуз передал в дар израильскому правительству более пятидесяти произведений выдающихся скульпторов.

- Если враги вдруг нападут на нас, мы постараемся укрыть их в надежном месте, - осмотрев отлитые из меди и бронзы скульптуры, заверил Билли Роуза Давид Бен-Гурион.

- Не вздумайте этого делать! - возразил премьер-министру Билли Роуз, - лучше отлейте из них пули.

Укрывать скульптуры в надежном месте, а тем более отливать из них пули не пришлось: всякий раз, когда враги нападали на еврейское государство, Армия обороны Израиля давала агрессорам сокрушительный отпор.

Ноябрь 2011

16 ПРЕЛЕСТНЕЕ ТЕБЯ Я НЕ ВСТРЕЧАЛ НИКОГО
страницы жизни Шейлы Грэхем

Журналистка, писательница (автор четырнадцати книг) Шейла Грэхем играла в театре, снималась в кино, вела радиопередачи и первые ток-шоу на телевидении. Ее стройная фигура, ярко-зеленые глаза, роскошные каштановые волосы кружили головы первым красавцам Голливуда. Да разве только им! Возлюбленная Скотта Фицджеральда Шейла Грэхем послужила прототипом Кэтлин, героини его неоконченного романа «Последний магнат». Пик ее журналистской карьеры пришелся на конец 60-х годов прошлого века, когда колонку светской хроники, которую она в течение тридцати пяти лет вела в газете «Hollywood Today», перепечатывали более двухсот американских изданий.

Шейла Грэхем прилетела в Лос-Анджелес в канун Рождества 1935 года. Через две недели о неизвестной журналистке с Восточного побережья знал уже «весь Голливуд».

Обычно после Рождества газетный магнат Уильям Херст и его любовница, актриса Мэрион Дэвис, устраивали в своем доме новогодний приём - прием, закрытый для прессы.

И Шейла решила во что бы то ни стало проникнуть в дом Херста. От Роберта Бенчли, актера и театрального критика журнала «New Yorker», она случайно узнала о прибытии в Голливуд его шефа - издателя журнала Рауля Флейшмана. Она позвонила секретарше Мэрион Дэвис:

- Меня зовут Шейла Грэхем, - представилась она. - Мистер Флейшман только что прибыл в Голливуд. Он хотел бы побывать на приеме у мистера Херста. Со спутницей, - уточнила Шейла.

- Конечно, - ответила ей секретарша, - мистер Херст и Мэрион Дэвис будут счастливы видеть их в своем доме.

Затем Шейла перезвонила Раулю Флейшману. Так она оказалась в 120-комнатном, скорее, похожем на фешенебельный отель коттедже Херста на берегу океана.

На следующий день 6 января 1936 года в газете «Hollywood Today» впервые появилась колонка светской хроники «Sheilah Graham Says». Острая на язык Шейла, оживив свой рассказ язвительными шутками, не столько описала, как расписала прием в доме Херста. Да так, что двери его дома уже были навсегда для нее закрыты. С этой газетной публикации началась ее стремительная журналистская карьера.

Со Скоттом Фицджеральдом Шейла познакомилась на вечеринке в доме Роберта Бенчли. Через несколько дней они встретились на благотворительном балу гильдии сценаристов в Clover Club. Гости танцевали, лишь Шейла и Скотт, словно чужие среди своих, сидели за столом.

- Ты нравишься мне, - по словам Шейлы, подойдя к ней, сказал Скотт.

- Ты мне - тоже, - ответила она.

- Сколько тебе лет? - спросил Скотт.

- Двадцать семь, - убавив возраст, солгала Шейла: в прошлом сентябре ей исполнилось тридцать два. Скотт был старше ее на восемь лет. Его жена Зельда с тяжелыми приступами депрессии часто пребывала к клиниках для душевнобольных, дочь Скотти воспитывалась в частном пансионе в Коннектикуте.

Одиночество, неустроенность, приступы глубокой тоски и отчаяния Скотт приглушал лишним стаканом выпивки. Встреча с Шейлой вернула его к жизни: в ней он нашел сочувствие и поддержку, вновь обрел способность творчества.

Весной 1939 года Скотт приступил к работе над романом «Последний магнат». Он писал урывками, откладывал работу с недели на неделю - завершить роман мешал алкоголь. Часто жалуясь на боли в сердце, Скотт продолжал пить ежедневно. Уговоры, скандалы, слезы Шейлы - все было бесполезно.

Была суббота, 21 декабря 1940 года. Шейла приготовила бутерброды и кофе, подала ему завтрак в постель. Днем Скотт, сидя в кресле у камина, просматривал газеты. Оторвавшись от чтения, он, пытаясь привстать, упал на пол. Смерть от сердечного приступа наступила мгновенно.

**

Работая над романом «Последний магнат», Скотт расспрашивал Шейлу о ее прошлом и, с интересом слушая ее рассказы, делал записи в блокноте. «С шестнадцати до двадцати одного года она думала лишь о том, как бы досыта поесть. Она пошла бы на улицу продаваться за тот же шиллинг, да слишком ослабела. Нанялась горничной в отель».

В рассказе Шейлы, перенесенном Скоттом на страницы романа, все было полуправдой, многое в нем было недоговорено, недосказано. В начале их знакомства Шейла мало говорила о себе. Когда случайные встречи сблизили их, Скотт узнал всю правду о ее прошлой жизни.

Хана-Лия Шейл - так звали ее на самом деле. На людях мать называла ее Лилианна, а дома - уменьшительным Лиля. Лиля Шейл родилась 10 сентября 1904 года в Киеве. Ей не исполнилось и месяца, когда, спасаясь от погромов, семья эмигрировала в Англию. Луис и Ребекка Шейл с шестью детьми поселились в Лидсе, где Луис, портной, открыл магазин одежды. Отца Лиля не помнила: он умер от туберкулёза в Германии во время деловой поездки и был похоронен на еврейском кладбище в Берлине.

После смерти мужа Ребекка с детьми переселилась в Лондон. Беспросветная нужда заставила ее убирать общественные туалеты и подрабатывать прачкой в бане. Не в силах содержать большую семью, она отдала самых младших детей - шестилетнюю Лилю и восьмилетнего Морриса - в приют для сирот при еврейской больнице. Из приюта четырнадцатилетняя Лиля возвратилась домой, чтобы ухаживать за больной матерью, которая осталась одна: старшие дети, устраивая свою жизнь, уходили из дому. Когда через два года умерла мать, Лиля перешла жить в семью старшего брата Генри, но вскоре, сняв комнату, устроилась на фабрику. За тяжелую и скучную работу - штамповку алюминиевых тарелок - платили гроши, и Лиля нанялась горничной в отель. Однажды она прочитала в газете объявление: «Универсальному магазину требуются девушки с красивыми зубами для рекламирования зубных щеток».

- Улыбнись, - сказал ей менеджер. - Прелесть, - восхитился он, - чистый жемчуг! Завтра можешь выходить на работу.

Однажды она уловила на себе внимательный взгляд одного из покупателей. Он смотрел на нее, не сводя глаз, и, не дослушав до конца её рассказ о чудесной новинке - зубной щетке - протянул ей два шиллинга.

- Надо же, - улыбнулся он, - именно такая девушка, как вы, и нужна мне для работы в отделе рекламы. Два фунта в неделю и двадцать процентов комиссионных от продажи. Соглашайтесь!

Ее новый хозяин, управляющий сталелитейной компанией Джон Грэхем Джиллэм, принадлежал к знатной английской аристократии. Джонни, как вскоре стала называть его Лиля, красиво ухаживал: дарил цветы, украшения, наряды. Весной 1923 года они поженились. Джон был старше восемнадцатилетней Лили на двадцать пять лет. Он приобщил ее к литературе, искусству и светскому образу жизни. Он научил ее хорошим манерам и ввел в высший свет. На приеме в Букингемском дворце Лилю пригласил на танец принц Уэльский, будущий король Эдуард VIII. На обеде у сына Уинстона Черчилля, Рандольфа, она сидела рядом с Чарли Чаплиным и Ширли Темпл, самой яркой из юных звезд Голливуда (спустя годы она возьмет интервью у обоих).

Однажды, возвратясь из театра, Джон сказал ей:

- Ты так красива. Была бы артисткой, весь Лондон лежал бы у твоих ног.

В сиротском приюте Лиля пела в хоре, танцевала, декламировала стихи, которые сама и сочиняла. Наконец мечта ее детских лет стать артисткой сбылась. Добрый и заботливый Джон не жалел денег на ее обучение актерскому мастерству. Лиля стала брать уроки музыки, танца и вокала. Она поступила в Королевскую академию драматических искусств и по совету мужа сменила свое имя на более звучное, избрав сценическим псевдонимом его среднее имя - Грэхем.

Так Лиля Шейл стала Шейлой Грэхем. На сцене драматического театра она играла небольшие роли в пьесах Шекспира, но особого успеха они ей не принесли. Посчитав, что настоящей артистки из нее не получится, Шейла устроилась хористкой и кордебалетной танцовщицей в «Палас Театр» - лондонский мюзик-холл. Случилось так, что в день премьеры музыкального ревю Шейла заменила заболевшую приму. По окончании шоу, когда отгремели аплодисменты, уже за кулисами, ей поднесли огромный букет цветов и шкатулку с дорогим браслетом. Приняв щедрый подарок от анонимного поклонника как признание её таланта, Шейла с радостью сообщила Джону о своем первом сценическом успехе.

- Напиши об этом рассказ, - стал уговаривать ее Джон.

Рассказ она отправила почтой в «Daily Express». Его напечатали. Первый литературный успех окрылил Шейлу. За короткое время более десяти её рассказов были опубликованы на страницах «Sunday Pictorial» и «Daily Mail». В «Sunday Dispatch» ей предложили вести колонку светской хроники; ее статьи и репортажи перепечатывали американские издания. Решив, что в журналистике она добьется большего, чем на сцене, расставшись с Джоном, Шейла уехала в Нью-Йорк.

Дружеские отношения с Джоном она поддерживала всю жизнь. Она встречалась с ним каждый раз, когда приезжала в Лондон. А после войны, узнав о его банкротстве, стала высылать ему деньги - и так до самой смерти Джона.

***

Однажды, жалуясь на неудачи в жизни, Скотт Фицджеральд признался Шейле: «Я понял, что не имею настоящей смелости, упорства и самоуважения». Всеми этими качествами обладала Шейла.

Именно они помогли ей приобрести известность в журналистских кругах, успех и признание читателей.

Спустя три месяца после смерти Скотта Фицджеральда, ранней весной 1941 года Шейла с удостоверением военного корреспондента газетного синдиката вылетела в Англию. Большой журналистской удачей стали ее интервью с Уинстоном Черчиллем и Бернардом Шоу, а репортажи из подвергавшегося налетам немецкой авиации Лондона закрепили за ней славу военного корреспондента. В Лондоне Шейла познакомилась с Тревором Вестбруком. Полковник английской армии, он занимал видный пост в авиастроительной компании Heston, выпускавшей истребители Spitfire. После первых встреч завязался роман. Осенью 1941 года Шейла возвратилась в Нью-Йорк, в начале декабря они встретились в Вашингтоне, куда прибыл Тревор, прикомандированный к секретной миссии Черчилля в Америку. Их любовная связь скорее всего была бы недолгой, если бы Шейла не сказала ему, что беременна. Посчитав себя отцом ребенка, Тревор предложил узаконить брак. После войны жизнь с Тревором не сложилась. Хотя в семье было уже двое детей, в 1946 году они расстались.

Шейла возвратилась в Калифорнию, купила дом в Беверли-Хиллз, воспитывала детей. Долгие годы Шейла скрывала от детей свое еврейское происхождение - хотела уберечь от тех унижений, которые пережила сама. Всю жизнь она помнила, как во время прогулок на них, на детей из еврейского приюта, показывала пальцами лондонская уличная шпана, какие обидные клички выкрикивали им в лицо. Она очень хорошо помнила, как в начале тридцатых лорд Митфорд, состоявший в близком родстве с Уинстоном Черчиллем, поделился с ней впечатлениями о своей поездке в Германию.

«В Берлине, - улыбаясь рассказывал он, - я познакомился с исключительно милым и приятным человеком по имени Адольф Гитлер. Я разделяю далеко не все его идеи, но вполне согласен, что в Европе давно уже пора навести порядок с евреями».

А незадолго до войны Шейла приехала в Берлин, хотела навестить могилу отца. У ворот еврейского кладбища мальчишки с криками: «Juden! Juden!» стали закидывать ее камнями. Она вновь почувствовала себя беспомощной маленькой девочкой из еврейского приюта.

Она определенно не хотела, чтобы ее дети когда-нибудь пережили такое. Дети Шейлы - Вэнди и Роберт - носили фамилию Тревора Вестбрука, но сына тот не признавал своим, считая, что Шейла назвала его в честь настоящего отца, голливудского актера Роберта Тейлора. Дочь Вэнди тоже не была похожа на Тревора. Темноволосая и смуглая, она скорее походила на Альфреда Айера, друга Шейлы военных лет, с которым мать познакомила Вэнди во время одного из приездов в Лондон.

Осенью 1941 года Альфред Айер прибыл в Нью-Йорк с группой сотрудников Интеллидженс Сервис для оказания помощи ЦРУ в создании разведслужбы в странах Латинской Америки. Близкая подруга познакомила Шейлу с Фредди...

Всякий раз бывая с Вэнди в Лондоне, Шейла отпускала ее с «дядей Фредди» на прогулки по городу. Дядя Фредди был жизнерадостным, открытым человеком, с ним Вэнди чувствовала себя непринужденно, совсем не так, как с отцом. Он водил ее в музеи и галереи, покупал и дарил книги, вместе они обедали в его любимом французском ресторане в Сохо. Альфред Айер был философом с мировым именем, профессором логики Оксфордского университета. Имя Альфред он получил в честь Альфреда Ротшильда: его отец, Джулиус Айер, был личным секретарем банкира, а мать происходила из богатой еврейской семьи Ситроен. Ее отец Дэвид (Дорис) Ситроен стал одним из пионеров автомобилестроения. В Лондоне он основал автомобильную компанию «Минерва», а во Франции, вместе с племянником - фирму «Ситроен».

О том, что Альфред Айер ее родной отец, сорокасемилетняя Вэнди узнала из его письма, полученного вскоре после смерти матери. «Дорогая Вэнди, - писал он ей, - я хочу чтобы ты знала наконец всю правду. Твоя мать и я стали любовниками в Нью-Йорке зимой 1941. Шейла забеременела, но я не мог жениться на ней: я был несвободен, бракоразводный процесс с моей первой женой затягивался. Шейла уехала на несколько дней в Вашингтон, а по возвращении в Нью-Йорк сказала, что выходит замуж за Тревора Вестбрука... В конце 1942 года я разыскал ее. За несколько дней до твоего дня рождения я отвез ее в больницу. Почему она всю жизнь скрывала от тебя, что я твой отец? Очевидно, она посчитала, что это будет большим потрясением для тебя, и решила не создавать «лишних проблем в семье». Лично я счастлив и горд, что у меня есть дочь. И единственное, о чем я мечтаю, это увидеть своих внуков». Вэнди вместе с мужем и двумя детьми заторопилась в Европу.

В жизни Шейлы Грэхем было много мужчин, но никто из них, делилась она с дочерью, кроме Скотта Фицджеральда не затронул ее души и сердца. Главный герой его неоконченного романа «Последний магнат» - Монро Стар - говорил своей возлюбленной Кэтлин слова, которые Шейла не раз слышала от Скотта: «Я не хочу терять тебя. Не знаю твоих мыслей - и вообще думаешь ли обо мне. Ты сама, наверное, видишь. Но прелестнее тебя я не встречал никого уже много лет». «Я налюбоваться не могу. Не знаю даже цвета твоих глаз, но утону в них - и жалко делается всё на свете...». Потребность друг в друге (а может, это и есть любовь?) была взаимной. «Я смотрела в его лицо, ища его, стараясь найти его тайну, его чудо для меня, - писала в книге воспоминаний Шейла Грэхем, - и я говорила почти молитвенно: «Если бы я только могла войти в твои глаза и закрыть веки за собой, и покинуть весь этот мир снаружи».

Шейла Грэхем умерла в 1988 году в Палм-Бич (Флорида) в возрасте 84 лет. Ее дочь Вэнди, получившая докторскую степень в Колумбийском университете (ее специальность – литературоведение), декан факультета гуманитарных наук и искусств Бруклин-колледжа. Сын Роберт Вестбрук - писатель.

Сентябрь 2008

17 БЕВЕРЛИ

Беверли Силлс - выдающуюся певицу-сопрано - называли примадонной американской оперы, мега-звездой бельканто, королевой оперной сцены. Она пела в сотнях спектаклей, но такого приема, который устроила ей публика 27 сентября 1966 года на премьере оперы Фредерика Генделя «Юлий Цезарь», певица никогда еще не знала: бурные овации в зале не смолкали в течение двадцати минут. Партия Клеопатры, которую в тот вечер исполняла Беверли Силлс на сцене нью-йоркской «Сити-опера», считается особенной трудной для певиц-сопрано. Но Беверли Силлс исполнила ее с таким безупречным мастерством, что, по мнению музыкальных критиков по праву заслужила титул королевы оперной сцены, звезды мирового класса. «Она всегда была превосходной певицей, - писала на следующий после премьеры день газета «Нью-Йорк Таймс», - но ее последнее выступление было подлинным триумфом».

В феврале 1969 года Беверли Силлс получила приглашение выступить в роли Памиры в опере Д. Россини «Осада Коринфа» в театре «Ла Скала». Во время репетиции после исполнения одной из арий второго акта, оркестранты стоя устроили Беверли восторженную овацию. В день премьеры перед открытием занавеса руководитель хора пожелала Беверли удачи и сказала, что хористы будут молиться за ее успех. Успех был невероятный! После успешных выступлений на сцене «Ла Скала» итальянская пресса иначе как «Ла Силлс», «Ла Феномена» - необыкновенная и «Ил Мостро» - Беверли уже не называла. «Ну почему же «Ил Мостро»? (по-итальянски «чудовище»), - удивилась Беверли. «У слова есть еще одно значение, - успокоили Беверли, - Несравненная».

В честь триумфального выступления Беверли Силлс в «Ла Скала» журнал «Ньюсуик» поместил на обложке ее фотографию и в статье под заголовком «Ла Силлс» на вершине славы» назвал ее «примадонной наших дней» и «величайшей из певиц».

Автор-составитель книги «Сто великих вокалистов» в статье о Беверли Силлс приводит слова критика журнала «Нью-Йоркер»: «У нее карие глаза, славянский овал лица, вздернутый нос, полные губы, прекрасный цвет кожи и очаровательная улыбка. Все это вместе с огненно-рыжими волосами делает Силлс очаровательной. Короче говоря, по оперным стандартам - она красавица». «В славянском овале, - добавляет уже от себя автор статьи, - нет ничего удивительного: мать певицы - русская». Была бы жива Соня Мейеровна, «русская мать» великой певицы, она бы изрядно удивилась, прочитав про свое славянское происхождение. Впрочем, стоит ли удивляться: в книге «Сто великих украинцев» вы найдете имена Шолом-Алейхема и Голды Меир!

«Моя мать - еврейка из Одессы», - пишет в книге воспоминаний Беверли Силлс. - В 1916 году Мейер Бончиков, ее отец, инженер-электрик и изобретатель, уехал в Америку, решив, что на новой родине ему будет легче осуществить свои технические идеи». В Нью-Йорке Мейер нашел работу в крупной инженерной компании «Блисс» и вскоре разбогател, запатентовав и продав несколько своих новых изобретений. Одно из них - механизм для обметывания петель - купила у Мейера знаменитая фирма «Зингер». В конце лета 1918 года к поселившемуся в собственном доме в Бруклине Мейеру приехала жена с тремя детьми.

В 1923 году их двадцатилетняя дочь, красавица Соня, вышла замуж за эмигранта из Бухареста, страхового агента Морриса Силвермана. Белл Мириам, третий ребенок в семье Морриса и Сони, будущая звезда оперной сцены, известная под сценическим именем Беверли Силлс, родилась в Бруклине 25 мая 1929 года.

Мать Белл рано распознала в дочери музыкальные способности и преподала ей первые уроки пения. В трехлетнем возрасте Белл впервые выступила перед публикой на сцене Томпинкс-парк в Бруклине, исполнив популярную песенку «Свадьба Джека и Джилл». Спустя год Боб Имири, ведущий на нью-йоркском радио музыкальные программы для детей, приглашает четырёхлетнюю певицу в свое радио-шоу «Радужный дом дяди Боба».

«Мы жили в Бруклине, - вспоминала свое детство Беверли Силлс, - и мама часто покупала в Манхэттене граммофонные пластинки. В ее коллекции было одиннадцать пластинок с записями знаменитой певицы-сопрано Амелиты Галли-Курчи. Каждое утро, перед тем, как приготовить кофе, она заводила стоявший на кухне граммофон фирмы «Виктория» и ставила пластинку. Музыка звучала в доме весь день. К семи годам я заучила наизусть двадцать две оперные арии из репертуара мадам Галли-Курчи и пела их на итальянском языке».

Юные артисты «дяди Боба» часто выступали перед взрослой аудиторией. И когда Белл исполняла в концертах оперные арии, публика не верила, что на сцене выступает семилетняя девочка. Многие думали, что их исполняет обладающая прекрасным голосом лилипутка.

Когда на конкурсе, объявленном национальным радио CBS, Белл завоевала певческую награду (за исполнение арий из опер Лео Делиба и Джузеппе Верди), ведущий программы подарил ей на счастье маленькую скульптуру - фигурку слоненка. Спустя неделю Белл стала получать от радиослушателей сотни посылок с фарфоровыми статуэтками.

В очередной передаче Белл сказала радиослушателям, что платья для выступлений ей шьет мать. «Но все они короткие, - добавила она. - Мама говорит, что маленькие девочки не носят длинные платья, а мне так хочется». И вновь со всех концов Америки на радио стали приходить для Белл пакеты - с длинными платьями.

Благодаря регулярным выступлениям на радио и в концертах имя Белл Силверман для миллионов американцев становится таким же популярным, как имена экранных звезд - юных Ширли Темпл, Дины Дурбин и Джуди Гарленд. Но шоу-бизнес любит звучные имена, и родителей Белл уговаривают сменить ей имя на сценический псевдоним - Беверли Силлс.

Занимаясь в начальной школе, Беверли берет уроки вокала и игры на фортепьяно в студии Эстелл Либлинг - выдающегося педагога, бывшей солистки Дрезденской оперы. К тринадцати годам Беверли подготовила пятьдесят оперных партий. В пятнадцать она становится самой молодой актрисой передвижного музыкального театра, в ее репертуаре около двадцати ролей, в том числе в опереттах «Веселая вдова», «Марица» и «Роз-Мари».

После стажировки в Парижской опере Беверли дебютирует на сцене «Метрополитен» в партии Виолетты в «Травиате» Дж. Верди. И с неизменным успехом исполняет эту роль в пятидесяти четырех спектаклях во время двухмесячного гастрольного турне по стране. «С этого тура, - вспоминала Беверли Силлс, - и началась моя карьера оперной певицы».

В сезон 1953 года она поет главные партии сопрано в Сан-Францисской опере, а в декабре 1955 года дебютирует на сцене нью-йоркской «Сити-опера» в партии Розалинды в «Летучей мыши» И. Штраусса.

Во время гастролей в Кливленде на приеме, устроенном в честь артистов театра, Беверли познакомилась с Питером Гриноу, редактором и владельцем городской газеты «Кливленд Плэйн Дилер». Сын мультимиллионера, Питер был потомком Джона Элдена, который прибыл в Америку в 1620 году на корабле «Mayflower», и Питера Балкли, основавшего город Конкорд в штате Массачусетс. Высокий - под два метра ростом – красавец Питер рассказывал Беверли об учебе в Гарварде и Школе журналистики при Колумбийском университете, о том, как воевал в Европе, о трех своих малолетних дочерях, о затянувшемся бракоразводном процессе с женой-алкоголичкой. Они проговорили друг с другом весь вечер; на следующий день Питер отвез ее в аэропорт.

«Мама, - сказала Беверли по возвращении домой, - я выхожу замуж. Он женат, на двенадцать лет старше меня, у него трое детей, и он не еврей». «Боже! - всплеснула руками мама Соня, - и за что только все эти несчастья обрушились на моего ребенка?» Вскоре после свадьбы Беверли спросила у отца Питера, как он отнесся к решению сына жениться на оперной певице, бруклинской еврейке. «Мы рыбачили с ним, сидя в лодке, когда он объявил мне об этом. У меня было два выбора, - полушутя признался Гриноу-старший, - броситься в воду и утопиться или продолжать рыбачить. Как человек интеллигентный и лишенный предрассудков, я предпочел рыбалку».

«Как во всех еврейских домах, в нашей семье, - пишет в автобиографии Беверли Силлс, - слово отца было законом». «Был бы он жив, - заявили Беверли все четыре ее тетки, сестры матери, - он бы никогда не разрешил тебе выйти замуж за нееврея». И объявили, что прерывают с ней всякие отношения. Беверли встретилась с тетками только пять лет спустя, когда вся семья собралась за праздничным столом по случаю шестидесятилетия матери. Подняв бокал с шампанским, Питер сказал: «Я хочу провозгласить тост за МГМ». Тост за МГМ? Все ли о'кей с мозгами у мужа Беверли, если он провозглашает тост за МГМ - студию «Метро-Голдвин-Майер»? - стали с недоумением переглядываться родственники. «Да, - продолжил Питер, - я хочу провозгласить тост за МГМ: за МЕЙН ГЕНТЗЕ МИШПУХЕН, за всю мою семью!» Тетки растаяли: муж Беверли, этот шейгец, уже говорит на идиш!

В Кливленде Беверли оказалась чужой: от Питера, женившегося на еврейке, отвернулись даже близкие друзья.

БЕВЕРЛИ

Когда газета «Бостон Глоуб» предложила Питеру должность экономического обозревателя, он не раздумывая продал (за 59 миллионов) «Кливленд Плэйн Дилер», и они с Беверли переехали в Бостон. От Бостона до Нью-Йорка - всего лишь час лёту. И Питер покупает Беверли 54 авиабилета «туда и обратно», чтобы она, не прерывая карьеру оперной певицы, могла после каждого спектакля возвращаться домой.

Беверли вновь поет на сцене «Сити-опера», в ее репертуаре новые роли: Олимпия в «Сказках Гофмана» Жака Оффенбаха, Мими в «Богеме» Джакомо Пуччини, Эльвира в опере «Пуритане» Беллини, Донна Анна и Королева ночи в «Дон-Жуане» и «Волшебной флейте» Моцарта. «В двух ариях Королевы ночи пять высоких фа. И если вы не способны взять эти высокие ноты, - пишет в автобиографии Беверли Силлс, - вы не сопрано». Беверли брала эти высокие фа - и публика приходила в восторг от феноменальной вокальной техники певицы.

Очередной успех принесли Беверли Силлс роли Виолетты в «Травиате» Дж. Верди, Маргариты в опере Ш. Гуно «Фауст», Шамаханской царицы в «Золотом петушке» Н. Римского-Корсакова. После выступления Беверли Силлс в партии Манон Леско в опере Ж. Массне «Манон» музыкальные критики провозгласили ее лучшей Манон со времен Джеральдины Фаррар, звезды оперной сцены начала 1900 годов. «Туристам, желающим ознакомится с достопримечательностями Нью-Йорка, - писал обозреватель журнала «New Yorker», - я бы посоветовал прежде всего послушать Беверли Силлс в партии Манон, а уж затем взглянуть на Статую Свободы и небоскреб Эмпайр Стейт билдинг». Не менее успешными были выступления Беверли Силлс в партиях Лючии и Мари в операх Г. Доницетти «Лючия ди Ламмермур» и «Дочь полка». За годы выступлений в нью-йоркской «Сити-опера» Беверли Силлс исполнила девяносто партий.

Признанную звезду оперной сцены, выступавшую в «Ла Скала», «Ковент Гарден», на сценах оперных театров Парижа, Берлина, Вены и других знаменитых театров мира, долгие годы не приглашали петь в «Метрополитен-опера». Рудольф Бинг, в течение двадцати лет стоявший на посту генерального менеджера компании «Мет», считал, что только участие в спектаклях европейских звезд, прежде всего итальянцев, может обеспечить полные сборы. Вскоре после отставки Бинга его преемник пригласил Беверли Силлс выступить на сцене «Метрополитен» в роли Памиры в опере Джоаккино Россини

«Осада Коринфа». Она согласилась. Премьера состоялась 7 апреля 1975 года спустя шесть лет после триумфального появления Беверли Силлс в партии Памиры на сцене «Ла Скалы». Несмотря на высокую цену билетов - от 60 до 500 долларов - все они были распроданы в течение нескольких часов.

Когда спектакль окончился и опустился занавес, зал взревел от восторга, гром оваций не смолкал в течение двадцати минут, поклонники осыпали сцену конфетти и лепестками роз. «Всеамериканской сенсацией» назвал дебют Беверли Силлс в «Метрополитен-опера» репортер агентства Ассошиэйтед Пресс. Восторженный отзыв о «чудесной певице с божественным голосом» поместила газета «Нью-Йорк Таймс». А рецензент «Ньюсуик» так оценил «всеамериканскую сенсацию»: «Признаться, это не был дебют Беверли Силлс в «Мет», это был дебют «Мет» с Беверли Силлс». В течение последующих пяти лет Беверли Силлс выступала на сцене «Метрополитен» более чем в ста спектаклях.

«Мы, Силверманы, были обычной семьей американских евреев из Бруклина», - пишет в автобиографии Беверли Силлс. - Я не религиозна, но, как все евреи, всегда интересовалась тем, что происходило в Израиле. Когда в 1970 году я получила приглашение выступить с Израильским филармоническим оркестром, мать сказала: «Это прекрасно! Но ты - еврейка, и поэтому не должна брать деньги за свои выступления в Израиле. В Израиле я, американская еврейка, ощутила неразрывную связь с израильтянами. Они - исключительно храбрые люди и живут в прекрасной стране. И я решила, что буду делать все возможное ради благополучия Израиля».

В середине семидесятых Беверли Силлс была одной из самых известных звёзд оперной сцены. Четырнадцать музыкальных академий мира и университетов, в том числе Гарвард, присваивают ей докторскую степень за достижения в области музыкального искусства. «Теперь все мои дети - два сына и дочь - доктора», - с гордостью делилась со знакомыми мать Беверли. «Правда, в отличие от сыновей, практикующих врачей, она «доктор музыки».

«Когда на торжественной церемонии нам с Мстиславом Ростроповичем вручали почетные дипломы Гарварда - это был незабываемый момент, - вспоминала Беверли Силлс. - До этого мы никогда не встречались, но с первых же минут знакомства появилось такое чувство, будто мы знакомы сто лет». Среди многочисленных почетных наград певицы - премия Грэмми, премия Эдисона за исполнение роли Манон, медаль

Свободы - высшая награда США для гражданских лиц, которую ей вручил на приеме в Белом доме президент Джимми Картер.

Беверли Силлс завершила карьеру оперной певицы на пике своей популярности в 1979 году. На прощальном концерте в «Сити-опера» в честь Беверли Силлс выступали звезды мировой оперной сцены, Бродвея и Голливуда.

Вскоре после ухода со сцены Беверли Силлс была избрана генеральным директором компании «Сити-опера». Возглавив компанию, она обновила репертуар театра, распорядилась убрать скрытые на сцене микрофоны - («безголосым певцам - не место в опере»), ввела в состав труппы талантливых исполнителей-американцев. «Нью-Йорк Таймс» тут же поместил карикатуру: безработные оперные исполнители из Европы стоят в очереди к Беверли Силлс (в костюме Валькирии) в надежде получить ангажемент в «Сити опера». В 1994 году Беверли Силлс избирают президентом Линкольн-центра, а спустя восемь лет - президентом Совета директоров компании «Метрополитен».

Беверли Силлс ушла из жизни в июле 2007, в один год с Мстиславом Ростроповичем и Лучано Паваротти. Память звезды мировой оперной сцены почтили в «Метрополитен-опера» спустя два месяца после ее смерти. В тот вечер на одну минуту погасли огни концертных залов и оперных театров Нью-Йорка.

«Она сделала оперу популярным видом искусства, окрасила ее характерными чертами драмы, внесла в нее колорит. Она привлекла к стареющему жанру оперного искусства множество новых поклонников, которые полюбили ее талант и мастерство, остроумие, теплоту и постоянную улыбку», - говорила о Беверли Силлс ее близкая подруга, известная американская комедийная актриса Кэрол Барнетт. Президенты Никсон, Картер, Форд и Рейган приглашали Беверли Силлс в Белый дом не только на музыкальные вечера, но и на официальные приемы. Она дружила с Генри Киссинджером, мэрами Нью-Йорка Эдвардом Кочем и Майклом Блумбергом, известными тележурналистами Уолтером Кронкайтом и Барбарой Уолтерс. Ее партнерами на великих сценах мира были знаменитые певцы, «золотые голоса» двадцатого века: Николай Гедда, Лучано Паваротти, Пласидо Доминго.

Искрящаяся весельем и обладавшая потрясающим чувством юмора Беверли Силлс была частым гостем в телевизионной программе Джонни Карсона «Вечернее шоу» - ее любили миллионы «простых» американцев. Их восхищали открытость, веселый нрав, оптимизм великой певицы.

Не только близкие друзья, все - от рабочих сцены до караулвших ее у дверей театра фанатов - называли ее Беверли.

Май 2010

18 ЖАН ПИРС – ЕДИНСТВЕННЫЙ И НЕПОВТОРИМЫЙ

Луис и Анна Перельмут эмигрировали в Америку в 1902 году из небольшого штетла Городец (ныне - деревня в Кобринском районе Брестской области). Их сын, будущий знаменитый певец, известный под сценическим псевдонимом Жан Пирс, родился в Нью-Йорке 3 июня 1904 года.

«Миссис Перельмут, - сказал молодой матери принимавший роды доктор, - послушайтесь моего совета: назовите ребенка Яков Пинхус - в честь праотца Якова и в честь Пинхуса, внука первого первосвященника Авраама. И помяните мое слово: его жизнь будет счастливой». Так и случилось. «Я прожил большую жизнь, - напишет а книге воспоминаний Жан Пирс, - и она сложилась счастливо не благодаря удаче или звучному псевдониму, а исключительно по воле и милости Всевышнего».

«Когда в раннем детстве, - вспоминал Пирс, - едва научившись говорить (на идиш), я спел свою первую песенку - «Дуделе» («Дудочка»), родители, дедушка Зейдл Берл и бабушка Хася Фрида стали ласково называть меня «Пинеле». Родители мечтали, чтобы я научился играть на пианино. Но пианино для Перельмутов было слишком дорогим инструментом: заработка отца, гладильщика, гнувшего спину по двенадцать часов в день в швейной мастерской, едва хватало на жизнь». Однако желание родителей обучать Пинеле музыке было так велико, что они решили купить ему инструмент подешевле - скрипку. И чтобы накопить деньги на покупку «инструмента подешевле», отец стал подрабатывать гардеробщиком в банкетном зале, мать - готовить обеды на дому. Особой популярностью они пользовались у хасидов - еда в домашнем «ресторане» Перельмутов была не только вкусной, но и кошерной.

Музыкальные способности у Пинеле проявились довольно рано: в возрасте четырех лет он уже играл на скрипке, в шесть, обладая красивым и звонким голосом, пел в хоре синагоги Городецкого землячества. Пел так хорошо, что однажды, после окончания службы в праздник Рош ха-Шана, кантор синагоги расцеловал Пиню в обе щеки на виду у всех прихожан. Свою первую награду - коробку конфет - девятилетний Пинки, так на американский манер будут называть его близкие и друзья, получил за исполнение на детском концерте песни «Под звездным флагом». А в день своей бар-мицвы дал первый сольный концерт в синагоге. Окончив школу, Пинки, по настоянию родителей, поступает в медицинский колледж Колумбийского университета, однако все свободное время посвящает вокалу. Организовав небольшой оркестр «Пинки Перл бэнд», он выступает с ним в ночных клубах и подрабатывает на танцевальных вечерах и свадьбах в банкетных залах Манхэттена. На одной такой свадьбе Пинки познакомился со своей будущей женой Алисой Калманович, дочерью владельца кошерного ресторана в Гарлеме. 10 мая 1929 года молодых благословил на долгую и счастливую семейную жизнь ортодоксальный рабби Герберт Гольдстайн. Вскоре после свадьбы, решив продолжить певческую карьеру, Пинки, бросил учебу в университете и начал выступать на концертных площадках с танцевальными и джазовыми оркестрами.

Во время одного из выступлений в отеле «Астор» на голос Пинки обратил внимание театральный агент Том Руни, который подыскивал молодых талантливых певцов для бродвейских шоу.

- У тебя чудесный голос, парень, - сказал он Пинки. - Был бы ты повыше ростом и пошире в плечах, мог бы зарабатывать на Бродвее миллионы. Но только не обижайся: певцу с таким небольшим, как у тебя ростом, да еще и таким, как у тебя профилем (а профиль у Пинки, и правда, не был медальным), больших денег владельцы театров не предложат.

Возвратившись домой, расстроенный Пинки рассказал Алисе о разговоре с агентом.

- Да пошел он к черту, этот Руни! Вот увидишь, твой день придет, и ты станешь великим артистом! - стала успокаивать Пинки Алиса. - И ты – красавец. Красавец! - повторила она. - Знай, что если бы ты был мал ростом и некрасив, я бы никогда не вышла за тебя замуж! И не беспокойся по поводу своего носа. Он красив так же как и твой голос!

Этот разговор произошел за десять лет до рождения девочки по имени Барбра Стрейзанд.

Большую роль в творческой судьбе Пинки сыграл импресарио Сэмюэль Ротхафель, известный в театральных кругах как Рокси - это прозвище он получил по названию принадлежавшего ему бродвейского театра. Оценив голос Пинки, Рокси стал оказывать ему всяческую поддержку и даже оплачивал уроки пения, которые Пинки начал брать у известных преподавателей вокала.

Благодаря рекомендации Рокси Пинки пригласил на прослушивание директор музыкальных программ городского радио Нью-Йорка Лео Русотто.

- Рокси расхвалил мне твой голос, так что ты можешь выступить в следующее воскресенье, - при встрече с Пинки сказал Русотто.

- Вы шутите! - не поверил его словам Пинки. - И что же я должен петь?

- Ты знаешь какие-нибудь арии из опер? - поинтересовался Русотто.

- О, я знаю песенку Герцога из оперы Верди «Риголетто».

Русотто сел за рояль, сыграл вступление, и Пинки запел: «La donna è mobile/Qual piuma al vento...» («Сердце красавиц склонно к измене...»)

- Рокси прав, - заключил Руссото, когда Пинки окончил петь. - У тебя, и правда, чудо-голос. Так что, знаешь, не будем ждать воскресенья: завтра же выступишь с этим номером в эфире.

Так Пинки Перл стал солистом «Радио-Сити».

После нескольких успешных выступлений на радио и на сцене театра «Радио-Сити Мюзик-холл» Рокси предложил Пинки сменить сценический псевдоним.

- Публика любит звучные, запоминающиеся имена, - сказал он ему, - так что в следующий раз выступишь под именем... под именем Джон Пирс.

- Мистер Ротхафель! - воскликнул Пинки. - Имя Джон Пирс скорее подходит блондину с голубыми глазами, широкоплечему парню под два метра ростом.

- Может, ты и прав, - согласился с Пинки Рокси, - Тогда не Джон, а Жан. Жан Пирс! Прекрасное имя для театральной афиши.

Благодаря выступлениям на радио имя Жана Пирса приобрело всеамериканскую известность. Его музыкальной «визиткой» стала песня «The blue bird of happiness» («Голубая птица счастья», авторы - композитор Шандор Хармати и поэт Эдвард Хейман). Пластинка, напетая Пирсом с названием одноименной песни, разошлась тиражом более миллиона копий. Не меньшей популярностью пользовались и последующие записи Пирса - известные итальянские и неаполитанские песни, камерные произведения, популярные оперные арии.

«Восхитительный голос!» - воскликнул Артуро Тосканини,

услышав по радио Пирса в партии Зигмунда в «Валькирии» Р. Вагнера, и пригласил его на запись знаменитой Девятой симфонии Бетховена с оркестром Национального радио США под собственным управлением. С тех пор легендарный дирижер не раз приглашал Пирса участвовать в концертах, постановках и записях оперных спектаклей. Со временем их длившееся на протяжении почти семнадцати лет совместное творческое сотрудничество переросло в доверительную дружбу.

В 1939 году на музыкальные способности Пирса обратил внимание известный импресарио Сол Юрок. Именно Юрок организовал первый сольный концерт Пирса в нью-йоркском «Таун-Холле» и помог дебютировать на оперных сценах Балтимора и Сан-Франциско. В сезон 1941 года Пирс спел в Сан-Францисской опере двенадцать главных партий тенорового репертуара, а в ноябре того же года успешно дебютировал в «Метрополитен-опера» в партии Альфреда в «Травиате». На сцене «Мет» Жан Пирс выступал более четверти века. Его «коронной партией» стала роль Герцога в «Риголетто» Дж. Верди.

Будучи ведущим солистом «Метрополитен-опера», Жан Пирс много гастролировал по стране и за рубежом. В июне 1956 года «мистер культурный обмен» - Сол Юрок - организовал гастрольное турне Пирса в Советском Союзе, во время которого он дал сольные концерты в Москве, Киеве и Ленинграде. На первом же выступлении в московском Концертном зале им. Чайковского, в антракте, ведущий концерта спросил Пирса, что он собирается исполнить, если публика заставит его бисировать.

- Спою еврейскую песню, - к удивлению и ужасу ведущего ответил Пирс. - А перед исполнением ознакомлю слушателей с ее содержанием. Эту песню-молитву, известную как «Разговор души с Богом», или «Мольба», - продолжил Пирс, - сочинил хасидский цадик раввин Леви Ицхак, сын Сары и Меира Дербаремдикер из Бердичева. В молитве, обращенной к Всевышнему, он просил его проявить милость и заступиться за гонимый, рассеянный по миру народ Израиля и указать ему путь к Сиону. И прошу вас, - добавил Пирс, - пожалуйста, постарайтесь переводить мои слова поточнее: мой аккомпаниатор мистер Уорнер Басс хорошо говорит по-русски.

«Во время исполнения молитвы, - вспоминал позднее Пирс, - в глазах, находившихся в зале евреев, стояли слезы». Возможно, что и кто-то из читателей слышал известную песню-молитву «Мольба» в исполнении Пирса в Вене во время его выступления перед евреями-беженцами из Советского Союза в замке Шёнау в декабре 1972 года.

В Москве Пирс дал четыре сольных концерта и выступил на сцене Большого театра в «Травиате» Дж. Верди. После исполнения в начале второго акта арии Альфреда «De miei bollenti spiriti» («Мир и покой в душе моей») публика так долго и восторженно аплодировала Пирсу, что спектакль пришлось прервать. Время шло, а шум в зале, гром аплодисментов и крики «Браво!» не смолкали. Наконец, дирижер Борис Хайкин дал знак оркестру, и после музыкального вступления Пирсу пришлось повторить арию на бис - (редчайший случай на оперной сцене!)

С не меньшим успехом прошли сольные концерты Пирса в Москве, Тбилиси и Ереване во время его повторных гастролей в СССР в 1963 году. В июне следующего года Пирс отметил свое шестидесятилетие, но его голос звучал все так же свежо и красиво, как в молодые годы. Он продолжал активно выступать на оперной сцене и концертной эстраде, делать звукозаписи.

Когда одну из пластинок с записью литургических молитв, приобрел Музыкальный архив Ватикана, Пирсу находившемуся на гастролях в Италии, предложили устроить аудиенцию с Папой Пием XII.

Пирс согласился при условии, что не будет становиться перед Папой на колени и целовать ему руку.

- Я знаю, что вы, не только певец, но и скрипач, - пожав Пирсу руку, сказал папа, - а ведь я тоже играю на скрипке.

- Если бы у вас нашлось время, мы бы смогли сыграть дуэтом, - любезно предложил папе Пирс. Сыграть с папой дуэтом, однако, не пришлось. Так же как и спеть с голосистым Никитой Сергеевичем Хрущевым. Во время их встречи на приеме по случаю Дня Независимости США в американским посольстве в Москве Никита Сергеевич попросил переводчика пояснить «мистеру Пирсу», что в силу большой загруженности государственными делами он не смог побывать на его концерте, но наслышан о его прекрасном голосе. Несмотря на столь лестную похвалу, во время посещения Большой московской хоральной синагоги Пирс ответил решительным отказом на просьбу шамеса прочесть молитву со словами благословения в адрес Никиты Сергеевича, а заодно и Булганина, Молотова и других советских руководителей. «Ша! Ша, мистер Пирс, не сердитесь!» - на чистом идиш стал успокаивать его шамес, поспешно переведя разговор на другую тему.

Уже по возвращении в Америку Пирс отказался выступить в Белом доме на приеме, который президент Никсон устраивал в честь президента Франции Жоржа Помпиду. Накануне визита в США Помпиду наложил вето на продажу Израилю боевых истребителей «Мираж», разрешив их поставку арабским странам. «Если он (Помпиду) так сильно любит арабов, - прокомментировал свой отказ Пирс, - то пусть они и поют для него».

Пирс неоднократно посещал с концертами Израиль и в течение многих лет делал щедрые пожертвования на нужды репатриантов и укрепление экономики еврейского государства.

Оставив в конце 60-х оперную сцену, Жан Пирс продолжил концертную деятельность, успешно выступал в оперетте (лучшие с блеском исполненные партии - Эдвин в «Королеве чардаша» и Тасилло в «Марице» И. Кальмана, Данила в «Веселой вдове» Ф. Легара). В 1971 году 67-летний Пирс дебютирует на Бродвее в роли Тевье в мюзикле Джереми Бока «Скрипач на крыше». По отзыву музыкального критика газеты «Нью-Йорк Таймс» Клайва Бернеса: «Жан Пирс - несомненно лучший из всех известных ранее исполнителей роли Тевье на бродвейской сцене».

Кроме выступлений на сцене и в концертах, Жан Пирс снялся в нескольких фильмах. Один из них - «Прощай, Колумб» - был снят его сыном, известным режиссером Голливуда Ларри Пирсом.

Певческая карьера Жана Пирса не прекращалась до последних дней его жизни. Он участвовал в концертах, теле- и радиопередачах, в качестве кантора вел богослужения в крупнейших синагогах Америки. Последний концерт с участием Жана Пирса состоялся 2 мая 1982 в Дайтоне (штат Огайо). Он выступил с молодежным хором синагоги Бет-Эйбрахам.

«...А сейчас, леди и джентльмены, слушайте и наслаждайтесь волшебным голосом нового Карузо!» - так в начале певческой карьеры Пирса представил его однажды публике ведущий концерта. «Леди и джентльмены, - выйдя на сцену, поправил ведущего моложавый с «волшебным голосом» певец, - Я вовсе не «двойник» великого Карузо. Мое имя - Жан Пирс».

Среди выдающихся исполнителей в истории вокально-оперного искусства он так и остался: ни на кого не похожим, единственным и неповторимым - Жаном Пирсом.

Июнь 2011

19 ОПЕРАЦИЯ «СОЛО»

В истории Америки Моррис Чайлдс стал пятым человеком из числа гражданских лиц, награжденных медалью «За заслуги в области национальной безопасности» (National Security Medal). Была у него еще одна награда. В 1977 году, в день его 75-летия, на приеме в Кремле Леонид Ильич Брежнев вручил Моррису Чайлдсу орден Красного Знамени.

Долгие годы Моррис Чайлдс был членом ЦК компартии США. В январе 1959 года на первом заседании открывшегося в Москве совещания представителей коммунистических и рабочих партий Моррис Чайлдс был единогласно избран его секретарем. Как-то вечером, после очередного заседания, закладывая в сейф документы, Моррис по неосторожности поранил дверцей мизинец левой руки. Врачам пришлось сделать ему срочную операцию, и к их удивлению (и восхищению), он отказался от наркоза. Утром перед открытием очередного заседания о случившемся доложили Хрущеву. Выйдя на трибуну, Никита Сергеевич рассказал присутствующим о героизме «товарища Морриса», который решился на операцию без наркоза и, несмотря на невыносимую боль, перенес ее без единого стона, показав тем самым высочайший пример беспредельного мужества и большевистской стойкости духа. Никита Сергеевич попросил героя выйти на сцену. Дружески обняв его, Хрущев поднял вверх его руку с перебинтованным пальцем и вновь обратился к присутствующим: «Если бы вдруг случилось непоправимое и товарищ Моррис лишился пальца, мы бы замуровали его палец в Кремлевской стене!» Зал взорвался громом аплодисментов.

А вот еще один памятный эпизод из биографии Морриса Чайлдса. В начале апреля 1973 года его срочно вызвали в Москву для консультации «с советскими товарищами»: на июнь был запланирован визит Леонида Ильича Брежнева в Соединенные Штаты. На следующий день после приезда «товарищ Моррис» был приглашен на завтрак в кабинет заведующего Международным отделом ЦК КПСС Бориса Пономарева.

ЗНАМЕНИТЫЕ ЕВРЕИ АМЕРИКИ

Переводчица Пономарева, дочь советского дипломата Наташа, покорила Морриса не только своей красотой. Голубоглазая блондинка, с фигурой американского тинейджера, она еще и превосходно говорила по-английски. Слегка смутившись, красавица Наташа попросила у Морриса разрешения задать ему «один деликатный вопрос».

- В какой одежде вы бы посоветовали поехать товарищу Брежневу в Америку?

«Надо же, - подумал про себя Моррис, - человек, который стоит во главе огромной страны, спрашивает меня, 72-летнего еврея из Чикаго, в каком костюме ему ехать в Америку».

- Американцы, - стал советовать он, - привыкли видеть государственных деятелей в таких костюмах, какие носят, например, премьер-министр Великобритании или государственные деятели любой другой европейской страны. Они смеются всякий раз, когда видят Фиделя в военной форме. Поэтому я думаю, - продолжал советовать Моррис, - советские портные должны пошить товарищу Брежневу несколько модных костюмов, желательно светлых тонов; кроме того, можно приобрести костюмы в Лондоне, Милане или Нью-Йорке.

Слушая советы Морриса (старательная Наташа переводила их Пономареву дословно), Борис Николаевич встал и, подойдя к своему давнему другу, крепко его обнял.

- Моррис, - сказал он, - ты оказал нашей партии и лично товарищу Брежневу еще одну неоценимую услугу. Несмотря на возраст и слабое здоровье, ты без устали продолжаешь отдавать всего себя партийной работе и нашему общему делу - построению коммунизма во всем мире! Я счастлив, что вот уже в течение многих десятилетий являюсь твоим близким и преданным другом.

Отдавать всего себя партийной работе и построению коммунизма во всем мире Моррис Чайлдс начал с юношеских лет.

```
                                      Секретно. 3 копии.
31 января 1938 года.

                      Характеристика

   Чайлдс Моррис - член Центрального комитета
коммунистической партии США, секретарь городской
парторганизации Чикаго (Иллинойс). Родился в
Чикаго в 1902 году. Еврей. Отец - сапожник.
   ...Тов. Чайлдс имеет начальное школьное
```

образование. По специальности - обувщик. Жена Чайлдса - член компартии США с 1919 года, по специальности - швея. Имеет родственников в Киеве по фамилии М. и Ю. Лерман. Оба рабочие. 17 января 1938 года товарищи Браудер, Фостер и Райан (руководители компартии США) дали следующую характеристику тов. Чайлдсу: «...Политически благонадежен, предан коммунистическим идеалам».

(Белов).

Товарищ Белов, ответственный работник Коминтерна, подписавший характеристику, ошибался: Моррис Чайлдс, настоящее имя которого было Мойше Чиловский, родился не в Чикаго, а в Киеве. Самые ранние воспоминания детства – испуганные глаза матери, перекошенные от злобы лица погромщиков, медные пуговицы на шинелях однажды ночью ворвавшихся в дом жандармов. Они арестовали отца: после случившегося погрома 28-летний сапожник Иосиф Чиловский был обвинен в подстрекательстве к свержению царской власти. По приговору суда его отправили на поселение в Сибирь. Бежав из ссылки, Иосиф добрался до Одессы и сумел тайком пробраться на сухогруз, уходивший в далекую Америку. 15 марта 1910 года судно прибыло в порт Галвестон, штат Техас. В Чикаго, куда забросила Иосифа судьба, он стал сапожничать и полтора года спустя, скопив деньги, выслал оставшейся в Киеве семье билеты на пароход и документы на въезд в Америку. 11 декабря 1911 года Иосиф Чиловский, ставший к тому времени Джозефом Чайлдсом, встречал на причале Элис Айленда жену Нехаму и двух сыновей - девятилетнего Мойше и шестилетнего Якова. Еще через год юные Мойше и Яков стали Моррисом и Джеком Чайлдс.

С детских лет Моррис помогал отцу в работе. Рано повзрослев, в пятнадцатилетнем возрасте он устроился в небольшую компанию по доставке на дом молока и молочных продуктов и стал посещать собрания социалистов. В 1919 году семнадцатилетний Моррис становится членом только что созданной компартии Америки. В середине 20-х на «красного молочника», как называли Морриса товарищи по партии, обратил внимание генеральный секретарь КПА Эрл Расселл Браудер. Жена партбосса, русская по происхождению, работала в Москве, в ОМСе - отделе международных связей Коминтерна, а ее родная сестра - в иностранном отделе НКВД. По личному распоряжению генсека «товарищи» снабдили Морриса поддельным паспортом на имя Гарри Саммерса, рабочего из Детройта, билетом на пароход «Ile de France» и дали на дорогу двести долларов. В начале января 1929 года Моррис оказался в Москве и стал слушателем партийной школы им. Ленина при Коминтерне. Обучение в «Ленинке» было рассчитано на два года. Кроме общеобразовательных предметов, таких как «Основы марксизма-ленинизма» и «История ВКП(б)», слушателям читали лекции и по другим, не менее «важным» предметам. Темы были увлекательными: «Экспорт революции», «Подготовка и организация государственных переворотов», «Партизанская война в городе и сельской местности», «Саботаж»... На семинарских занятиях студенты «Ленинки» изучали радио- и шифровальное дело, тайнопись, на практических занятиях овладевали навыками сбора секретной информации, вербовки агентов, устройства тайников и пользования ими. А также «отрабатывали» нападения на банки, военные объекты, осваивали подрывное дело (в том числе и взрывы железнодорожных составов и складов с горючим) - чему только не учили питомцев «Ленинки» опытные преподаватели, большинство из которых были агентами ГПУ.

Набравшись марксистско-ленинского ума-разума и с помощью ГПУшных наставников, успешно овладев основами шпионского ремесла, выпускник «Ленинки» тридцатилетний Моррис возвратился в Америку членом ВКП(б) и агентом-информатором ГПУ.

Когда Моррис еще находился на «партийной учебе» в Москве, товарищ Браудер предложил его младшему брату Джеку место менеджера Молодежной коммунистической лиги США. Вскоре вслед за Моррисом по поддельному паспорту на учебу в Москву в «Ленинку» отправился и Джек.

Тем временем, следуя директиве Коминтерна, Браудер предложил Моррису выставить свою кандидатуру на выборах в Сенат США от штата Иллинойс. В разгар избирательной кампании газеты зашумели о «Большом терроре» в первой в мире стране победившего социализма, где товарищи чекисты по указанию и под мудрым руководством товарища Сталина принялись «железной беспощадной метлой» вычищать из партии «врагов народа». Понятно, что избиратели (среди них были и члены компартии) отдали свои голоса не Моррису, а его сопернику. Вскоре случилось и вовсе непредвиденное: 23 августа 1939 года товарищ Молотов и нацистский министр иностранных дел фон Риббентроп подписали протокол о заключении советско-германского пакта. Моррис позвонил Браудеру: «Как мы, руководители КПА, должны теперь объяснять рядовым членам партии преступный сговор большевиков с нацистами?» - поинтересовался он. Товарищ Браудер оставил вопрос без ответа.

В 1945 году новый генсек КПА Юджин Деннис (тоже выпускник «Ленинки») предложил Моррису переехать в Нью-Йорк и занять должность редактора газеты «Daily Worker». Но спустя три года в результате очередной партийной чистки Моррис был освобожден с поста секретаря ЦК и должности редактора. Джек, работавший продавцом в магазине электротоваров, несколько лет материально поддерживал брата.

4 декабря 1951 года сотрудники ФБР Эдвард Бэкли и Герберт Ларсен остановили возвращавшегося с работы домой Джека. На следующий день при встрече в номере Tudor Hotel они в доверительном и откровенном разговоре предложили Джеку сотрудничать с ФБР. Джек согласился, признавшись, что и сам давно разочаровался в коммунистической идее, отошел от активной партийной работы и состоит в партии лишь формально.

- Может быть, и брат ваш согласится сотрудничать с нами? - спросил Джека один из агентов.

- Впрочем, он может и отказаться от нашего предложения: дело добровольное, мы никого не принуждаем, - добавил другой.

Когда мир узнал о миллионах загубленных в сталинском ГУЛАГе, Моррис и сам стал все чаще задумываться, в какой «замечательной» партии он состоит, на кого работает и кому служит.

Однако когда один из руководителей КПА извинился перед Моррисом за незаконное увольнение с должности редактора и попросил его оказать партии услугу - наладить старые связи с русскими коммунистами - Чайлдс согласился. В Москве, куда он вскоре прибыл уже будучи секретарем КПА по международным связям и агентом ФБР, состоялась его встреча с Борисом Пономаревым. Пономарев поинтересовался, не может ли «товарищ Моррис» установить надежные каналы связи для передачи денег - постоянных субсидий, которые ЦК КПСС планирует ежегодно выделять американской компартии на «партийное строительство». Моррис ответил, что готов выполнить поручение ЦК КПСС и что у него есть надежные связи для получения денег через канадских товарищей. 19 сентября 1958 года Моррис и Джек получили от прибывшего из Торонто курьера первые 24,000 долларов. Моррис и Джек, агенты ФБР «58» и «69», начали работать дуэтом, и поскольку солировал в дуэте в основном Моррис, в ФБР операция получила кодовое название SOLO. В конце 1958 года «семейный бизнес» братьев Чайлдс с Москвой стал курировать резидент КГБ в Нью-Йорке Владимир Барковский, в то время, между прочим, и куратор молодого Олега Калугина. Зря Россия объявила Калугина предателем: в своей книге «Прощай, Лубянка!», кроме резидента КГБ в Нью-Йорке Владимира Барковского, он так и не назвал имена агентов, отвечавших за связь с компартией США, передачу ей инструкций ЦК КПСС и валюты. Но ФБР хорошо знало каждого из связников братьев Чайлдс. Вслед за Барковским в 1962 году им стал Валентин Зайцев, затем в 1962-63 - Владимир Чугункин и еще добрый десяток агентов, работавших «под крышей» советских представительств в Нью-Йорке и Вашингтоне.

За период с 1958 по 1980 годы агенты ГБ передали через Морриса и Джека компартии США более 28,000,000 долларов. Обычно прибывавшее из Москвы от КПСС donation Моррис и Джек получали от своих связников по субботам в условленных местах, в пригородах Нью-Йорка. За каждой такой операцией по передаче денег наблюдали сотрудники ФБР, готовые в любую минуту защитить братьев, а заодно - их агентов-дарителей от нападения случайных грабителей.

В воскресенье утром Моррис вызывал «такси», за рулем которого сидел агент ФБР. В офисе ФБР, в «отделе доставки валюты» пакеты с деньгами вскрывали, записывая в реестр номер каждой купюры. Затем деньги снова запечатывали в пакеты и отвозили «на хранение» в сейф отделения Hanover Trust Company. Расходование денег на «партийные нужды» проводилось по личному распоряжению генерального секретаря партии Гэса Холла. «Кассир» - агент ФБР - переводил «нужные» суммы на счет предъявителя, после чего, сняв деньги со счета, Моррис или Джек передавали их Гэсу Холлу. Часть партийных денег - 250,000 долларов - Моррис держал в сейфе, смонтированном агентами ФБР в подвале его дома. Еще 100,000 долларов хранились в сейфе, который установили агенты ФБР в кабинете Джека. 15 числа каждого месяца сотрудники ФБР проводили учет счетов и чеков и производили проверку выплаченных компартии денег, таким образом зная на какие цели был потрачен каждый доллар. Если Моррис находился в дальней поездке, все финансовые операции по распоряжению Гэса Холла выполнял Джек или жена

ОПЕРАЦИЯ «СОЛО»

Морриса Ева, его верная помощница и агент ФБР «66».

Но не одним «бизнесом» с Москвой занимались братья Чайлдс. По поручению ЦК КПСС, а иногда и по личной просьбе Хрущева, Брежнева, Пономарева, Суслова и Андропова они отправлялись в поездки по странам, чтобы выполнить очередное «партийное задание». Так, в 1958-59 гг. Моррис дважды вылетал в Пекин и Шанхай уговаривать товарища Мао пойти на сближение с Москвой. В начале шестидесятых он вместе с братом «гасил» кубинский кризис, встречаясь с Фиделем и Раулем Кастро, налаживал контакты между Москвой и Гаваной, устанавливал надежные связи для передачи из Москвы для компартии США денег КПСС через Гавану и Мехико.

Весть об убийстве президента Кеннеди в ноябре 1963 года застала Морриса в Москве. Не на шутку встревоженные и перепуганные Пономарев и Суслов попросили Морриса срочно вылететь в Нью-Йорк и «совместно с Гэсом Холлом принять необходимые меры, чтобы американское правительство и народ не подумали, будто покушение на президента - дело рук КГБ». Подробный отчет Морриса о его беседе с Пономаревым и Сусловым был передан ФБР и комиссии Уоррена. По поручению ЦК КПСС Моррис посетил Берлин, Варшаву, Будапешт и Прагу, где уговаривал руководителей «братских партий» с «пониманием» отнестись «не к вторжению», боже упаси, а к «вводу» советских войск в Чехословакию для оказания ее народу интернациональной помощи. Всего за двадцать лет тесных контактов с ЦК КПСС и КГБ Моррис совершил 52 поездки в Москву и множество поездок-миссий в столицы других стран мира. В двадцати поездках его сопровождала Ева.

Моррис пользовался беспредельным доверием первых лиц партии и Советского государства. Обсуждая с ним проблемы международной политики, они часто принимали решения, которые он им подсказывал. Получив очередные инструкции от своих шефов из ФБР, Моррис в разговоре с Брежневым и другими советскими лидерами обычно задавал им вопросы, ответы на которые интересовали Госдепартамент, Комитет по национальной безопасности, Министерство обороны США и ЦРУ. Копии письменных отчетов Морриса о всех его поездках в Москву и столицы других стран мира и переговорах с их лидерами ФБР направляло в Белый дом, где с ними знакомился президент и несколько сотрудников президентской администрации, отвечающих за внешнюю политику США. Рапорты и донесения Морриса содержали исключительно ценную информацию, помогали правительству США вовремя предпринимать те или иные практические действия, чтобы не допускать ошибок при решении вопросов внешней политики.

Последние два визита Морриса в Москву состоялись в 1977 году. 9 июня 1977 года, накануне 75-летия Морриса, в номере московской гостиницы, где он остановился, появился работник аппарата ЦК Анатолий Черняев (будущий помощник Горбачева) и от имени Леонида Ильича Брежнева пригласил его в Кремль на «рабочий обед». На следующий день, выйдя из гостиницы в сопровождении двух агентов ГБ, Моррис увидел у входа припаркованный черный лимузин. «Не провал ли это? Неужели они приехали арестовать меня?» - подумал Моррис, увидев сидевшего в машине шефа КГБ Юрия Андропова.

Когда Моррис сел в машину, Андропов, поздоровавшись, сказал: «Дорогой друг! Я рад снова видеть вас здесь, в Москве. Леонид Ильич попросил меня лично сопровождать вас в Кремль на встречу с вашими старыми товарищами и друзьями».

Юрий Владимирович открыл двери одного из кабинетов - обеденного зала. Увидев Морриса, Брежнев, Суслов, Пономарев и другие члены ЦК нестройными голосами затянули «Happy Birthday To You»; в то время как приглашенный квартет исполнителей, одетых в военную форму, под аккомпанемент аккордеониста стал снова исполнять на английском, а затем и русском языках «Happy Birthday...», руководители партии по очереди подходили к «агенту 58» и горячо поздравляли его с юбилеем. Усадив виновника торжества за стол рядом с собой - по правую руку, Брежнев провозгласил тост за «большого друга Советского Союза, настоящего большевика-ленинца, нашего дорогого товарища Морриса». Стоя все выпили за здоровье именинника и аплодировали юбиляру. После второго тоста - за здоровье «дорогого и любимого Леонида Ильича» - Брежнев встал из-за стола и, надев очки, начал с выражением читать по бумажке, проявив себя «талантливым актером» (как отметил в отчете для ФБР о праздновании в Кремле своего дня рождения Моррис). «Товарищ Моррис вступил в коммунистическую партию в 1919 году. Кто из присутствующих здесь, - обвел взглядом Леонид Ильич сидящих за столом, - может сравниться с ним таким огромным стажем? Секретарь Международного отдела компартии США товарищ Моррис зарекомендовал себя как стойкий и мужественный борец за дело коммунизма, который не жалеет сил для сплочения братских коммунистических и рабочих партий всего мира». Заканчивая свою речь, Брежнев снова обратился к Моррису: «От имени коммунистической партии Советского Союза, советского народа и присутствующих здесь моих товарищей я имею честь наградить товарища Чайлдса орденом Красного Знамени. Такую же награду мы вручим и его брату Джеку, когда он в следующий раз приедет в Москву».

После последнего визита Морриса в Москву руководство ФБР решило вывести своих агентов из опасной игры с КГБ. В день, когда Моррис по приглашению советского руководства должен был в очередной раз лететь в Москву, машина скорой помощи доставила его в Mayo Clinic. Утром следующего дня у одного из входов в нью-йоркскую подземку связнику Морриса было оставлено сообщение о его болезни. Встревоженные состоянием здоровья «товарища Морриса» руководители КПСС послали в Нью-Йорк гонца: 7 декабря 1979 года Николай Мостовец, заместитель Бориса Пономарева, предложил Моррису поехать на лечение и отдых в один из санаториев ЦК. Моррис вежливо отказался: «Врачи не советуют мне при нынешнем состоянии здоровья совершать дальние поездки».

В начале 1980 года ФБР приняло решение о дальнейшей судьбе своих агентов и о прекращении «Операции SOLO».

С родной коммунистической партией Моррис расстался красиво: он подал Гэсу Холлу прошение об отставке и передал ему 225,437 долларов.

11 мая 1980 года от сердечного приступа скончался 73-летний Джек, о чем Моррис поставил в известность ЦК КПСС через резидента КГБ в Нью-Йорке Константина Корявина. Вскоре он получил сообщение из Москвы о награждении Джека орденом Красного Знамени (посмертно). На очередную встречу с Константином Корявиным Моррис не явился. КГБ и руководители КПСС и советского государства долгие годы после загадочного исчезновения Морриса и его жены не знали, что же случилось с их давними друзьями и надежными агентами. Несколько лет КГБ занимался поисками, но так и не смог выйти на их след.

Тем временем еще десять лет после исчезновения, с 1981 по 1991 годы, Моррис и Ева жили под круглосуточной охраной агентов в приобретенном для них ФБР доме в Майами. Их часто навещали старые друзья по службе и даже племянники и племянницы Евы из Чикаго.

В конце мая 1991 года у Морриса случился очередной инфаркт. Он умер в госпитале в Майами за восемь дней до своего 89-летия. О его смерти ФБР доложило президенту

Рейгану. 5 июня 1991 года Моррис Чайлдс был похоронен с военными почестями, как герой, на Арлингтонском кладбище в Вашингтоне. Выступавший на траурной церемонии заместитель директора ФБР Редьярд Фокс сказал: «Сегодня мы простились с самым великим шпионом Америки».

Спустя месяц после смерти Морриса сотрудники ФБР отметили день рождения Евы - ей исполнилось 90 лет. Принимая поздравления, Ева, улыбнувшись, сказала одному из агентов: «Вы состарили меня на десять лет, мне ведь исполнилось только восемьдесят». Впрочем, даже ФБР не знало точную дату ее рождения.

Ева Чайлдс умерла в Майами осенью 1995 года. Перед смертью она передала, с разрешения ФБР, институту Гувера Стэнфордского университета часть документов, фотографии и дневниковые записи. Доступ к документам - свободный.

Июнь 2008

20 ДВЕ ЖИЗНИ ЗИРО МОСТЕЛЯ

Сэм Мостель, профессиональный художник, был человеком весёлым и остроумным, обладал превосходным чувством юмора. Комический актер-любитель, он подрабатывал в маленьких ночных клубах, где получал за выступления свои стандартные 2 доллара 50 центов - существенная прибавка к заработку учителя рисования - 22 доллара в неделю!

Как-то раз выступление Сэма на частной вечеринке увидел Айван Блэк, пресс-агент известного в Нью-Йорке ночного клуба «Café Society».

- Вы просто прирождённый комик и большой артист! - с восхищением стал рассыпаться в комплиментах Сэму пресс-агент. - Где вы работаете? - поинтересовался он.

- В студии, - ответил Сэм.

- Это в которой? - спросил Айван. - «Парамаунт» или «20-й век Фокс»?

- Вы шутите? Я работаю в своей студии. Я пишу картины.

- Хотите выступать в «Café Society»? - спросил Айван.

- И что, - спросил в свою очередь «прирождённый комик», - вы готовы платить в своём заведении «большому артисту» большие деньги?

- Сотня в неделю, вас устроит? - сразил Сэма наповал своим предложением пресс-агент. - Если согласны, я порекомендую вас хозяину.

- Послушайте, Мостель, - взглянув при встрече на Сэма, сказал ему владелец клуба Бэрни Джозефсон, - прежде всего хотел бы заметить, что для еврея путь к известности и успеху в шоу-бизнесе далеко не лёгок. И хотя среди самых знаменитых комедиантов, певцов и кинозвезд много евреев, для начала большинству из них пришлось сменить свои имена и фамилии. Вот смотрите: по моему совету Джекоб Гелман - сменил свое имя на Джек Гилфорд. Так же, по моему совету, поступил и Дэнни Кэй: ещё недавно он звался Дэвид Камински. Теперь под новыми именами и фамилиями их знает вся Америка.

Фамилия Мостель, конечно, может принадлежать человеку

любой национальности. Но Сэм Мостель это явно - еврей. Ну, вы согласны поменять имя?

- Собственно, мне все равно, как меня будут называть, - ответил Сэм. - Лишь бы выступать на эстраде.

- Почему бы вам не взять, к примеру, имя Зиро? – посоветовал Сэму, вступивший в разговор Айван Блэк. - В смысле – парень, который начал свою карьеру в шоу-бизнесе с нуля. Имя Зиро - Нуль, разве не смешно?

- Прекрасно! - воскликнул Сэм. - Но еще смешнее будет, если на вопрос публики, откуда у меня такое имя, я отвечу: это потому, что в школе я никогда не получал оценок выше зиро, и еще потому, что на моем банковском счете - зиро, ноль баксов.

Сэмюэль Джоэл, сын Израиля Мостеля и Цили Друкс, иммигрантов из Польши, родился в Бруклине 28 февраля 1915 года. Сэмми рано проявил интерес к рисованию, и мать стала водить его, семилетнего, в Метрополитен-музей, где он делал копии с картин известных художников. «Посмотри на нашего Сэмми, - с гордостью говорила мужу Циля, - он еще совсем ребенок, а рисует, как взрослый». Когда со временем Сэм стал известным художником, мама, увидев на выставке его абстрактные картины, заметила: «Посмотрите на Сэма, он уже достаточно взрослый, а рисует совсем, как ребенок!» Чувство юмора, судя по всему, Зиро Мостель унаследовал от мамы.

Еще в школе Сэм посещал художественную студию при Еврейском центре Бруклина. Успехи юного художника были столь поразительны, что все родственники, друзья и знакомые Израиля и Цили не сомневались: в их семье растет «будущий Рембрандт». После окончания школы Сэм продолжил художественное образование в Сити-колледже, затем поступил на художественный факультет Нью-Йоркского университета. Но стать магистром искусств ему так и не пришлось. В 1939 году его угораздило жениться на сокурснице, дочери владельца ресторана Кларе Свирд. Чтобы содержать семью, Сэм бросил университет и нашел место школьного учителя рисования. Зарабатывал он мало, и Клара часто донимала его советами сменить профессию на более «выгодную»: пойти работать на почту или, еще лучше - в заведение ее отца.

Неудивительно поэтому, что мастерская которую Сэм снимал с тремя художниками и в которой проводил долгие часы, стала для него вторым домом. Однажды, когда он работал в мастерской, Клара съехала с их квартиры на Парксайд авеню в Бруклине, прихватив с собой в числе прочих вещей еще и люстру - свадебный подарок родителей Сэма.

Расставшись с Кларой, но не со своей мечтой стать известным художником, Сэм стал отдавать много времени любимому занятию - художественному творчеству. При этом он успевал преподавать в школе, посещать митинги социалистов, на которых участвовал в горячих политических дискуссиях, и читать лекции по истории живописи в нескольких музеях. Свои лекции Сэм превращал в занимательное шоу, рассказывая слушателям анекдоты, смешные истории и развлекая их бесконечными остротами и шутками собственного сочинения. Его стали приглашать на частные вечеринки и в ночные клубы богемного района Гринвич-Виллидж, где он выступал как артист разговорного жанра.

Встреча Сэма с Айваном Блэком изменила его дальнейшую судьбу. 16 февраля 1942 года, за две недели до своего 27-летия, уже под именем Зиро Мостель, он дебютировал в ночном клубе «Café Society». Первое же выступление Зиро на сцене клуба стало настоящей сенсацией. В тот вечер он не только смешил публику легковесными шутками, но и в своих сатирических монологах и куплетах зло высмеивал Гитлера, Муссолини, известных политиков - расистов и антисемитов, симпатизирующих нацистам обывателей.

Успешные выступления на сцене знаменитого клуба открыли ему путь на Бродвей. После участия в нескольких бродвейских шоу и двухнедельных выступлений в «Paramount Theater» Мостель, по единодушному мнению театральных критиков, превратился из «клубного комедианта в звезду Бродвея». Росту популярности Зиро способствовали также его участие в различных музыкально-развлекательных передачах на радио и комедийные роли в кино. В рецензии, опубликованной в журнале «Лайф», Зиро был назван «самым смешным из современных американцев». Став самым смешным американцем, бывший школьный учитель Сэм, недавно получавший за свой труд смешные деньги - 22 доллара в неделю, стал зарабатывать в неделю более пяти тысяч долларов!

Фортуна, как известно - барышня изменчивая: призванный в марте 1943 года в армию Зиро сел на денежное солдатское довольствие - 21 доллар, причем не в неделю, а в месяц.

Его служба на военной базе в Северной Каролине оказалась недолгой. Уже спустя полгода рядовой Зиро Мостель был комиссован по состоянию здоровья. Истинной же причиной его увольнения из армии послужила вовсе не язвенная болезнь: командованию части надоели постоянные доносы сослуживцев Зиро о его политической неблагонадежности, левых взглядах и коммунистической пропаганде, которую он якобы вел среди военнослужащих. Вернувшись в Нью-Йорк, Зиро возобновил свои выступления в «Café Society», где познакомился с Кэйт Харкин, 23-летней танцовщицей и актрисой театра «Радио-Сити Мюзик-Холл». Кейт стала его второй женой. В браке родились двое их сыновей.

В первые послевоенные годы Зиро с успехом играл на театральной сцене, довольно удачно складывалась его карьера в кино. В 1950 году он снялся в оскароносном фильме Элиа Казана «Паника на улицах», год спустя - еще в нескольких картинах, наиболее заметные из них - «Сирокко», «Насаждающий закон», «Модель и сваха».

В начале пятидесятых Зиро Мостель во времена маккартизма был обвинен в принадлежности к членству в компартии и прокоммунистической деятельности. На слушаниях Комиссии по расследованию антиамериканской деятельности Зиро, устраивал настоящую комедию, заставляя покатываться со смеху не только находившуюся в зале заседаний публику, представителей прессы и операторов телевидения, но и своих гонителей.

- Чем вы занимались в Голливуде? - спросил его член Комиссии Фрэнк Тэвиннер.

- Дорогой друг! - вежливо ответил ему Зиро, - я снимался там в фильмах на студии «19-й век Фокс».

- Я бы попросил вас более уважительно относиться к названиям наших американских киностудий, - сделал замечание Зиро Тэвиннер и добавил: - Как я понял, в Голливуде вы работали по контракту со знаменитой студией «20-й век Фокс»?

- Да нет же! Скорее всего она называлась «18-й век Фокс», - под смех зала ответил Зиро. - В общем, точно не помню...

На вопрос Тэвиннера, что послужило причиной, побудившей его изменить свое настоящее имя на Зиро, он ответил: «катастрофическое финансовое положение, сэр: полное отсутствие денег на моем банковском счете».

Не Зиро ли Мостель стал прототипом одного из персонажей рассказа «Каддиш о недостойном Вайнштейне» Вуди Аллена?

«Все так называемые друзья Вайнштейна прошли слушания Комиссии по расследованию антиамериканской деятельности. Блотника привела туда за руку собственная мама. Шарпштейн пришел сам, признался, что финансировал Гражданскую войну в России и добавил, что подарил лично Сталину столовый сервиз. Он наотрез отказался назвать

имена товарищей, с которыми встречался на митингах единомышленников, но обязался - если таково будет требование Комиссии - сообщить рост каждого из них. Это сохранило ему возможность каждое воскресенье покупать пиво в Филадельфии».

То, что Зиро наотрез отказался назвать имена товарищей, с которыми встречался на митингах единомышленников, это истинная правда, а про рост Вуди Аллен придумал.

Любимым же напитком Зиро был не пиво, а кофе, любимой едой - сэндвичи с пастромой. Чтобы сохранить возможность пить кофе с сэндвичами, лишившись работы на радио, театральной сцене и в кино, он стал зарабатывать на жизнь продажей картин. В мрачные годы «охоты на ведьм», когда сотни актеров театра и кино, теряя работу, становились агентами по страховке, торговали парфюмерией, дамским бельем, игрушками и стройматериалами, Зиро занимался своим любимым делом - творчеством. Занятие живописью, по словам одного из друзей Зиро, спасло ему жизнь: в списке жертв маккартизма, покончивших жизнь самоубийством из-за запрета на профессиональную деятельность, оказалось немало его коллег по актерской профессии. «Однажды взяв в руки кисть и краски, я уже не представлял свою жизнь без искусства, - рассказывал о себе в одном из интервью Зиро Мостель. - Живопись стала моей любовью».

Свои ранние живописные работы - портреты, пейзажи, натюрморты - он писал в традиционной академической манере. В дальнейшем, в поисках собственного художественного стиля, Мостель постоянно пытался осваивать новую технику письма, менялась и тематика его работ.

«Отец, как одержимый, мог часами простаивать за мольбертом, любил все, что было связано с самим процессом создания картины, - вспоминал младший сын Зиро Мостеля Тобиас, написавший предисловие к каталогу работ отца. - Он любил запах скипидара. Он коллекционировал старые бутылки из-под льняного масла, пузырьки из-под чернил, карандаши и перьевые ручки, кисти, свинцовые тюбики с краской - держать все эти предметы в руках и рассматривать их всегда было для него удовольствием и радостью».

Большинство живописных работ Зиро Мостеля написаны в ярких тонах экспрессивными широкими мазками с преобладанием пурпурного, красного и коричневого цветов. В некоторые свои картины под влиянием работ Пикассо он вводил таинственные каббалистические знаки и символы, декорировал их фрагментами восточного орнамента и древнееврейской каллиграфии.

Работы написанные Зиро Мостелем в период эпохи маккартизма - отражение его переживаний. Таковы картины из цикла «Памяти жертв атомных бомбардировок» и многочисленные холсты на еврейскую религиозную тематику. Зиро Мостель много и напряженно работал, создав за свою жизнь более двадцати тысяч(!) живописных работ, акварелей, гравюр, рисунков и коллажей. Его работы выставлялись во многих известных галереях и музеях, в том числе в Национальной Портретной Галерее художественного Музея Смитсониан, Музее искусств Уитни, Музее современного искусства Нью-Йорка, Бруклинском музее, Национальном Музее Израиля в Иерусалиме.

Через восемь лет, когда эра маккартизма окончилась, Зиро Мостель снова вернулся на театральную сцену и в кино. Триумфальным, иначе и не назовешь, стало его возвращение на Бродвей, где он стал первым исполнителем роли Тевье в мюзикле Джерри Бока «Скрипач на крыше».

В 1967 году Зиро снялся в роли князя Потемкина в комедии «Екатерина Великая» в компании с блистательным дуэтом - Жанной Маро и Питером О'Тулом. Лучшей же из работ Зиро Мостеля в кино (и самой знаменитой), стала комедийная роль бродвейского продюсера Макса Бялыстока в культовом фильме Мела Брукса «Продюсеры». (За годы своей кинокарьеры Зиро Мостель снялся более чем в двадцати фильмах и нескольких телевизионных сериалах).

Его наиболее значимые театральные работы - роли в бродвейских мюзиклах по классическим произведениям: «Мнимый больной» по Мольеру и «Уллис» по Джойсу. Роль Шейлока в спектакле по пьесе Шекспира «Венецианский купец» стала для него последней.

Он умер 8 сентября 1977 года.

Сыновья Зиро Мостеля унаследовали незаурядный талант отца: старший, Джошуа сегодня один из успешных голливудских актеров, младший, Тобиас - одаренный художник, профессор живописи Флоридского университета.

Октябрь 2011

21 ШИРЛИ ПОВИЧ: РОМАН С ГАЗЕТОЙ ДЛИНОЮ В ЖИЗНЬ

Ветеран спортивной журналистики Ширли Пович был свидетелем и летописцем наиболее значимых событий в истории американского и мирового спорта XX века. Он прожил 92 года, и за свою 75-летнюю карьеру спортивного обозревателя газеты «Вашингтон пост» написал более 15 тысяч колонок.

«Согласно еврейской традиции называть детей именами предков, - вспоминал Ширли Пович, - родители решили назвать меня в честь бабушки Сары, однако же, мужским именем. И выбрали мне, по их мнению, наиболее подходящее - Shirly. В этом не было ничего странного, - пояснял он, - до начала XX века имя Ширли, наряду с именами Марион и Эвелин, считалось мужским». «В школе, где я учился, - вспоминал Ширли Пович, - я знал, по меньшей мере, еще четырех мальчишек по имени Ширли».

Из-за необычного для мужчины имени с Ширли Повичем не раз случались курьезные и забавные случаи. Так, в ноябре 1944 года расквартированные на военной базе тихоокеанского флота на острове Ангуар морские пехотинцы с интересом отнеслись к новости о предстоящем прибытии в их дивизион не иначе чем отчаянно храброй (все-таки война), журналистки по имени Ширли. Столь ожидаемая морпехами встреча с журналисткой по имени Ширли, однако, не состоялась: прибывшим в дивизион военным корреспондентом оказался 39-летний мужчина - известный журналист Ширли Пович. А однажды Ширли получил предложение от активисток женского движения вступить в члены «Национальной Лиги женщин-писателей».

Еще более курьезный случай произошел в 1958 году, когда солидное чикагское издательство «Маркус», выпускавшее каталоги «Кто есть кто в Америке», отправило на имя «мисс Ширли Пович» в газету «Вашингтон Пост» письмо с просьбой выслать краткие биографические сведения для включения её имени в каталог «Кто есть кто среди американских женщин». И это при том, что Ширли был мужем, отцом троих детей, и его фотографию с текстом колонки из «Вашингтон пост» перепечатывали десятки других газет. Немало удивившись письму, Ширли отправил его в корзину для мусора. Однако после выхода каталога в свет читатели обнаружили в нем краткую биографическую справку о известной спортивной журналистке Ширли Пович. Газетчики не замедлили раструбить эту новость по всей стране, а заодно и вдоволь понасмехаться над горе-издателями. Так, газета «Лос-Анджелес Таймс» на одной из своих страниц поместила фотографии первой леди Мэмми Эйзенхауэр, Элизабет Тейлор, Элеоноры Рузвельт и Ширли Повича. С сигарой.

Друг Ширли, известный журналист и телекомментатор Уолтер Кронкайт, направил ему телеграмму: «Мисс Пович, не хотите ли вы взять меня в жены?» Издательство поспешило направить Ширли свои извинения в надежде замять инцидент. В ответ в присущей ему ироничной манере Ширли заметил: «Поскольку скоро в нашем мире мужчинам вообще уже не найдется места, то я даже рад тому, что меня официально признали женщиной».

Ширли, седьмой из девяти детей Натана и Розы Пович, эмигрантов из Литвы, родился в городке Бар Харбор, штат Мэн, 15 июля 1905 года. Бар-Харбор, небольшой городок, в котором родители Ширли держали мебельный магазин, был популярным курортом, где в летние месяцы отдыхали первые богачи Америки: Рокфеллеры и Вандербильты, Морганы и Асторы, Карнеги и Шиффы. Сохранившиеся до наших дней их роскошные виллы и особняки и сегодня поражают своим великолепием заезжих туристов. Первоклассный курортный городок для богачей, Бар-Харбор, славился своим элитным гольф-клубом «Кебо Валли». В свободное от школьных занятий время Ширли подрабатывал в нем, помогая игрокам переносить их спортивный инвентарь, подавать мячи и клюшки.

Однажды после игры, гольфист, которому прислуживал Ширли, пожал ему руку и презентовал два доллара.

«Два доллара! Вот это подарок», - обрадовался Ширли свалившемуся на него от щедрого дарителя богатству. Щедрым дарителем оказался Эдвард Маклин, владелец и издатель газеты «Вашингтон пост», мультимиллионер и близкий друг президента Соединенных Штатов Уоррена

Гардинга. Щедрость Маклина на этом исчерпана не была. Видимо, у опытного издателя был нюх на таланты.

- Сынок, - ласково обратился к Ширли после завершения очередной игры мистер Маклин, - ты сказал мне, что заканчиваешь школу. И чем же ты намерен заняться осенью?

- Попытаюсь найти какую-нибудь работу, - ответил Ширли. - Хорошо бы поступить в колледж – ближайший из них находится неподалеку, в городке Брансуик, да обучение в нем платное - родителям это не по карману.

- Послушай, сынок, - сказал мистер Маклин. - Почему бы тебе не поехать со мной в Вашингтон? Я помогу тебе с работой и оплачу все расходы по учебе в своей альма-матер – университете Джоржтаун.

- Конечно же, я согласен, - обрадовался Ширли предложению мистера Маклина. - Но нельзя ли приехать в Вашингтон после еврейских праздников? В дни Рош ха-Шана и Йом-Кипур я всегда хожу с родителями в синагогу.

Маклин согласился - и по прибытии Ширли в Вашингтон выполнил свои обещания. Совмещая учебу в университете с работой в газете, Ширли старался не пропускать спортивные соревнования по бейсболу и боксу - его любимым видам спорта. В начале 20-х годов интерес к спорту был всеобщим, и Маклин, решив увеличить объем материалов спортивной тематики, открыл в газете отдел спорта. Редактором отдела, в штат которого приняли семь сотрудников, он назначил 20-летнего Ширли. Возглавив отдел, Ширли стал вести в газете авторскую спортивную колонку «Сегодня утром с Ширли Повичем». В своих ежедневных спортивных обзорах (колонка выходила семь дней в неделю) он не просто освещал спортивные события в стране и мире. Его репортажи читались как захватывающие рассказы о полных страсти и азарта спортивных поединках в самых популярных и любимых американцами видах спорта: бейсболе, боксе, теннисе, скачках, гольфе.

С приходом радиовещания, когда в эфире появились прямые трансляции спортивных соревнований, авторская колонка Ширли Повича не потеряла своей популярности.

«В спортивных обзорах Ширли часто встречались слова: «честность», «доброта», «любовь», «счастье», «дружба», - писал о Ширли Повиче один из сотрудников его отдела. - Все они свидетельствуют о том огромном уважении, с которым он относился не только к читателям, но и к героям своих репортажей - спортсменам. Многие из них были его друзьями».

ЗНАМЕНИТЫЕ ЕВРЕИ АМЕРИКИ

От одного только перечисления их имен захватывает дух - это знаменитые бейсболисты: Бейб Рут, Лу Гериг, Тед Уильямс, Микки Мантл, Джо ДиМаджио; короли ринга: Джек Демпси, Джо Луис, Рокки Марчиано, Муххамед Али; великие гольферы: Бен Хаган, Сэм Снид, Арнольд Палмер. «О многих легендах спорта, - заметил как-то Ширли Пович, - я знал даже больше, чем они сами знали о себе». Но верный принципам профессиональной этики, он никогда не позволял себе, подобно скандальным журналистам, описывать подробности их личной жизни. Его интересовал только спорт.

Освещая американские спортивные соревнования, Ширли не забывал откликаться и на главные события, происходившие в мировом спорте. Когда накануне летних Олимпийских игр 1936 года в Берлине немецкие спортивные организации изгнали спортсменов-евреев из спортивных клубов и вывели их из олимпийской сборной, Ширли Пович оказался одним из немногих журналистов, призывавших официальные лица страны и руководство Олимпийского комитета США к бойкоту «нацистской олимпиады».

Во время Второй мировой войны Ширли, отец троих детей, не подлежал мобилизации. Но он не раз обращался к руководству военного департамента с просьбой направить его в качестве военного корреспондента в Европу. И только лишь в ноябре 1944 года, получив удостоверение военного корреспондента, был прикомандирован к первому дивизиону морской пехоты, принимавшему участие в военных операциях на тихоокеанском театре военных действий.

В своих репортажах с Тихоокеанского фронта Ширли описывал кровопролитные сражения на островах и на море. Героем одного из его газетных очерков был Джо Розенталь, фотожурналист, сделавший знаменитую фотографию солдат, поднимающих флаг США на вершине горы Сурибачи – высшей точке отвоеванного у японцев острова Иводзима.

Ширли и сам мог бы стать героем газетного очерка, поскольку не отсиживался в штабе дивизиона в ожидании оперативных сводок и боевых донесений - в составах летных экипажей он часто летал в районы десантных операций по освобождению островов от японских захватчиков. Во время выполнения одного из рейдов на Иводзиму, получив при жесткой посадке самолета серьезную травму позвоночника, Ширли отказался от госпитализации. И только лишь по настойчивому требованию военврача, был отправлен в госпиталь. Сопровождаемый конвоем транспортный корабль с ранеными, на котором находился Ширли, подвергся воздушной бомбардировке. К счастью, все обошлось: бомбы прошли мимо, и корабль без повреждений прибыл на военно-морскую базу Перл-Харбор.

Вернувшись после окончания войны в газету, Ширли Пович продолжал писать на тему спорта. Популярность его колонки была столь велика, что ее читали даже далекие от спорта читатели, а также тинейджеры, кумирами которых были знаменитые спортсмены, и президенты. Дуайт Эйзенхауэр не сильно жаловал либеральную «Вашингтон пост» и недолюбливал журналистов, сотрудничавших с газетой. Но почитал единственного из них - Ширли Повича. Ричард Никсон - тот вообще однажды признался, что берет в руки «Вашингтон пост» только затем, чтобы прочесть - от начала до конца - спортивную колонку Ширли Повича. И вовсе не потому, что держал зло на газету, журналисты которой раскрутили Уотергейтский скандал, а потому, что, подобно президенту Эйзенхауэру, восхищался журналистским мастерством и талантом Ширли.

В 1972 году Ширли Пович оказался свидетелем трагических событий на Мюнхенской олимпиаде, во время которых жертвами теракта стали 11 членов израильской олимпийской сборной. Когда утром 5 сентября Ширли подъехал на такси к олимпийской деревне, доступ в нее был перекрыт стоявшими в оцеплении солдатами и полицией. В то время как полицейские блокировали машину с пытавшимися проехать в деревню телеоператорами канала NBC, Ширли удалось, минуя охрану, пройти к захваченному террористами павильону №31, где размещались израильские спортсмены. Когда, прочесывая олимпийскую деревню, полицейские, заглядывая в каждый дом, стали выводить из нее посторонних лиц, в том числе и журналистов, Ширли и Дэйв Вольф, корреспондент журнала «Ньюсуик», успели скрыться в резиденции пуэрто-риканской делегации. «Знакомый Вольфа, пуэрто-риканской тренер, снабдил нас спортивной одеждой, и, переодетые в спортивные костюмы, - вспоминал Ширли Пович, - мы с Вольфом не вызвали подозрений у полицейских... Теперь мы находились не менее чем в сорока метрах от здания, захваченного террористами. У меня были бинокль и радиотелефон, по которому я мог передавать свои репортажи в корпункт «Вашингтон пост» в Париже». Сегодня репортажи Ширли Повича о крупнейшей трагедии в истории спорта, подобно его фронтовым репортажам военных лет, воспринимаются как бесценные документы эпохи.

В 1974 году Ширли Пович вышел на пенсию, но продолжал сотрудничать с газетой еще на протяжении 24 лет. «Он стал одним из самых известных журналистов Америки потому, - считает Ларри Кинг, - что всегда следовал своему личному кредо: «Не написана еще такая статья, которую нельзя было бы написать лучше». Именно поэтому, несмотря на солидный возраст, стиль его письма оставался таким же живым, легким и динамичным, как в былые годы. Спортивные колонки Ширли Повича были написаны таким превосходным, ясным и чистым языком, что каждую из них, по мнению одного из его коллег-журналистов, можно считать образцом безупречной прозы. В этом легко убедиться, читая выпущенную детьми Ширли Повича к столетию со дня его рождения книгу в которую они включили 100 (из 15 тысяч!) его спортивных колонок.

В частной жизни, свидетельствуют биографы, Ширли Пович был приветливым, дружелюбным и открытым человеком. Член ортодоксальной синагоги «Адас Исраэл», Ширли на протяжении всей своей жизни сохранял приверженность еврейским традициям. В молодые годы, соблюдая религиозный обычай, Ширли в знак траура по умершему отцу отложил на год свою женитьбу. С Этил Фридман, ставшей его женой, Ширли прожил в счастливом браке 66 лет. Из троих детей Ширли - двое, сын Мори и дочь Линн, продолжили его дело, также стали журналистами. Линн долгие годы проработала в должности старшего редактора журнала «Ньюсуик», а также одним из редакторов канала новостей MSNBC. Мори, в прошлом, известный спортивный журналист - популярный телекомментатор и ведущий собственного ток-шоу на канале NBC. Упомянем и старшего сына Ширли, Дэвида, адвоката, сделавшего успешную карьеру в известной юридической фирме «Уильям и Коннолли».

Знаменитый спортивный журналист Ширли Пович скончался от сердечного приступа 4 июня 1998 года. «Я пришел в «Вашингтон пост» в 1923 году, 17-летним мальчишкой, - писал он в своих воспоминаниях. - Это было началом моего «большого романа» с газетой». «Большой роман» с газетой оказался романом длиною в жизнь.

Июнь 2012

22   ЛЕО РОСТЕН: «УРА ИДИШУ!»

Один из солидных банков Нью-Йорка, с целью привлечения клиентов, поместил в витрине плакат с надписью: «Мы не только ваши друзья - мы одна семья!» Но вкладчики предпочли ему другой, расположенный неподалеку от него банк, в витрине которого появилось объявление: «Мы с вами вместе - одна мишпоха!» Старую шутку, с которой мы начали наш рассказ, можно встретить во многих изданных в США сборниках еврейского юмора без указания на первоначальный источник. Справедливости ради заметим, что впервые она появилась на страницах книги Лео Ростена «Радости идиша». Ставшая бестселлером книга вышла в свет в 1968 году, неоднократно переиздавалась, ее общий тираж превысил миллион экземпляров. «Моя книга не словарь и не самоучитель языка идиш, - объяснял цель своей лингвистической работы Лео Ростен. - Своей работой я просто хотел пробудить интерес читателей к идишу, слова и речевые обороты которого прочно вошли в разговорную речь американцев».

В «Радостях идиша» Лео Ростен популярно и увлекательно знакомит читателей с правилами чтения идишских слов и устойчивых выражений, поясняет их смысл и значение, приводит сведения о их происхождении и примеры возможного употребления. Всего же книга «Радости идиша» включает в себя свыше 400 слов идишского происхождения, которые используются в американском английском языке - от Adonai (Господь) до Zohar (мистический комментарий к Торе).

Читатели книги, те, кто постарше, найдут в ней лингвистические сведения о памятных с раннего детства словах: мамэ и татэ, бобэ и зейде, цацкес, хедер, меламед, дрейдл, иешива... Даже знатокам идиша покажутся интересными комментарии Лео Ростена к таким словам, как: шабат, цдака, бар/бат-мицва, шалом, штетл, седер, хупа, ребе, миньян, менч.

Знание идиша Лео Ростен унаследовал от своих родителей. Он родился 11 апреля 1908 года в Лодзи, откуда вместе с семьей в трехлетнем возрасте прибыл в Америку. Детство и юность Лео Ростена прошли в еврейских кварталах Чикаго, в районе Лондейл, где его родители Сэмюэль Ростен и Ида Фрейндлих держали магазин вязаных вещей. Лео с юных лет проявил интерес к книге - свой первый рассказ он написал в девятилетнем возрасте. После окончания университета с дипломом политолога он продолжил образование в лондонской Школе экономики и политики.

По возвращении в Чикаго, не найдя работу по специальности, Лео устроился преподавателем английского языка в вечерней школе для взрослых. Работа в школе помогла накопить ему богатый материал для написания серии юмористических рассказов. Первый из них был опубликован в 1930 году в журнале «Нью-Йоркер». Главный его герой, бывший киевлянин по имени Хайман Каплан, после пятнадцати лет жизни в Америке так и не смог выучить английский - его неправильное произношение и комические речевые обороты на смеси английского и идиша - основные источники юмора рассказа.

Опубликовав в журнале «Нью-Йоркер» четырнадцать рассказов из школьной жизни Лео Ростен издал их в 1937 году отдельной книгой под названием «Обучение Хаймана Каплана». Книга получила положительные отзывы критики и была отмечена рядом наград, в том числе и национальной книжной премией в области беллетристики.

В 1937 году Лео Ростен защитил докторскую диссертацию на тему «Политика и средства массовой информации», в послевоенные годы преподавал социологию в Колумбийском университете и в качестве приглашенного профессора читал лекции в Йеле и Беркли. Преподавательская работа не помешала Лео Ростену стать успешным сценаристом. По его сценариям Голливуд снял двенадцать фильмов. Среди самых известных назовем: «Капитан Ньюман, доктор медицины» с Грегори Пеком и Тони Кёртисом, «На протяжении всей ночи» с Хэмфри Богартом и Джейн Дарвел и «Двойной динамит», в котором главные роли сыграли Джейн Рассел, Фрэнк Синатра и Граучо Маркс.

За свою долгую творческую жизнь (Лео Ростен скончался 19 февраля 1997 года в возрасте 89 лет) он написал более двадцати книг разных жанров, в том числе несколько сборников юмора и среди них - «Гигантская книга смеха», «Карнавал остроумия: от Аристотеля до Вуди Аллена», «Сокровищница еврейских изречений».

Однако наибольшую известность Лео Ростен приобрел как автор книги «Радости идиша». Для лучшего понимания и запоминания читателями слов и устойчивых выражений, происходящих из идиша, Лео Ростен использовал в своей книге еврейские пословицы и поговорки, смешные истории, шутки и анекдоты. «Прежде, чем вы скажете, что некоторые из них вы уже слышали когда-то, - обращаясь к читателям, писал в предисловии к «Радостям идиша» Лео Ростен, - позвольте мне спросить вас: «Ну и что? Разве вы просите пианиста прекратить исполнение пьесы Шопена, которую вы уже слышали прежде?» Со времени публикации первого издания книги прошло уже более сорока лет, но включенные в нее хохмы и анекдоты сегодня нисколько не устарели.

Вот, к примеру, один из таких довольно известных нестареющих анекдотов из книги Лео Ростена, персонажем которого является шадхен (в переводе с идиша - «профессиональный сват»).

Шадхен так разрекламировал молодому человеку его будущую избранницу, что тот не мог дождаться первого свидания. - Это не девушка, а картина! - уверял шадхен молодого человека.

На следующий день после свидания молодой человек был разъярён.
- Не девушка, а картина! - передразнил он шадхена. - Глаз - косит, нос - крючком, рот - перекошен. А фигура!..
- Постойте, постойте, - перебивает его шадхен. А разве не вы говорили, что обожаете Пикассо?

Возьмем наугад еще несколько слов из книги Лео Ростена «Радости идиша». Например, слово нудник. В буквальном переводе с идиша, поясняет Лео Ростен, оно означает «неудобство», «боль в шее», а в переносном - это: «ворчун», «нытик», «брюзга» и «зануда». И приводит анекдот.

Мистер Полански жалуется доктору:
- Со мной происходит что-то ужасное. Я постоянно разговариваю сам с собой!
- Это не страшно, - успокаивает его доктор. - Тысячи людей так делают.
- Но доктор, - возражает ему Полански, - если б вы знали, какой я зануда!

Многие слова на идиш, даже совпадающие между собой по смыслу и значению, замечает Лео Ростен, все же имеют некое различие. Например - *шлемейл* и *шлимазл*. И иллюстрирует это различие изречением: Первый роняет тарелку с горячим супом на колени второму. Шлемейл, поясняет Лео Ростен - это «неловкий человек», а шлимазл - «невезучий». А также - «неудачник» и «растяпа».

Еще одно, хорошо известное всем и не только по старой поговорке «Нет еврея без кучи проблем», слово цорес (цурес). Впрочем, цорес, по Лео Ростену, - это не только проблемы, но и «горести» и «заботы», «неприятности» и «огорчения».

В отличие от цорес, слово мазл - это «везение» и «удача», поясняет он, а «невезение», «отсутствие удачи» - это «а идише мазл» - то самое «еврейское счастье», которое и себе не пожелаешь.

Радостное восклицание «Мазл тов!» - сочетание слов мазл и тов («хорошо» или «хороший»), объясняет Лео Ростен, это «выражение восторга», а также «сердечное поздравление». И в качестве примера его употребления в значении «сердечное поздравление» приводит следующий анекдот.

Поэт встречает старого друга.
- Ты даже не представляешь, насколько стали популярными мои стихи. С тех пор, как мы виделись с тобой в последний раз, число моих читателей удвоилось!
- Мазл тов! Мазл тов! - Поздравляет его старый приятель. - А я и не знал, что ты женился.

Помимо восклицаний «Мазл тов!» «Ой, вейзмир!» «Гевалт!» «Ой-вей!» «Лехаим!» к числу «чисто еврейских», Лео Ростен относит и другие восклицания: Ха! Ага! Ну! Ша! Ой! и даже Ура! (Заметим, что в 1982 году книга «Радости идиша» в дополненном и переработанном виде вышла под названием «Ура идишу!»). Вот парочка анекдотов «от Лео Ростена», в которых комический эффект усиливается с помощью восклицания «Ой!»

Молодой психиатр обращается к своему коллеге, постарше:
- Мои клиенты буквально изводят меня своими проблемами. А как ваши пациенты? Вы разве не устаете целый день сидеть и слушать их жалобы?
- Ой, да кто их слушает...

***

Перспективный жених погрозил пальцем шадхену:
- Вы мне солгали!

- Я? Солгал? - обиженно спросил шадхен. - В чем? Она симпатична? Симпатична. Умна? Умна. Богата? Богата. Что вам еще не хватает?

- Конечно, конечно. Но вы сказали, что она из приличной семьи и что ее отец ушел из жизни. Но это несусветное вранье! Я только что выяснил, что он уже шесть лет как сидит в тюрьме!

Шадхен пожал плечами.

- Ой, ну разве у него там жизнь?

Среди представленных в книге Лео Ростена идишских слов, упомянем еще одно - нахес (счастье), которое в более широком смысле означает - «удовольствие, смешанное с гордостью». Кстати, сам Лео Ростен признавался, что работа над книгой доставляла ему не только огромную радость, но и истинное удовольствие - нахес, одним словом.

В свою очередь, читатели, причем не только евреи, листая страницы книги «Радости идиша», получали удовольствие ничуть не меньшее, в смысле - амэхайе.

Декабрь 2012

23 ДОРОГИЕ ЭББИ И ЭНН - КОРОЛЕВЫ МУДРЫХ СОВЕТОВ

В канун нового 1956 года в кабинете редактора газеты «San Francisco Chronicle» Стэнли Арнольда раздался телефонный звонок.

- Мое имя Полин Филлипс, - представилась незнакомая леди. - Я домохозяйка, читательница вашей газеты, живу в районе большого Сан-Франциско, в Хиллсборо. И хочу сказать вам, что могла бы писать колонку советов намного лучше, чем та, которая печатается в вашей газете.

Заинтригованный нахальством домохозяйки Стэнли Арнольд предложил ей: «Будете в Сан-Франциско, приходите, поговорим».

На следующее утро, решив не откладывать визит, Полин отправилась в Сан-Франциско. Припарковав на углу Mission и Пятой-стрит, неподалеку от редакции «Chronicle», свой желтый кабриолет «Кадиллак», она поспешила на встречу со Стэнли Арнольдом.

- Полин Филлипс, - переступив порог редакторского кабинета, протянула для знакомства руку Стэнли Арнольду элегантно одетая леди - черное платье «от Диора», норковая накидка, модельные туфли на высоких каблуках. - Вчера я говорила с вами по телефону по поводу колонки советов.

- И о том, что вы можете ее писать намного лучше, чем та, которая печатается в нашей газете, - перебил самоуверенную леди редактор. - Тогда вот, возьмите, - протянул он ей пачку читательских писем (в ней было их ровно семьдесят), - и верните мне их через неделю вместе с ответами.

Покинув кабинет редактора, Полин направилась в находившийся неподалеку от здания редакции офис своего мужа. Попросив секретаря уступить ей пишущую машинку, Полин отстучала семьдесят ответов на читательские письма, и возвратившись в редакцию через полтора часа, вручила изумленному Стэнли Арнольду пачку писем и листочки со своими ответами.

— Мама, — по возвращении домой, в Хиллсборо, встретила Полин ее 14-летняя дочь Джин, — тебе уже три раза звонили из газеты.

На следующий день Полин стала штатным сотрудником «San Francisco Chronicle».

Свою колонку вопросов и ответов она начала писать под творческим псевдонимом Абигейл Ван Бюрен. По словам Полин, имя для псевдонима она выбрала в честь библейской пророчицы Абигейл, пленявшей окружающих не только своей необычайной красотой, но и умом, мудростью и благородством характера. А фамилию — в честь любимого ею восьмого президента США Мартина Ван Бюрена. Приставка Ван, посчитала Полин, придаст ее псевдониму аристократичности. Сама же Полин не могла похвастаться знатностью рода: ее папа, Абрам Фридман, владелец сети кинотеатров, по прибытии в Америку начинал с того, что продавал кур с передвижного лотка на фермерском рынке небольшого городка Сиу-Сити, штат Айова.

Абрам и Ребекка Фридманы эмигрировали в США в 1905 году из Владивостока. В семье уже подрастали две дочери, Хелен и Дороти, когда 4 июля 1918 года, в День Независимости США, Ребекка родила сестер-двойняшек. Одну из них назвали Эстер, вторую, появившуюся на свет на 17 минут позже, Полин.

По воспоминаниям Полин, дом родителей был всегда полон гостей — многие из них специально приходили за советом к ее матери, женщине весьма здравого смысла. «От моей мамы, — рассказывала Полин, — я научилась умению выслушивать людей и помогать им в решении их проблем. От папочки же, я унаследовала чувство юмора».

С детских лет Эстер и Полин были неразлучны, они одинаково одевались, обе играли на скрипке и во время учебы в городском колледже, где изучали психологию и журналистику, в соавторстве вели рубрику эпиграмм и колонку советов в студенческой газете.

2 июля 1939 года, накануне своего 21-го дня рождения, Полин и Эстер вышли замуж. Двойную свадьбу (обе невесты были в одинаковых платьях) сыграли с размахом: на проходившей в синагоге совместной брачной церемонии, присутствовало 750 гостей.

Полин вышла замуж за своего ровесника — Мортона Филлипса из Миннеаполиса, отец которого, эмигрант из

Минска, был владельцем фирмы по продаже алкогольных напитков «Филлипс и сыновья». После свадьбы молодые поселились в Хиллсборо - до Сан-Франциско, где Мортон стал работать в одном из питейных бизнесов отца - рукой подать: двадцать минут езды на машине.

Мужем Эстер стал 22-летний торговый агент по продаже шляп Джулиус Ледерер. Скромный коммивояжер, он увезет Эстер в Чикаго и станет процветающим бизнесменом, сначала президентом «Autopoint», известной в Америке компании по производству карандашей, а затем совладельцем «Budget» - крупнейшей в стране компании по прокату автомобилей.

Сестрам исполнилось по тридцать семь лет, когда одна из них, Эстер, вспомнив об увлечении студенческих лет, решила вновь попробовать себя в качестве ведущей колонки советов.

В конце июля 1955 года она позвонила в редакцию газеты «Chicago Sun-Times» и предложила свои услуги добровольной помощницы Рут Кроули, медсестре, ведущей колонку советов по уходу за младенцами, под рубрикой «Спросите Энн Лендерс». (Псевдоним Энн Лендерс Рут взяла по фамилии друга ее семьи).

Звонок Эстер запоздал: в редакции ей ответили, что Рут Кроули скончалась 20 июля, неделю назад. Издатели газеты решили не закрывать полюбившуюся читателям колонку и объявили конкурс на нового автора. Легко выиграв конкурс, Эстер не поменяла название колонки и стала давать читателям советы на все случаи жизни.

- *Дорогая Энн Лендерс, за мной ухаживает человек, который мне очень нравится. Меня только настораживает, что он часто расспрашивает о финансовых обстоятельствах моей довольно богатой семьи. Отец считает, что он любит меня за деньги. Но почему же тогда он сказал недавно, что готов целовать землю, по которой я хожу?*

- *Потому что он думает, что там нефть.*

  -Энн Лендерс

***

- *Дорогая Энн Лендерс, у моего мужа двое детей от первого брака, обоим за 20. Он тратит на них все свои деньги, не говоря о том, что он платит за их колледжи. Мои упреки он воспринимает враждебно. Если бы не эта проблема, наш брак был бы безупречен. Что мне делать?*

  Обиженная

ДОРОГИЕ ЭББИ И ЭНН - КОРОЛЕВЫ МУДРЫХ СОВЕТОВ

- *Дорогая Обиженная, отцепитесь от своего мужа. Половина вторых браков разваливается из-за детей. Вы рискуете пополнить эту статистику.*

Энн Лендерс

***

- *Дорогая Энн Лендерс, моему сыну 12 лет. Уходя вечером, я оставляю его с бебиситтерами, девочками лет 14-15. На днях сын меня спрашивает: «Кто у меня сегодня бебиситтер?». «Дэйзи». «Это которая с белыми волосами?» «Да». «А я хочу ту, которая с рыжими». Тут мной овладело беспокойство. Как мне поступить, посоветуйте?*

Встревоженная мать

- *Дорогая Встревоженная, если ваш сын интересуется цветом волос бебиситтеров, это значит что его вполне можно оставлять одного.*

Энн Лендерс

Эстер получала так много писем («мешки с почтой, по ее словам, размножались подобно кроликам»), что часть из них она стала отправлять Полин, чтобы та помогла ей с ответами. Сотрудничество Полин с сестрой продолжалось три месяца: Полин и сама решила стать автором колонки советов. И предложила свои услуги ведущей колонки газете «San Mateo Times». Получив отказ, настойчивая Полин решила попытать счастья в Сан-Франциско. Попытка оказалось успешной: ее первая колонка под рубрикой «Дорогая Эбби» появилась в «San Francisco Chronicle» 9 января 1956 года. Подобно Эстер, в своей колонке Полин отвечала на вопросы, затрагивающие широкий круг личных проблем.

- *Дорогая Эбби, мой муж любит свою мать сильнее, чем меня. «Если бы мы с твоей матерью тонули, кого бы ты начал спасать?» - спросила я его. «Конечно, маму», - ответил он. Услышать такое было ужасно больно, Эбби. Что же делать?*

Арлин

- *Научиться плавать, дорогая Арлин.*

***

- *Дорогая Эбби, наш сын женился в январе. Пять месяцев спустя его жена родила дочку весом в 8,5 фунтов. Они сказали, что ребенок родился раньше срока. Скажите, может* ли ребенок весом 8,5 фунтов родиться настолько раньше срока?

Желающая знать.

- Дорогая Желающая, ребенок родился в срок. Свадьба запоздала. Забудьте об этом.

***

- Дорогая Эбби, мне 19 лет, и у меня нет никакого опыта общения с мужчинами. Моя мать говорит, что нужно остерегаться мужчин, которые носят усы. Права ли она?

Кэрол

- Дорогая Кэрол, да она права. И тех, которые не носят усы, тоже остерегайтесь.

В своей колонке Полин давала советы влюбленным подросткам, находившимся на грани развода семейным парам, матерям-одиночкам, скорбящим вдовам, алкоголикам и наркоманам, к ее советам прислушивались врачи и юристы, военные и священнослужители.

«У каждого человека имеются свои проблемы, но никто не должен чувствовать себя одиноким, - писала в своей колонке Полин, - и это ОК, если человек просит помощи». И тысячи читателей раскрывали перед ней свои души и сердца (один заключенный прислал ей исповедальное письмо на 102-х страницах), в надежде услышать от нее не только мудрый совет, но и слова утешения и поддержки, столь необходимые им в трудные моменты. Советы Полин помогали читателям поверить в свои силы, вселяли оптимизм и надежду на лучшее.

«За семь лет моя карьера расцвела», - рассказывала о себе в одном из интервью Полин. Впрочем, не менее успешно складывалась и карьера Эстер - в 1978 году журнал «Всемирный Альманах» назвал ее самой влиятельной женщиной в Соединенных Штатах. Ее колонки обсуждались в кафе, гостиных, косметических кабинетах, на уроках по социологии в школах, в колледжах и университетах, вызывали бурные дискуссии в прессе. Эстер открыто выступала против расизма и антисемитизма, отстаивала гражданские права женщин, обсуждала с читателями вопросы мировой политики, проблемы личной и деловой жизни, не переставая при этом делиться с ними своими мудрыми мыслями:

«В наши дни слишком много людей знают всему цену, но не понимают истинных ценностей».

«Телевидение служит доказательством того, что люди готовы смотреть все что угодно, лишь бы не смотреть друг на друга».

«Тот, кто топит горе в стакане, должен знать: горе умеет плавать».

Со временем колонки сестер стали отличаться не только тематикой, но и стилем, и авторской манерой письма. Если Эстер давала читателям подробные и обстоятельные ответы на их вопросы, характерной особенностью ответов Полин по-прежнему оставались остроумие и шутливый тон.

- Дорогая Эбби, моему мужу семьдесят три года. А он бегает за каждой юбкой. Что делать?

Энн

- Дорогая Энн, не волнуйтесь, моя собака с годами тоже не перестала бегать за каждой машиной, но даже если бы ей и удалось поймать хоть одну, она бы не знала, что с ней делать.

***

- Дорогая Эбби, я молодой человек, отрастил длинные волосы - они так красиво лежат на моих плечах. Но некоторые люди называют меня «мисс». Посоветуйте, что делать, чтобы они не думали, что я женщина?

Эллис

- Эллис, отрастите бороду.

***

- Дорогая Эбби, мне сорок четыре года и я хотела бы встретить человека моего возраста без вредных привычек.

– Роуз

- Я тоже, дорогая Роуз.

Поток писем в адрес Полин-Эбби не иссякал. Читатели делились с ней самым сокровенным.

... Мой сорокалетний сын платит психиатру пятьдесят долларов в час каждую неделю вот уже на протяжении двух с половиной лет. Да он с ума сошел!

...Я уже три месяца как вышла замуж за Билла, но не знала, что он выпивает. До той ночи, когда он пришел домой трезвым.

***

- Дорогая Эбби. Моя жена спит обнаженной. Утром она принимает душ, чистит зубы, а затем готовит нам на двоих завтрак в чем мать родила. Мы молодожены, кроме нас в доме никого нет и по-моему, в этом ничего плохого нет. А как ты думаешь?

Эд

- Дорогой Эд, я согласна с тобой. Но скажи ей, чтобы она надевала фартук, когда жарит бекон.

***

- Дорогая Эбби, что случилось с тобой? Ты посоветовала супружеской паре сделать все возможное, чтобы сохранился их брак. А совсем недавно ты посоветовала им развестись. Почему?

Читатель

- Дорогой Читатель, это потому, что важнее сохранить людей, чем их брак.

Сами же сестры были противниками разводов. «Я считаю, что брак должен быть навсегда», «Муж и дети - в первую очередь», - делилась с читателями своими взглядами на семейную жизнь Полин. И хвалилась - «с мужем мне очень повезло». Это правда: в браке с Мортоном Полин проживет 73 года.

Джулиус же, муж Эстер, однажды признался ей, что влюбился в молодую медсестру. Брак распался. «Мне очень горько об этом говорить, - писала в своей колонке от 1 июля 1975 года Эстер, - но мой муж оставил меня после 36 лет совместной жизни». В ответ она получила 30 тысяч писем со словами утешения от своих читателей.

Свою колонку советов «Спросите Энн Лендерс» Эстер вела в течение 47 лет. Ее печатали 1200 изданий на 20-ти языках, количество ее ежедневных читателей превышало 90 млн. человек. Отмечая заслуги Эстер в развитии журналистики, тридцать университетов удостоили ее звания почетного профессора.

Эстер скончалась 22 июля 2002 года в возрасте 84 лет. В ее честь городской совет Чикаго назвал одну из улиц города именем Энн Лендерс. Открытие улицы было отмечено парадом; вечером жители улицы зажгли в память Эстер любимые ею бенгальские огни.

Полин пережила сестру на десять лет. В 1960 году, переселившись с мужем в Лос-Анджелес, она подписала 10-летний контракт с газетным синдикатом, который распространял ее колонку в США и за пределами страны. Бывали годы, когда количество читателей «Дорогой Эбби» превышало 200 млн. человек. С 1970 года в течение 12-ти лет Полин вела собственное радио-шоу «Дорогая Эбби» на канале CBS News. Шоу было настолько популярным, что за вклад Полин в развитие индустрии радио ей посвятили именную звезду на Аллее славы в Голливуде.

Полин была единственным автором своей всемирно популярной колонки в течение трех десятилетий. В 1987 году она стала писать ее в соавторстве с дочерью Джин. Когда в 2002 году врачи диагностировали у Полин болезнь Альцгеймера, Джин стала вести колонку вместо матери. Сегодня колонку «Дорогая Эбби» печатают 1400 газет по всему миру, ее читают более чем 110 млн. человек.

Полин Филлипс скончалась 16 января 2013 года в Миннеаполисе в возрасте 94 лет.

«Самым печальным в моей жизни, - заметила однажды Полин, - было то, что рано ушедшие родители не успели порадоваться нашему с Эстер успеху». Успех был феноменальным: дочери Абрама и Ребекки Фридман, королевы мудрых советов Эстер и Полин, были самыми читаемыми и самыми цитируемыми в мире журналистами XX века.

Март 2013

24 БАРБАРА УОЛТЕРС: «В МОИХ ВОПРОСАХ НЕТ НИЧЕГО СТРАШНОГО»

В июне 2005 года телекомпания CNN праздновала 20-летие шоу «Ларри Кинг в прямом эфире». По случаю юбилея руководство телекомпании пригласило в студию Барбару Уолтерс, предоставив ей возможность расспросить Кинга о нем самом.

- Ларри, - на правах старого друга начала разговор со всемирно известным «человеком в подтяжках» Барбара, - за 20 лет работы на телевидении ты взял интервью у стольких легендарных личностей, что сам стал живой легендой. Сегодня тебе придется стать гостем в собственной студии. Прошу тебя, не забудь, вопросы задаю я.

- Барбара, ты боишься, что мы превратим шоу в разговор двух старых евреев, которые отвечают вопросом на вопрос? - спросил ее Ларри. - Ладно, начинай, для меня большая честь быть твоим гостем.

Быть гостем Барбары Уолтерс почитали за честь монархи и президенты, известные политики, звезды театра и кино и прочие мировые знаменитости. Потому что понимали: устоять в поединке с Барбарой, а каждое интервью с ней - дуэль, значит прибавить в популярности. В средствах массовой информации за Барбарой Уолтерс давно уже закрепилось прозвище «великий инквизитор знаменитостей» - за прямоту и способность задавать звездным гостям «острые» и «неудобные» вопросы. Ну, например, такие. «Вы сильно выпиваете?» - вполне благожелательно поинтересовалась она у Бориса Ельцина. «Вы когда-нибудь отдавали приказ убивать кого-то?» - подкинула она вопрос Владимиру Путину.

Сама же Барбара уверяет, что в ее вопросах «нет ничего страшного». И утверждает, что ее теле-интервью вовсе не поединки-дуэли, а самые что ни на есть «сердечные встречи», «остроту» которы придает ее привычка говорить правду и называть вещи своими именами. Во время таких «сердечных встреч» Барбаре удается так «разговорить» своих собеседников, что они добровольно и охотно начинают делиться с ней (и с телезрителями) секретами и тайнами своей частной жизни. Так, Хиллари Клинтон поведала Барбаре, почему она простила Билла, несмотря на его супружескую неверность. Барак Обама признался в том, что ленив, что постоянно борется с ленью и что, случается, говорит неправду. Карла Бруни, супруга бывшего президента Франции Николя Саркози, в том, что «никогда не считала своих возлюбленных».

Впрочем, и сама Барбара в автобиографической книге «Audition» («Пробы»), словно ее звездные гости в интервью с ней, звёздной, весьма откровенно делится с читателями подробностями своей жизни.

«Родители моей мамы - Яков Силетский и Циля Сакович - родом из местечка под Вильно. Дед и бабушка по отцу - Исаак Абрахамс (Уолтерсом он стал уже в Америке) и Лиля Шварц - из Лодзи», - рассказывает о своих предках Барбара, и отмечает, что они покинули царскую Россию из-за антисемитизма. Луис Уолтерс, отец Барбары, был известной фигурой в мире шоу-бизнеса. За вклад в индустрию развлечений его имя присвоено одной из улиц Нью-Йорка. Начав карьеру в возрасте 15-ти лет в качестве импресарио ночного клуба, Лу в двадцать четыре, ко времени женитьбы на Дине Силетской, владел собственным концертным агентством. В 1930-е годы он открыл сеть ночных клубов под названием «Латинский квартал» в Бостоне, Майами-Бич и Нью-Йорке (на углу Бродвея и 48-ой улицы). Последний стал особо знаменит - на его сцене выступали известные звезды шоу-бизнеса, со многими из которых Барбара была знакома с детства. Среди них - Фрэнк Синатра, Луи Армстронг, Мэй Уэст, Зиро Мостель, Фред Аллен, Джек Хейли.

Закончив среднюю школу и получив степень бакалавра искусств в частном колледже, Барбара устроилась на работу секретаршей в рекламное агентство. Спустя год нашла работу поинтереснее - на телестанции WNBT (филиал канала NBC), куда была принята на должность специалиста отдела по связям с общественностью. Первые же, подготовленные Барбарой информационные материалы и аналитические обзоры, отличались столь высоким профессиональным уровнем, что руководитель отдела Фил Дин предложил ей стать своим ассистентом.

Продолжению ее успешной карьеры, однако, помешал случившийся «служебный роман». «Меня всегда привлекали мужчины умные и сильные, - делится с читателями своей автобиографии Барбара. - Я думаю, это потому, что я всегда надеялась, что сильный и успешный мужчина станет для меня опорой в жизни, и мне не придется заботиться о себе». Первым из таких успешных, умных и сильных мужчин, которые не однажды будут «привлекать» Барбару в ее жизни, стал вице-президент телекомпании NBC Тед Котт. Тед, отец двоих детей, находившийся на стадии развода с женой, был на десять лет старше 22-летней Барбары. Влюбленный босс не раз предлагал ей выйти за него замуж, но неизменно получал отказ. «Я не любила Теда, - признается в своих мемуарах Барбара. - Я надеялась встретить мужчину своей мечты». Таким мужчиной показался Барбаре бизнесмен Джой Лифф, с которым она стала встречаться тайком от Теда. Однажды ревнивый Тед выследил парочку. И во время выяснения отношений с Джоем вступил с ним в рукопашную схватку. После случившегося Барбара рассталась с обоими. И со своей работой на NBC.

К счастью, тут же подвернулась новая - на телеканале WPIX, где ей приходилось одной, без помощников и ассистентов, готовить репортажи и писать сценарные разработки самых разны программ: от «кулинарных» шоу и показа мод до информационных и музыкально-развлекательных передач. Увлечение работой и карьерой не стали для нее помехой в личной жизни - расставшись с парой-тройкой бойфрендов, (имена опускаем), Барбара вышла замуж за бизнесмена Роберта Генри Каца. Первый брак распался, впрочем, как и два последующих - с театральным продюсером Ли Губером и генеральным директором телекомпании «Lorimar» Мервом Аделсоном. Личные неудачи в семейной жизни Барбара компенсировала заметными успехами в профессиональной карьере.

В 1961 она вновь получила приглашение вернуться на канал NBC в качестве сценариста и автора текстов новостной программы «Today». По условиям контракта ей разрешалось брать интервью у знаменитостей, личная жизнь которых интересовала телезрителей. Первыми ее собеседниками были известные женщины, добившиеся успеха в различных сферах деятельности: в бизнесе, политике, искусстве. Параллельно с работой на ТВ Барбара вела авторские колонки и публиковала статьи в популярных «глянцах»: «Vogue», «Ladies' Home Journal», «Cosmopolitan», выступала с лекциями в женских клубах. В 1960-е годы., на волне движения за права женщин имя Барбары становится довольно известным. Поэтому не случайно, в марте 1962 года, она оказалась в числе журналистов, сопровождавших первую леди страны Жаклин Кеннеди во время ее поездки с в Индию и Пакистан. Подготовленный Барбарой репортаж о поездке и интервью с президентом Пакистана Айюб Ханом и дочерью Джавахарлала Неру Индирой Ганди укрепили ее престиж как журналиста и теле-интервьюера. Она берет интервью у принца Филиппа – супруга королевы Великобритании Елизаветы, сенаторов Роберта и Эдварда Кеннеди, госсекретаря США Дина Раска, вице-президента Спиро Агню, у таких знаменитостей, как Трумен Капоте, Леопольд Стоковский, Лоуренс Оливье, Мария Каллас, Кэтрин Хепберн, Грейс Келли.

Во время посещения Израиля в 1973 году Барбара взяла интервью у Голды Меир и Моше Даяна. Напомним читателю, что именно Барбара организовала и провела в ноябре 1977 года первое совместное интервью президента Египта Анвара Садата и премьер-министра Израиля Менахема Бегина. По словам известного израильского писателя Владимира Лазариса: «Израиль никогда не забудет Уолтерс, которая в определенном смысле слова стала инициатором израильско-египетского договора».

Новый виток карьеры Барбары Уолтерс начался в апреле 1974 года, когда руководство NBC назначило ее ведущей утренней программы новостей «Today». «Я совсем не думала выступать перед телекамерой, - пишет в своей автобиографии Барбара Уолтерс. - У меня был смешной бостонский акцент, я не выговаривала букву «р» и пе была красавицей», - скромничает она. Была, была Барбара красавицей! - стоит лишь взглянуть на помещенные в книге мемуаров или выложенные в интернете фотографии, где ей 20, 30, 40 лет и далее. «После развода со вторым мужем Ли Губером, - рассказывает Барбара, - я слишком много времени отдавала работе и не помышляла вновь связывать себя узами брака».

«Ли найдет себе пару, а вот ты - ведь тебе уже сорок пять! - рискуешь остаться одинокой, - беспокоясь о будущем Барбары, донимала ее своими разговорами лучшая подруга Ширли. - Почему бы тебе не выйти замуж за Генри Киссинджера? - усердно сватала она Барбару за бывшего в разводе госсекретаря США. - Генри красив, умен - и он еврей».

Словно подслушав разговоры Барбары с Ширли, газетчики распустили слухи о том, что она оставила Ли ради Генри Киссинджера. «Меня позабавили эти слухи, - пишет в своей книге Барбара - Я восхищалась Генри, (восхищение было взаимным), мы были друзьями, но нас не связывали романтические отношения».

Красотой, талантом и обаянием Барбары восхищался не только Генри Киссинджер. От героини нашего рассказа были без ума и предлагали руку и сердце: иранский посол Ардешир Захеди (приударявший, впрочем, и за Элизабет Тейлор), посол Аргентины Алехандро Орфила, федеральный судья Лос-Анджелеса Мэтью Бирн, мультимиллионер, владелец крупнейшей косметической компании «Revlon» Чарльз Ревсон. «Но это всего лишь несколько друзей-мужчин в моей жизни в начале и середине семидесятых», - уточняет Барбара и признается, что в ее жизни было еще трое самых дорогих для нее мужчин. «Объединяло их то, что все они были людьми известными, принадлежали к правительственным кругам и то, что каждого из них, - откровенничает она, - я очень сильно любила». И называет имена своих бывших возлюбленных - это сенаторы: Эдвард Брук, Джон Уорнер (он станет седьмым мужем Элизабет Тейлор) и главный финансист страны, глава Федеральной резервной системы США Алан Гринспен. «Теперь, когда вы уже все знаете о моей наполненной любовью бурной личной жизни, - обращается к читателям Барбара, - самое время снова поговорить о моей работе».

Контракт Барбары с NBC заканчивался в конце сентября 1976 года, и она не раздумывая ответила согласием на заманчивое предложение президента телевизионной сети ABC Фреда Пирса стать соведущей вечерней новостной программы «ABC Evening News». С невероятно высокой, на зависть коллегам, зарплатой - миллион долларов в год. Высокая зарплата Барбары вызывала зависть не только у ее коллег. Во время первого интервью Барбары с Анваром Садатом президент Египта заметил: «Вы получаете за свою работу миллион долларов в год. Должен вам откровенно признаться - я получаю всего лишь двенадцать тысяч долларов. И при этом работаю с утра до ночи». В ответ Барбара улыбнулась и сказала: «Но, господин президент, вы ведь работаете не столько из-за денег, сколько из-за любви к своей работе».

Еще один собеседник Барбары, последний шах Ирана Мохаммед Реза Пехлеви, в отличие от президента Египта был несметно богат: его активы оценивались в 56 млрд. долларов. Так что высокие заработки Барбары его особенно не интересовали. Межу тем теплого общения во время «сердечной встречи» с шахом и шахиней (а она также принимала участие в интервью), не получилось. Видимо, из-за «трудных» для шаха вопросов Барбары, ответы на которые, по ее мнению, хотели бы услышать телезрители. Вот некоторые из них: «Ваше величество, правда ли, что для вас все женщины - люди второго сорта, и по этой причине шахиня никогда не сможет править государством?» «Ваше величество, есть люди, которые говорят, что вы диктатор - возможно, благожелательный, но все равно диктатор. Я думаю, вы слышали эти критические заявления. У вас есть возможность ответить на них».

В памяти Барбары запечатлелась еще одна «сердечная встреча» - с Фиделем Кастро. Под конец беседы кубинский лидер подарил ей «Конституцию республики Куба» с надписью: «Барбаре на память о самом трудном интервью в моей жизни». Как будто для Барбары оно было легким! Интервью с Фиделем длилось без малого пять часов! Скорее всего после столь продолжительной беседы, Барбара пришла к мысли предупредить начинающих журналистов о том, что ни одному из них не удастся стать первоклассным телеинтервьюером, если он не будет обладать двумя крайне необходимыми и важными качествами - иметь мочевой пузырь как у верблюда и не потеть.

За свою длительную, более чем 50-летнюю, карьеру тележурналиста Барбара Уолтерс провела бесчисленное количество телеинтервью, в том числе с тридцатью главами государств, среди которых были все президенты США, начиная с Ричарда Никсона. Телезрителям запомнились ее, прошедшие в доверительной атмосфере великолепные интервью с Маргарет Тетчер, принцессой Дианой, Элизабет Тейлор, Софи Лорен, Михаилом Барышниковым, Вацлавом Гавелом, Биллом Гейтсом и с другими мировыми знаменитостями. Не самые теплые воспоминания остались у Барбары от «сердечных встреч» с супер-террористом Ясиром Арафатом и подобными ему одиозными фигурами, такими как: Жан-Клод Дювалье, Саддам Хусейн, Муаммар Каддафи, Хосни Мубарак, Уго Чавес, Луис Фаррахан.

В 1978 году Барбара создала свой новый телевизионный проект - информационную программу «20/20» - и оставалась ее бессменной ведущей на протяжении 25 лет. Вот уже восемнадцатый сезон подряд ведет она на канале АВС дискуссионное ток-шоу «The View». И пренебрегая пресловутой политкорректностью, по-прежнему не боится задавать гостям своей программы «не самые приятные» и «коварные» вопросы, вызывая раздражение у некоторых коллег и телевизионных критиков. Но прислушаемся к словам известного писателя Дмитрия Быкова: «Настоящий журналист, - считает он, - должен вызывать ненависть и раздражение. Если после публикации или передач остается благостное впечатление, это плохой журналист - он «не цепляет» аудиторию». Несмотря на солидный возраст - чего там скрывать - всемирно известной «королеве телеинтервью» в сентябре исполнится 83, Барбара Уолтерс не только «цепляет», но и «притягивает» к голубому экрану миллионы телезрителей.

Сентябрь 2012

25   БАЛОВЕНЬ СУДЬБЫ ЛАРРИ КИНГ

19 ноября 2013 года Ларри Кинг отметил свой 80-летний юбилей. Несмотря на столь солидный возраст, он не собирается уходить на покой - запустил два отдельных ток-шоу на интернет-каналах Ora.TV и Hulu.com и не перестает радовать читателей своими новыми книгами.

«Странная вещь - воспоминания, - пишет он в одной из них - «My remarkable Journey» (в русском переводе «А что я здесь делаю? Путь журналиста»). - Иногда я расстраиваюсь из-за того, что не могу что-то вспомнить. Как в том анекдоте: «Я только что прочел замечательную книгу «Десять шагов к идеальной памяти», ее написал... ну этот, как его...».

Ну, а если всерьез - память у Ларри удивительная. За свою почти 60-летнюю журналистскую карьеру он провел более тридцати тысяч(!) радио- и телеинтервью. И до сих пор помнит многие эпизоды общения со своими собеседниками.

Помнит он также имена всех своих бывших жен. А женат Ларри был - ни много ни мало - восемь раз на семи женщинах (на своей третьей жене он женился дважды). «Я не гуляка, но противоположный пол люблю, - откровенничает Ларри и поясняет, что воспитан в старых традициях: «если женщина нравится и ты хочешь быть с ней - женись».

Помнит он также, когда и почему стал носить подтяжки - в его коллекции их более 150 пар! По словам Ларри, он стал пользоваться подтяжками в 1987 году, когда после инфаркта и операции на сердце его жена Шэрон (заметим в скобках, пятая по счету), обратила внимание, что он похудел, и брюки сидят на нем не очень хорошо. И случилось это как раз в то время, когда ему уже пора было ехать на передачу. Шэрон предложила Ларри попробовать подтяжки, и он согласился. Вечером, после шоу в студию позвонили три или четыре телезрителя и сказали, что в подтяжках Ларри смотрится просто супер. Этого оказалось достаточно, чтобы он стал носить их постоянно.

Помнит он и то, как в пятилетнем возрасте, включая радио, слушал все передачи подряд и копировал дикторов, представляя, что это он сам ведет свое шоу.

И, конечно же, помнит Ларри (со всеми подробностями) свой первый выход в эфир. Произошло это 1 мая 1957 года в Майами на маленькой радиостанции WAHR. Вот как вспоминает Ларри Кинг - тогда еще никому не известный 22-летний Ларри Зейгер, тот знаменательный день.

«Утром, буквально за пять минут до начала передачи, генеральный менеджер радиостанции Маршалл Симмондс вызвал меня в свой кабинет, и спросил:

- Под каким именем ты будешь выступать?
- О чем вы? - удивился я.
- Ну, не можешь же ты быть Ларри Зейгером. Тебе нужно иметь имя поярче и попроще. Ларри Зейгер не пойдет - это не для шоу-бизнеса.

На столе у него лежала газета «Miami Herald», открытая на рекламе во всю полосу: «Кинг - оптовая торговля спиртными напитками». Менеджер взглянул на нее и спросил:

- Как насчет Ларри Кинга?
- Звучит неплохо, - ответил я.
- Вот и отлично. Теперь тебя зовут Ларри Кинг. Ты будешь вести «Шоу Ларри Кинга».

Фамилию «поярче» и «попроще» Ларри носит уже более 56-ти лет, но признается, что в своем сердце всегда будет Зейгером. И после того, как наступит его последний день, фамилия Зейгер, вероятнее всего, появится на его памятнике.

«Всякий, с кем я когда-либо говорил дольше нескольких минут, - любит при случае напоминать Ларри Кинг, - знает обо мне по меньшей мене два факта: я из Бруклина и я еврей. Как они это узнают? Просто я рассказываю о своем происхождении всем, с кем вступаю в контакт. Это часть моей личности, мои корни. Я горжусь тем, что я еврей, и тем, что родился в Бруклине. Поэтому во многих беседах я вспоминаю о своих корнях. Мне нравится рассказывать об этом людям».

Лоуренс Харви Зейгер, таково настоящее имя Ларри Кинга, родился в Бруклине 19 ноября 1933 года. Его отец, Эдуард Аарон Зейгер, был родом из Пинска. Когда в 1920 году в результате советско-польской войны западные области Белоруссии отошли к Польше, он перебрался в Галицию, откуда шесть лет спустя эмигрировал в Америку. По прибытии в Нью-Йорк он поселился в Бруклине, открыл маленький гриль-бар «У Эдди» и женился на своей соседке по дому Шейн Гитлиц, младшей из сестер многодетной семьи еврейских эмигрантов из Минска.

«Я вырос в религиозном окружении, - вспоминает свое

детство Ларри Кинг. - Мы соблюдали Шабес, мы соблюдали кошер, мы ходили в синагогу, моя мать зажигала свечи в Шабес, мы никогда не смешивали мясное с молочным... Мы придерживались всех законов. Моя бар-мицва была целиком на иврите, и все мои друзья поступали так же. Я ходил в хедер. Это была полноценная еврейская жизнь».

Еще в памяти Ларри сохранился эпизод из детства, когда во время прогулки отец сказал ему: «Как я счастлив, что живу в Америке, а не в России».

После нападения японцев на Перл-Харбор отец Ларри добровольно отправился на призывной пункт, но его не взяли на фронт по возрасту. И тогда, истинный патриот Америки, решив внести свой вклад в победу, он продал бар и устроился на судоверфь, где ремонтировали боевые корабли. 9 июня 1943 года отец Ларри умер на работе от сердечного приступа.

Оставшись без всяких средств, с двумя малыми детьми, шестилетним Мартином и девятилетним Ларри, мать пошла работать на швейную фабрику.

«Она была классической гиперопекающей еврейской мамой. Как она любила нас! - вспоминает Ларри. - Если бы она решила написать книгу, она назвала бы ее «Одевайтесь потеплее»... Мать много и тяжело работала, и все ради нас, ее детей, и постоянно заботилась о том, как бы нас с братом повкуснее и получше накормить».

Ларри уже был женат, когда однажды, позвонив по телефону, мать узнала от его жены Элин (третьей по счету), что он простужен.

- Я бы хотела поговорить с Ларри, - сказала она Элин, и та передала Ларри трубку.

- Лейбеле, это мама, - услышал он родной голос. - Я знаю, что у тебя болит горло, так что не нужно много говорить. Я просто хочу знать: она тебя хорошо кормит? Скажи мне только: да или нет.

После окончания школы, чтобы помочь матери, Ларри пошел работать. Сначала продавцом в универмаге, потом – курьером на почтовом фургоне UPS. Почтовое отделение находилось в том же здании, где размещалась радиостудия компании CBS. В один из дней Ларри подкараулил у лифта комментатора Джеймса Сермонса (довольно известного) и поделился с ним своей мечтой работать на радио диктором. «В Нью-Йорке попасть на радио без образования и опыта работы тебе никак не светит, - сказал Сермонс. И посоветовал: «Попробуй-ка в Майами. В городе много радиостанций, никаких профсоюзов, так что таким новичкам, как ты, там легче всего найти работу». Последовав дельному совету, в апреле 1957 года Ларри перебрался в Майами, где устроился на маленькую радиостанцию WAHR уборщиком. И упросил менеджера протестировать его перед микрофоном. Последнему настолько понравился голос Ларри, что он пообещал взять его на первую же открывшуюся вакансию. И когда спустя три недели уволился один из сотрудников станции, Ларри занял его место. Поначалу он вел музыкально-развлекательную передачу, со временем стал читать выпуски последних известий, делал радиоинтервью и репортажи, комментировал спортивные соревнования по бейсболу и гольфу. Проработав три года на радио, Ларри перешел на телевидение - воскресная программа «Miami Undercover» («Под покровом Майами»), с которой он дебютировал в мае 1960 года на телеканале WTVJ, сделала его местной знаменитостью.

20 декабря 1971 года «местная знаменитость» Ларри был арестован по обвинению в присвоении денег своего друга, финансиста Луиса Вольфсона. Пять тысяч долларов, которые он «по дружески» умыкнул у Луиса, Ларри потратил на оплату своих налогов.

В тюрьме он провел три месяца, и после того, как в марте 1972 года дело было прекращено по причине исковой давности, вышел на свободу. Потеряв из-за финансового скандала работу на телеканале WTVJ, в течение последующих трех лет, с 1972 по 1975, Ларри занимался самой разнообразной деятельностью: был диктором на ипподроме, пресс-агентом, вел персональные колонки в газетах, выступал с лекциями. Однажды ему пришлось выступить на благотворительном ужине перед небольшой группой довольно сомнительных личностей, близких к криминалу. После ужина один из его организаторов, по виду явный мафиози, решив отблагодарить Ларри за выступление, предложил ему деньги. Но Ларри отказался от вознаграждения, пояснив свой отказ тем, что выступление было коротким - всего лишь двадцать минут так что «какие могут быть деньги?» Удивленный отказом лектора от денег, «мафиози» спросил:

- Парень, ты скачки любишь?
- Ага, конечно, - ответил Ларри.

Спустя несколько дней накануне предстоящих скачек Ларри позвонил неизвестный и сообщил ему на какую лошадь поставить.

На счету в банке у Ларри было 800 долларов, он взял в долг еще 500 и поставил 1,3 тыс. на Яблоньку. И выиграл почти восемь тысяч долларов.

Но фортуна, как известно, капризна и переменчива. Пристрастившись к игре на тотализаторе (и картам), Ларри просадил крупную сумму в казино, и понаделав долгов (320 тысяч долларов), объявил банкротство. В самой процедуре банкротства он и сегодня не видит ничего постыдного. «Поскольку, - по его мнению, - предусмотрена она для того, чтобы дать человеку второй шанс, возможность начать жизнь заново».

Шанс неожиданно подкинула радиостанция MBN (Mutual Broadcasting Network), и Ларри его не упустил. Ставшее популярным ночное «Шоу Ларри Кинга» («The Larry King Show»), которое впервые вышло в эфир на национальном радио MBN 30 января 1978 года, сделало его знаменитым на всю страну. Радиошоу привлекло внимание медиамагната Теда Тёрнера, и он предложил Ларри Кингу организовать подобную передачу на принадлежавшем ему телеканале CNN. Первый выпуск программы, получившей название «Larry King Live» («Ларри Кинг в прямом эфире») телезрители увидели 3 июня 1985 года. Так начался звездный путь «короля телеэфира»...

Ларри уже перевалило за семьдесят, когда в интервью с ним язвительная Барбара Уолтерс спросила:

- Многие звезды предпочитают уйти в зените славы. Ты не думал о завершении карьеры?

- Уйти? Зачем? Я полон энергии. Занимаюсь любимым делом. Что я буду делать, если выйду на пенсию?

Прошло еще пять лет, и отметив 25-летний юбилей работы на канале CNN, Ларри Кинг все же объявил о завершении своей карьеры телеведущего. Последнее шоу с его участием вышло в эфир 16 декабря 2010 года. «Мне трудно об этом говорить. Я знал, то этот день наступит, - с волнением в голосе обратился Ларри Кинг к телезрителям. - В этой студии меня уже больше не будет. Не знаю, что сказать. Спасибо вам, зрители. Вместо прощания лучше скажу: до встречи!

На пенсии Ларри долго не задержался. Уже спустя три месяца после закрытия своей программы он отправился в гастрольное турне с юмористическим моноспектаклем под названием «Larry King: Standing up» («Ларри Кинг: Становление»).

«Я всегда обожал комедийный жанр, - рассказывает Ларри Кинг о идее создания спектакля. - Я люблю еврейское чувство юмора, думаю, что это во мне говорит наследство поколений еврейских комиков. Смешить простых людей мне нравится больше, чем беседовать с президентами. Если бы я не занялся тележурналистикой, то, скорее всего, стал бы комиком».

После премьеры, состоявшейся 14 апреля 2011 года в городе Торрентон, штат Коннектикут, спектакль шел в Атлантик-Сити, Лас-Вегасе, Балтиморе и других городах страны.

По мнению театральных критиков, «удивительно смешной и трогательный спектакль» интересен тем, что построен на диалоге Ларри со зрителем.

Отвечая на один из многочисленных вопросов из зала о своем отношении к религии, Ларри признался, что живет без особой веры, что он не атеист, а скорее агностик, но по-прежнему ходит в синагогу в праздники Рош ха-Шана и Йом-Кипур.

Между тем вот уже на протяжении последних шести лет агностик Ларри принимает участие в ежегодном телемарафоне, организованном представительством ХАБАД-Любавич, целью которого является привлечение всех далеких от иудаизма евреев к празднованию еврейского нового года Рош ха-Шана. И записал специальную программу, в которой рассказал о своем знакомстве с еврейскими традициями и хасидским движением.

В отличие от многих знаменитостей Ларри Кинг не делает тайны из своей личной жизни. Нынешняя его жена, в прошлом певица, телеведущая и модель журнала «Playboy» Шон Саутуик, моложе Ларри на 27 лет. Они встретились в Лос-Анджелесе у магазина «Тиффани» и сыграли свадьбу в сентябре 1997 года. На приеме по случаю женитьбы в банкетном зале легендарного отеля «Spago» в Беверли-Хиллз 64-летний жених преподнес 250-ти гостям сюрприз, объявив, что вскоре станет счастливым отцом. Спустя год после рождения первенца - Ченса - Шон подарила Ларри второго сына - Кэннона. Сегодня Ларри и Шон вместе с детьми живут в роскошном особняке в Беверли-Хиллз.

Когда-то Ларри сказал себе, что если у него будет красивая высокая жена и собственный магазин бубликов, он сможет назвать свою жизнь состоявшейся. Магазин бубликов Ларри купил пять лет назад. Расположен он недалеко от его дома, так что почти каждое утро он приходит туда, чтобы позавтракать горячими бубликам и кофе.

Все о чем Ларри мечтал, сбылось: у него красивая высокая жена, магазин бубликов и еще - любимая работа. В общем, жизнь состоялась. «Я - везун, баловень судьбы», - говорит о себе Ларри Кинг, и на вопрос, каковы его ближайшие планы, отвечает: «План у меня один - продолжать жить!»

Ноябрь 2013

26 КОРОЛЬ МОДЫ РАЛЬФ ЛОРЕН

Настоящая фамилия знаменитого американского модельера и бизнесмена Ральфа Лорена - Лифшиц. Досталась она ему от дедушки Шломо Залмана, который в 1920 году эмигрировал в Америку из Пинска с дочерью Марией и сыном Франком, будущим отцом Ральфа. «Я всегда интересовался своим прошлым, своими корнями. Моего отца в семье называли Франком, - рассказывал в интервью репортеру журнала TIMES еще в 1983 году Ральф Лорен, - но скорее всего, на бывшей родине у него было другое имя. Это уже в Америке он стал Фрэнком. Моя мать Фрейдл Котлар, родом из Гродно. С отцом она познакомилась в Нью-Йорке. Родители хотели, чтобы я стал доктором или адвокатом, ну в крайнем случае - бухгалтером, но после службы в армии я поступил в городской колледж на отделение экономики и бизнеса».

В отличие от своих сверстников, которые носили драные джинсы и потертые кожаные куртки, Ральфа привлекала мужская мода в традициях 20-30 годов. В одежде он старался походить на своих кумиров, звезд Голливуда: Фреда Астера, Кэри Гранта, Гэри Купера. Даже в старом, с плеча брата пиджаке и стираной рубашке, с повязанным вокруг шеи цветастым шелковым платком или небрежно накинутым шарфом Ральф - его подружки не дадут соврать - выглядел просто шикарно. Голубоглазый, с короткой стрижкой и белозубой улыбкой, он всегда появлялся в отглаженных (обязательно с поясом) брюках и начищенных до блеска туфлях. Прошли годы, и уже будучи всемирно-известным дизайнером, Ральф создал для торговой компании GAP модель джинсов Polo-RL. И вот однажды, натянув на себя эти самые джинсы Polo-RL, поехал на спортивной машине навестить родителей. Взглянув на сына, Фрейдл пришла в ужас: по ее мнению, джинсы были одеждой бедняков. И она подняла страшный шум: «Если ты в следующий приезд еще хочешь увидеть свою мамочку живой, - сказала она Ральфу, - то, пожалуйста, оденься поприличнее». Через неделю Ральф приехал навестить родителей в шикарном костюме.

Ральф, младший из четырех детей Фрэнка и Фрейдл Лифшиц, родился 14 октября 1939 года в Бронксе. «Мне уже давно надоело слышать о себе все эти рассказы, как бедный еврейский мальчик из Бронкса стал миллионером, - жаловался репортеру TIMES Ральф Лорен. - Да, я родился в Бронксе, но в самом лучшем его районе, и у меня было счастливое детство. Мои родители не были богаты, но они и не были бедны». По субботам семья посещала находившуюся недалеко от дома Парквэй-синагогу. Рабби синагоги Зевулун Чарлоп вспоминал, что Фрэнк Лифшиц, отец Ральфа, был открытым, добросердечным и приятным в общении человеком. В Бронксе, в районе Парквэй, его многие знали. Фрэнк - маляр, обладавший талантом художника, с юных лет мечтавший стать вторым Шагалом, занимался раскраской стен под мрамор, изготавливал панно и делал стенные росписи в холлах общественных зданий. Несколько работ Фрэнка сохранились до наших дней, под ними стоит его подпись: «F. Lifshitz».

Мать Ральфа происходила из религиозной семьи. Она старалась дать детям традиционное еврейское образование, поэтому все три ее сына, Леонард, Джером и Ральф, посещали частную еврейскую школу-ешиву в Бронксе, где наряду с ивритом и иудаизмом детей обучали «светским», общеобразовательным предметам. К огорчению родителей, ни один из сыновей ешиву так и не окончил. Все захотели стать настоящими американцами и пошли в обычные хай-скул. «В ешиве были чудесные преподаватели и прекрасное обучение, - вспоминал школьные годы Ральф Лорен, - но меня увлек спорт. Я играл в баскетбол, хоккей на траве, бейсбол... Я решил стать профессиональным спортсменом». «Самым большим разочарованием в жизни Фрейды, - свидетельствует рабби, - было то, что, подрастая, дети отдалялись от еврейской религиозной жизни». «Хорошо, конечно, что Ральф стал богатым и знаменитым, - делилась она с раввином, - но мне бы хотелось, чтобы при этом он оставался евреем. Для меня это было бы большим счастьем».

Поработав после окончания колледжа коммивояжером в фирме по продаже галантереи, а затем продавцом в нескольких магазинах модной мужской одежды, Ральф устроился дизайнером в нью-йоркскую фирму «Beau Brummel Ties», выпускавшую недорогие галстуки. С согласия владельца компании Бью Бруммеля Ральф занялся разработкой дизайна широких шелковых галстуков различной цветовой гаммы с логотипом Polo.

Почему Polo? «Мы с братом решили, - вспоминал Ральф Лорен, - что название брэнда должно ассоциироваться с элитным спортом. И стали перебирать популярные в 20-30 годы в среде представителей высших слоев общества виды спорта: крикет, гольф, теннис, лыжи, парусные гонки... Конное поло! Давай назовем торговую марку «Polo», - предложил Джерри. - Ведь поло один из самых престижных видов спорта в мире».

Непривычной ширины галстуки, выставленные для продажи в магазинах мужской одежды, стоили не дешево. Если модные в то время обычные узкие галстуки-«селедочки» продавались по 5-7 долларов, галстуки Polo - были в 2-3 раза дороже. По словам одного из друзей Ральфа Лорена Берни Шварца: «Носить в те дни широкий галстук Polo означало принадлежать к некоему сообществу, определенному кругу людей, не только обладавших отменным вкусом, но и состоятельных, добившихся успеха в жизни. Встретив человека с таким же как и у вас галстуком «от Лорена», вы запросто могли уже считать его своим братом. Вы могли встретить его в самолете, в лифте - где угодно. Галстуки Лорена свидетельствовали о типе человека: человека с достатком, независимого и уверенного в себе».

Журнал «Playboy» стал первым национальным изданием, поместившим рекламу галстуков Лорена на одной странице с рекламой мужской одежды Билла Бласса и Пьера Кардена. «Глядя на рекламную страницу, - вспоминал Ральф Лорен, - я подумал, что широкие галстуки хорошо бы подходили к мужским костюмам и пиджакам, в дизайне которых сочетались бы изысканность, традиционный английский стиль и непременно высокое качество». Своей идеей создания коллекции мужской одежды Ральф заинтересовал Нормана Хилтона, владельца одной из самых крупных компаний США по производству тканей и готовой одежды. Хилтон предложил Ральфу кредит в 50 тысяч долларов и партнерство в бизнесе. В начале 1968 года на взятые в долг деньги Ральф запустил собственную линию по выпуску мужской одежды. Звезда Лорена взошла спустя год, когда костюмы, пиджаки, брюки, свитера, блейзеры и сорочки с фабричной маркой Polo Fashion появились на полках элитных магазинов мужской одежды.

Первым приглашенным в 1968 году на работу в компанию Polo Fashion сотрудником стал Фил Фейнер. Одетый с иголочки красавчик Фил, продавец одного из модных магазинов мужской одежды, имел большой опыт работы по обслуживанию покупателей, истинных ценителей моды. Среди них были известные бизнесмены, политики, звезды шоу-бизнеса и... гангстеры. Добавим, что Ральф называл своего помощника «Пинки» - это прозвище Фил получил от своего настоящего еврейского имени Пиня.

«Достаточно было одного взгляда на Ральфа, чтобы понять, что он талантлив, - вспоминал Фил Фейнер свою первую встречу с Лореном. - Это как в актерских студиях: один становится Ал Пачино, другие - всю жизнь остаются средними актерами».

Тем временем Ральф открывает собственные секции по продаже мужской одежды в известных универсальных магазинах Saks Fifth Avenue, Neiman-Marcus, Bloomingdale's, бутики в Беверли-Хиллз, Кармеле, Палм-Спрингс и Палм-Бич. Во время посещения Сан-Франциско в ноябре 1969 года Ральф Лорен в интервью газете «San Francisco Chronicle» рассказал о своей мечте запустить в производство линию женской одежды. Спустя восемнадцать месяцев в фешенебельном магазине I.Magnin - был такой в Сан-Франциско на Юнион-сквер, Лорен открыл секцию женской одежды. В первый же день продажи модницы Сан-Франциско купили более двух тысяч видов женской одежды с новым лейблом - Polo by Ralph Lauren: костюмы, брюки, рубашки и свитера с эмблемой - миниатюрным всадником с клюшкой в руке, платья, блузки и прочие предметы женского туалета.

Создание логотипа в виде игрока в поло, спорта аристократов, было одной из блестящих идей Лорена. «Как ни парадоксально это звучит, - писал один из специалистов по рекламе, - но покупая рубашку Polo, вы прежде всего вспоминаете о Ральфе Лорене. Обратив внимание на эмблему – выразительный образ скачущего всадника с клюшкой в руке, вы представляете себе состязание - конное поло. О, это Polo, рубашка «от Лорена»! А Polo by Ralph Lauren - это не только высокое качество товара, это еще и ощущение свободы и комфорта, свидетельство успеха в жизни. И у вас тут же возникает желание купить рубашку торговой марки Polo, а не какой-либо другой. И купив ее, вы уверены, что сделали правильный выбор».

Посчитав, что одежда «от Лорена» лучше всего отражает стиль моды 1920-х годов, студия Paramount Pictures в марте 1973 года предложила Лорену принять участие в создании дизайна мужских костюмов к фильму Джека Клейтона «Великий Гэтсби» (по роману Скотта Фицджеральда). Год спустя три знаменитых фильма: «Великий Гэтсби», «Чайна-таун» и «Крестный отец - 2» были номинированы на премию «Оскар» за лучший дизайн костюмов. Памятным вечером 18 апреля 1975 года на церемонии вручения наград Лорен Бэколл, открыв конверт, объявила имя победителя. Им стала Теони Элдридж, художник по костюмам фильма «Великий Гэтсби».

Имя Лорена, создавшего для фильма более ста мужских костюмов не было упомянуто не только в титрах фильма, но и в памятном сувенирном буклете: он не был членом гильдии художников Голливуда. «Мы с Элдридж были людьми из разных миров, - прокомментировал решение киноакадемиков Ральф Лорен. - Она из мира искусства, из мира театра и кино, я - из мира бизнеса».

И все же участие в создании дизайна мужской одежды к фильму «Великий Гэтсби» прибавило популярности Лорену: спустя три года он создаст костюмы для фильма Вуди Аллена «Энни Холл». Когда фильм вышел в широкий прокат, экранные герои в одежде «от Лорена» с эмблемой скачущего всадника послужили отличной рекламой компании Polo не только в Америке, но и в других странах.

Своей успешной карьере модельера и бизнесмена, по словам Ральфа Лорена, он во многом обязан своей жене, Рикки. Ральфу было 25 лет, когда в офисе врача-окулиста он познакомился с 19-летней медсестрой Рикки Лоубир, родители которой, австрийские евреи, бежали из Вены накануне оккупации страны нацистами. Проблемы со зрением не помешали Ральфу с первого взгляда на юную помощницу врача разглядеть, что Рикки - само совершенство. Блондинка с такими же как у Ральфа, голубыми глазами и стройной фигурой, опа была умна, практична и обладала потрясающей интуицией и безупречным вкусом.

Они поженились спустя полгода после знакомства, в декабре 1964 года. Брак оказался на редкость счастливым: Ральф и Рикки вместе уже пятьдесят два года. Слава, стремление к зарабатыванию денег, свидетельствуют близкие друзья Лоренов, не главное в их жизни. Гордость Ральфа и Рикки - их дети: сыновья Дэвид и Эндрю (Джерри) - вице-президенты компании Polo Ralph Lauren - и дочь Дилан, успешная бизнес-вумен, владеющая кондитерским супермаркетом на Мэдисон Авеню (неподалеку от фирменного магазина отца) и сетью магазинов конфет класса «люкс».

В начале 80-х вслед за коллекциями мужской и женской одежды для повседневной носки Ральф Лорен запускает в производство линии по выпуску удобной одежды для занятия спортом и отдыха, одежды для детей, курток в стиле «ранчо», ковбойских джинсов, юбок-«саванна». В течение десятилетия ни один американский дизайнер не мог конкурировать с Лореном на рынке модельной одежды. Неудивительно поэтому, что историки американской моды считают 80-е годы «десятилетием Ральфа Лорена». «Лоренизация» Америки продолжалась и в последующие годы, когда Лорен стал выпускать обувь, постельное белье, изделия из кожи, женские и мужские духи, косметику, наладил производство посуды, обоев, мебели. Сегодня в рекламных каталогах компании - более двух тысяч наименований товаров «от Лорена».

По оценкам авторитетного журнала Forbes, личный капитал Ральфа Лорена более 3 млрд. долларов. Ему принадлежит компания, восемь линий одежды, триста магазинов по всему миру: от Нью-Йорка до Москвы и от Буэнос-Айреса до Парижа. В 2008 году Ральф Лорен стал главным дизайнером одежды для американских спортсменов на Летней олимпиаде в Пекине, а в начале 2010-го - на Зимней олимпиаде в Ванкувере. «За воплощение высочайшего мастерства в американской моде» в 2008 году, в честь сорокалетия творческой деятельности Лорена Совет дизайнеров США удостоил его почетным титулом «Легенда моды». Королем моды назвал Ральфа Лорена один из его биографов и считает, что коронованные особы сильно позавидовали бы ему, если бы увидели корону, которую он изготовил для себя по собственному дизайну.

Июнь 2010

27 БИЛЛИ КРИСТАЛ: «ОКАЗЫВАЕТСЯ, РОДИТЬСЯ - ЭТО ЕЩЕ НЕ ВСЕ!»

В 2007 году знаменитый комик, актер и телеведущий Билли Кристал стал лауреатом премии юмора имени Марка Твена. «Как говаривал мой дедушка, - прокомментировал Билли Кристал решение жюри Центра исполнительских искусств, присудившего ему столь престижную награду, - если долго толкаться в лавке, то рано или поздно тебе что-нибудь перепадет». В лавке под вывеской «Шоу-бизнес» 65-летний актер «толкается» без малого полвека, и кроме премии юмора имени Марка Твена и других не менее почетных премий за творческие достижения в области театра и кино («Эмми», «Тони», «Золотой глобус»), Билли Кристалу перепала еще одна высокая награда - признание и любовь зрителей. Один из самых знаменитых комедийных актеров Голливуда Билли Кристал в 1990 году был избран ведущим церемонии вручения кинопремий «Оскар» и в 2009-м успешно провел ее в девятый раз!

В одном из интервью Билли Кристал рассказывал, что он начал шутить с раннего детства и уже в возрасте пяти лет, был «обречен» стать комиком. Come on, Bill! Стать комиком ты был «обречен» уже с пеленок, а точнее с момента своего появления на свет, поправит его любой читатель «проглотивший» в один присест - настолько она интересна, его автобиографическую книгу «700 воскресений». И окажется прав.

«Я родился в детской больнице на Манхэттене, в 7.30 утра в воскресенье, 14 марта 1948 года. Роды у мамы были трудные, - делится с читателями своими воспоминаниями Билли.

- Тужься сильнее, Хелен, - то и дело советовал ей доктор. - Беби вот-вот появится, Хелен. Как ты себя чувствуешь, Хелен?

- Ой, доктор! Пытка - это не то слово, как я себя чувствую.

- Ну вот, Хелен, я уже вижу его личико... Да он просто красавчик!

- На кого он похож?

- Вылитый Джо Луис. (Джо Луис был легендарным черным боксером). - Ого! – воскликнул доктор, - у беби такие широкие плечи, что без акушерских щипцов не обойтись.

Акушерские щипцы? - Билли и по сей день вспоминает подручный инструмент доктора с ужасом. - Этого еще не хватало! Нет, спасибо вам огромное. Куда это вы все так торопитесь? Как по мне - я могу и подождать. Мне спешить некуда.

Доктор и щипцы сделали свое дело - я появился на свет. Кто-то шлепнул меня по попе. (Ой, больно!). - А-а-а-а-а! Кто-то положил меня на холодную чашку весов. (Ой, холодно). -А-а-а-а-а! И тут же доктор стал взвешивать меня, да так тщательно, словно продавец деликатесов, которого попросили взвесить не больше - не меньше, а ровно полфунта солонины...

Оказывается, родиться - это еще не все! - философски заметил про себя восьми дней от роду, малютка. - Я лежу на подушке, совершенно голый, восемь фунтов и девять унций весу, с виду - курица для варки. Подходит бородатый дядечка, кладет меня на стол и электрическим ножом - чик - укорачивает на несколько дюймов мое мужское начало. Я кричу от боли, но все вокруг почему-то радуются и ликуют: оказывается, этот «чик», который называется «бритмила», для них - настоящее торжество, по случаю которого в гостиной уже накрыт праздничный стол».

Ну, так с какого возраста Билли Кристал был «обречен» стать комиком? Уж явно не с пяти лет, как утверждает Билли, а именно - с момента своего появления на свет.

В декабре 2004 года Билли Кристал осуществил свою давнюю мечту, поставив моноспектакль с одноименным с автобиографической книгой названием - «700 воскресений». Название книги - «700 воскресений» связано с его отцом, который скончался от сердечного приступа, когда Билли было пятнадцать лет. «Я посчитал, - рассказывает Билли Кристал, - что пятнадцать лет - это приблизительно семьсот недель, а значит и семьсот воскресений, которые провел со мной отец. В детстве я с нетерпением ждал воскресенья. Отец много работал, и только по воскресеньям находил время для общения со мной и двумя моими старшими братьями. Мы прогуливались с ним по деревянной набережной Лонг-Бич, играли в кегли и бейсбол, гоняли мяч, по воскресеньям он водил нас в кино и даже на бродвейские шоу... Семьсот воскресений, семьсот счастливых дней - не так уж много для ребенка, который провел их со своим отцом».

«Мои родители, Джек Кристал и Хелен Габлер, - выйдя на сцену, начинает свой рассказ Билли, - познакомились на работе, в универмаге Macy's. Папа работал в юридическом отделе, мама - продавцом секции галантерейных товаров. Мама прекрасно пела и танцевала и в течение семи лет принимала участие в традиционных парадах компании Macy's на День Благодарения. В карнавальном костюме мышки Минни Маус, восседая с микрофоном в руках на движущейся, нарядно оформленной платформе она пела любимую песенку Минни - «I'm Forever Blowing Bubbles», и ей подпевали стоявшие вдоль Бродвея люди».

Рассказывая о детстве, Билли Кристал с теплотой и любовью вспоминает своих дедушек и бабушек. Бабушка Софа, мать отца, приехала в Америку из Киева пятнадцатилетней. Дедушка – Джулиус Кристал, прибалтийский еврей, эмигрировал в Америку из Финляндии. Оба они, дедушка Джулиус и бабушка Софа, были артистами еврейского театра в Бруклине. Автор книги «Тирания Бога», дедушка перевел на идиш пьесу Шекспира «Король Лир» и замечательно играл в ней заглавную роль (вместе с бабушкой в роли Корделии).

Сюзи Касиндорф, бабушка с материнской стороны, родилась в Ростове-на-Дону, дедушка, тезка дедушки Кристала, Джулиус Габлер, был родом из Вены. Дед приплыл в Нью-Йорк на пароходе «Роттердам» 3 августа 1903 года и уже на следующий день, девятилетний, торговал ношеной одеждой на людной Фултон-стрит, в Бруклине. К пятнадцати годам, владея небольшой лавкой, он открыл свой первый магазин одежды. Потом - другой. Дед рассказывал, что он работал «по сорок восемь часов в сутки» и экономил каждый цент. Всевышний наградил его за труды: один за другим он пооткрывал на Вест Сорок второй улице еще несколько магазинов и в их числе рядом с гостиницей «Commodore» - «Commodore Music Shop» - музыкальный магазин, в котором торговал граммофонами, пластинками, музыкальными инструментами и входившими в моду патефонами и радиоприемниками. Бабушка Сюзи и дедушка Джулиус, ортодоксальные евреи, как и вся их многочисленная родня, неуклонно следовали первой из 613 заповедей Торы: «плодитесь и размножайтесь».

Билли Кристал вспоминает, что в гостеприимном доме родителей на Ист Парк-авеню, особенно в праздники - День Благодарения и Песах за столом собирались большие компании, бывало, что и до полусотни родственников. Все они были люди разных профессий и занятий: меховщики и архитекторы, фармацевты и врачи, бухгалтеры и торговые агенты, (был среди них даже профессиональный шпион). Но всех их объединяла одна привычка: сидя за столом, они ели и говорили. Одновременно.

Часто гостил в доме родителей двоюродный брат мамы Альберт Перри (он же Альберт Парецкий) - писатель, профессор Корнелльского университета. В юности он дружил с Лениным, который однажды по-приятельски поделился с ним своими планами на будущее: учинить (и непременно учинить!) в России революцию. И когда друг Володя таки «учинил» ее, кровавую, Ал подался в эмиграцию.

Гордостью семьи был дядя Сид Касиндорф. Изобретатель, он сконструировал транзисторный радиоприемник, который стал настоящей сенсацией Всемирной выставки в Нью-Йорке 1939 года. Тетя Ли была одной из первых в Америке женщин-президентов банка, а брат папы, дядя Берни, талантливым художником. В отличие от своего близкого приятеля, знаменитого художника и популярного комика и актера Зиро Мостеля, обладавший природным чувством юмора и большой любитель розыгрышей дядя Берни был комиком по жизни. Ценил и любил шутку и унаследовавший бизнесы деда старший брат мамы Милтон Габлер - джазовый музыкант и композитор, основавший студию звукозаписи «Commodore Records». В 1941 году став вице-президентом известной звукозаписывающей компании «Decca Records», Милт передал руководство магазином и студией звукозаписи «Commodore» своему шурину Джеку Кристалу, отцу Билли. Будучи совладельцем и исполнительным директором студии, фанат джаза Джек не только записывал на ней выдающихся джазовых певцов и музыкантов, но и занимался организацией их концертов. Со многими из них он дружил, но самыми близкими его друзьями были Луи Армстронг и Билли Холидей.

Встречи с Билли Холидей, величайшей джазовой певицей, Билли Кристал относит к сохранившимся в памяти эпизодам из детства. «Она называла меня «мистер Билли», я ее - «мисс Билли».

- Эй, мистер Билли, - однажды предложила она, - а не сходить ли нам вместе в кино?

И она повела меня в маленький кинотеатр на Сентрал-Плаза. Так, сидя на коленях у легдарной певицы, я, пятилетний, посмотрел свой первый в жизни фильм, знаменитый вестерн «Шейн» («Shane»), в котором играли замечательные актеры - Аллан Лэдд, Джин Артур и восьмилетний Брэндон Де Уайлд. Восьмилетний! Мальчишка на экране - это так здорово! И я твердо решил стать артистом».

После окончания школы Билли Кристал изучал театральное искусство в колледже Нассау, затем продолжил образование на факультете кино и телевидения Нью-Йоркского университета. Свою актерскую карьеру он начал с выступлений в различных кафе и клубах в качестве эстрадного комика. Со временем стал появляться в телевизионных шоу, телесериалах и на большом экране. Настоящий успех и известность принесли Билли Кристалу главные роли в комедиях «Когда Гарри встретил Салли», «Городские пижоны», «Сбрось маму с поезда». Затем были блестяще сыгранные роли в фильмах «Анализируй это» в паре с Робертом де Ниро и «Любимцы Америки» с не менее знаменитыми звездами экрана - Джулией Робертс, Кэтрин Зета-Джонс и Джоном Кьюсаком.

Не будем далее перечислять все фильмы с участием Билли Кристала - он снялся в более чем 80-ти кино- и телефильмах. Съемки в кино он успешно сочетал с активной концертной деятельностью, участием в популярных телешоу и работой на театральной сцене. Наиболее значимой его театральной работой стало шоу «700 воскресений». Хит театрального сезона 2005 года, шоу побило все рекорды кассовых сборов для немузыкальных произведений на Бродвее и было отмечено высшей наградой США за лучшую театральную постановку – премией «Тони».

Шоу «700 воскресений» - сентиментальное путешествие в прошлое - Билли Кристал завершает финальным монологом: «Мне часто видится, будто я сижу на заднем сидении старенького серого цвета папиного авто «Плимут-Бельведер». Машина мчит меня в неизвестном направлении, и вдруг она сворачивает на Сорок вторую улицу между Лексингтон и Третьей авеню и, проехав мимо музыкального магазина «Commodore», останавливается у здания Центрального вокзала. Я вхожу через открытые двери в огромный вестибюль и пытаюсь отыскать в толпе людей своего отца. И вдруг я вижу его. - Привет, па, - говорю я ему. На его лице приветливая улыбка, и он, положив мне на плечо руку, спрашивает: - Ты кушал?

И вот уже я слышу звон тарелок, разговоры и смех сидящих

за столом гостей, чувствую запах куриного супа с кнейдлах, пастромы, виски и пудинга из лапши. Я вижу: бабушку Сюзи и дедушку Джулиуса, дядю Милта и дядю Берни, а вон - бабушка Софа, дядя Сид, мама и папа, и все они с нетерпением ждут, когда, уже после обеда, я устрою для них настоящее представление...». Закончив финальный монолог, Билли Кристал прощается со зрителями и сопровождаемый громкими аплодисментами неторопливо уходит за кулисы.

Из-за длительных гастрольных поездок с показом шоу по стране и за рубежом - в Канаде и Австралии Билли Кристал несколько раз отклонял предложения руководства Американской киноакадемии принять участие в качестве ведущего церемонии «Оскар». Но в сентябре 2008 года, выступая на просмотре фильма «Городские пижоны», устроенном в честь 20-летия картины, Билли Кристал признался, что почувствовал ностальгию и готов снова выйти на сцену в роли ведущего. И когда организаторы церемонии предложили Билли Кристалу провести очередное, 84-е по счету шоу вручения кинопремий «Оскар», он согласился. «Я, как и все, очень рад, что Билли снова будет ведущим. Отрадно, что он согласился работать, - приветствовал решение Билли Кристала продюсер церемонии Брайан Грейзер. - Билли рожден быть ведущим. Он обожает развлекать гостей и делает это со смаком и энтузиазмом... Он один из величайших ведущих «Оскара» за всю историю. Его возвращение - это праздник». Праздник состоялся 26 февраля 2009 года, когда миллионы телезрителей в 225 странах мира, вновь, уже в девятый раз, увидели Билли Кристала в роли ведущего церемонии вручения «Оскара».

Известие о том, что Билли Кристал станет ведущим «оскароносной» церемонии, вызвало повышенный интерес к его личной жизни. Она сложилась не менее удачно, чем актерская карьера. В 1970 году после окончания университета двадцатидвухлетний Билли женился на сокурснице по колледжу танцовщице и актрисе Дженис Голдфингер. Самое важное в жизни для Билли - это семья: его счастливому браку с Дженис - сорок шесть лет. Их дочери - Дженнифер и Линдс актрисы.

Рождение внучки Эллы Райан, которую подарили Билли Кристалу Дженнифер и ее муж, сценарист и писатель Майкл Фоули, стало для него одним из самых долгожданных и счастливых событий в жизни. Общение с внучкой, по словам Билли Кристала, вносит в его жизнь неимоверную радость и удовольствие. «Быть дедом для меня намного важнее, чем придумывать шутки и выступать на сцене или сниматься в кино, - признается он, - и ради внучки, я даже готов оставить актерскую карьеру». Это несерьезно, Билли! Миллионы почитателей твоего таланта хотят почаще видеть тебя на театральной сцене и на экране, концертной эстраде и ТВ. И, конечно же, уверены в том, что ты вновь поднимешься на сцену кинотеатра «Кодак» в роли ведущего церемонии «Оскар», чтобы в очередной раз превратить ее в настоящий праздник.

Май 2012

Библиография

1. АЙЗЕК АЗИМОВ КАК НАЦИОНАЛЬНОЕ ДОСТОЯНИЕ

Asimov, Isaac. *In Memory Yet Green*. 1979.
Asimov, Isaac. *In Joy Still Felt*. 1980.
Asimov, Isaac. *I. Asimov (A memoir)*. 1994.
Asimov, Isaac. *The Early Asimov, Book One*. 1972.
Asimov, Isaac. *Isaac Asimov's Treasury of Humor*. 1971.
Asimov, Isaac. *Asimov laughs again*. 1992.
Гринберг, Мартин Х (Сост.) *Курсанты академии (Мир Айзека Азимова)*. 2002.
Азимов, Айзек. *Мечты роботов*. 2002.
Asimov, Janet J. *Notes for a Memoir: On Isaac Asimov, Life, And Writing*. 2006.
Раичев, Дмитрий. *Айзек Азимов из местечка Петровичи*, www.jewish.ru/history/press/2011/11/news994301827.php

2. СОЛ ЮРОК: ЖИЗНЬ СРЕДИ ЗВЕЗД

Hurok, Sol. *Impresario: A memoir*. 1946.
Robinson, Harlow. *The Last Impresario: The Life, Times, and Legacy of Sol Hurok*. 1994.
Blair, Fredrika. *Isadora: Portrait of the artist as a woman*. 1986.
Long, Robert. *Broadway, The Golden years*. 2001.
Clarke, Mary. *Ballet: An illustrated history*. 1973.
Fonteyn, Margot. *Autobiography*. 1976.
Альджеранов, Харкурт. *Анна Павлова*. 2006.
Карнеги, Дейл. *Как завоевывать друзей и оказывать влияние на людей*. 1990.
Моисеев, Игорь. *Я вспоминаю*. 1996.
Mordden, Ethan. *Opera anecdotes*. 1985.

3. МЕНУХИН ВЕЛИКИЙ

Menuhin, Y. *The music of man.* 2000.
Menuhin, D. *Fidler's Moll: Life With Yehudi.* 1984.
Menuhin Rolfe, Lionel. *The Menuhin's: A Family Odyssey.* 1978.
Menuhin, Y. *Unfinished Journey.* 1977.
Rosenbaum, Fred. *Visions of reform; Congregation Emanu-El and Jews of SF.* 2000.
Flamm, Jerry. *Good life in hard times; San Francisco's '20s and '30s.* 1986.
Burton, Humphrey. *Yehudi Menuhin: A Life.* 2001.
Magidoff, R. *Yehudi Menuhin, the Story of the Man and the Musician.* 1955.
Slater, Elinor and Robert. *Great Jewish Men.* 1998.
Taylor, Judith M. *Golden children*, The Argonaut, Vol. 17, No. 2, 2006.

4. СИДНЕЙ ФРАНКЛИН - МАТАДОР ИЗ БРУКЛИНА

Franklin, Sidney. *Bullfighter from Brooklyn: An autobiography of Sidney Franklin.* 1952.
Paul, Bart. *Double-Edged sword: The many lives of Hemingway's friend, the American matador Sidney Franklin.* 2009.
Foer, Franklin. *Jewish Jocks: An Unorthodox Hall of Fame.* 2012.
Ribalow, Harold U. *The Jew in American Sports.* 2012.
Хемингуэй, Эрнест. *Мадридские шоферы Рассказы и очерки разных лет.* 1982.
Эренбург, Илья. *Люди, годы, жизнь. т. 2.* 1990.

5. ДВОЙНАЯ ЖИЗНЬ МО БЕРГА

Dawidoff, Nicholas. *The Catcher Was a Spy: The Mysterious Life of Moe Berg.* 1995
Berg, Ethel. *My Brother Morris Berg: The Real Moe.* 1976.
Grey, Vivian. *Moe Berg: The Spy Behind Home Plate* (JPS Yong biography). 1996.
Farkas, Neil. *My Time with the Catcher Spy, Morris Moe Berg.* 2011
Reary, Danny. *Cult baseball players.* 1990.
Slater, Robert. Great Jews in Sports. 1983.
Okrent, Daniel. *Baseball Anecdotes.* 1989.

6. ДЖОРДЖ БЁРНС: «КАК ПРОЖИТЬ ДО СТА И БОЛЬШЕ»

Burns, George. *Grace: A love story.* 1988.

Burns, George. *All my best friends.* 1989.

Burns, George. *Wisdom of the 90s.* 1991.

Burns, George. *How to live to be 100 - or more! 1983.*

Фрагменты из эссе, в переводе с английского Марка Иланского, (ilansky. com/tag/джордж-бёрнс/).

Burns, George. *Dr. Burns' prescription for happiness.* 1984.

Burns, George. *100 years, 100 stories.* 1996.

Nachman, Gerald. *Raised on radio.* 1998.

Lyman, Darryl. *Great Jews on Stage and Screen.* 1994.

Душенко, К. *Мастера афоризма. Мудрость и остроумие от Возрождения до наших дней.* 2007.

7. ОСКАР ЛЕВАНТ: МЕЖДУ ГЕНИЕМ И БЕЗУМИЕМ...

Kashner, S. *A talent for genius. The life and times of Oscar Levant.* 1994.

Levant, Oscar. *A smattering of ignorance.* 1940.

Levant, Oscar. *The memoirs of an amnesiac.* 1965.

Levant, Oscar. *The Unimportance of being Oscar.* 1968.

Vinokur, Jon. *The portable curmudgeon.* 1987.

Gale Encyclopedia of Biography. 2006.

Encyclopedia Judaica, Volume 12. 2007.

8. МИККИ КАЦ: «МУЗЫКА ЗВУЧАЛА ТАК ВЕСЕЛО...»

Katz, Mickey with Hannibal Coons. *Papa, play for me.* 1977.

Katz, Mickey. *Papa, Play for Me: The Autobiography of Mickey Katz.* 2002.

Lyman, Darryl. *Great Jews on Stage and Screen.* 1994.

Strom, Yale. *The book of klezmer.* 2002.

Sapoznik, Henri. *Klezmer! Jewish Music From Old World to Our World.* 1999.

Rogovoy, Seth. *The Essential Klezmer.* 2000.

Slobin, Mark. *American klezmer.* 2002.

Bennett, Roger. *And You Shall Know Us by the Trail of Our Vinyl: The Jewish Past as Told by the Records We Have Loved.* 2008.

Kun, Josh. *Audiotopia: music, race, and America.* 2005.

БИБЛИОГРАФИЯ

9. БЕННИ ГУДМЕН - ПОЭТ КЛАРНЕТА, КОРОЛЬ СВИНГА

Goodman, Benny. *The Kingdom of Swing.* 1939.

Baron, Stanley. *Benny, King of Swing.* 1979.

Collier, James L. *Benny Goodman and the Swing Era.* 1989.

Lyman, Darryl. *Great Jews on Stage and Screen.* 1987.

Slater, Elinor and Robert. *Great Jewish Men.* 1998.

Terkel, Studs. *Giants of Jazz.* 1957.

Stearns, Marshall W. *The Story of Jazz.* 1970.

Stroff, Stephen M. *Discovering Great Jazz.* 1991.

Simon, George T. *Glenn Miller and His Orchestra.* 1971.

Samberg, Joel. *The Jewish Book of Lists.* 1998.

Crow, Bill. *Jazz anecdotes.* 1990.

Wayman, Stan. 'Stompin' it up at the Savoy-Marx: Goodman plays and the Reds sing, sing, sing.' *LIFE Magazine* 53 (1962): 16-26.

10. ВЫ ЕЩЕ НЕ ТАКОЕ УСЛЫШИТЕ!

Freedland, Michael. *Jolson.* 1972.

Goldman, Herbert G. *Jolson: The Legend Comes to Life.* 1988.

Friedman, Lester D. *The Jewish Image in American Film.* 1987.

Alexander, Michael. *Jazz Age Jews.* 2001.

Lyman, Darryl. *Great Jews on Stage and Screen.* 1994.

Slater, Elinor and Robert. *Great Jewish Men.* 1998.

Schnayder, Steven J. *501 Movie Stars: A Comprehensive Guide to the Greatest Screen Actors.* 2007.

By Times Books, The New York Times Guide to the Best 1,000 Movies Ever Made. 2004.

Boller, Paul F., Jr. *Hollywood Anecdotes.* 1987.

11. ВЕЛИКИЙ ГОЛДВИН

Berg, A. Scott. *Goldwyn: A Biography.* 1989.

Epstein, Lawrence J. *Samuel Goldwyn.* 1981.

Easton, Carol. *The Search for Sam Goldwyn: A Biography.* 1976.

Marx, Arthur J. *Goldwyn: A Biography of the Man Behind the Myth.* 1976.

Birmingham, Stephen. *The Rest of Us: The Rise of America's Eastern European Jews.* 1984.

Boller, Paul F., Jr. *Hollywood Anecdotes.* 1988.

Hay, Peter. *Movie Anecdotes.* 1990.

Niven, David. *Bring on the empty horses.* 1975.
Madsen, Axel. *Chanel: A woman of her own.* 1991.
Рихлер, Мордехай. 'Голдвин'. *Лехаим* 5 (май 2012):
Тривус, Ева. 'Сэм Голдвин'. *Форвертс* 6 (февраль 1998):
Фрид, Алекс. *Алла Назимова и Евреи в Голливуде.* 2010.

12. МАЙК И ЛИЗ

Cohn, Art. *The Nine Lives of Michael Todd: The Story of One of the World's Most Fabulous Showmen.* 2009.
Todd, Michael Jr. *A Valuable Property: The Life Story of Michael Todd.* 1983.
Walker, Alexander. *Elizabeth: The Life of Elizabeth Taylor.* 2001.
Heymann, C. David. *Liz: An Intimate Biography of Elizabeth Taylor.* 2011.

13. ИМПЕРАТОР

Niven, David. *Bring on the empty horses.* 1975.
Pejsa, Jane. *Romanoff, Prince of Rogues: The Life & Times of a Hollywood Icon.* 1997.
Graham, Sheilah. *The Garden of Allah.* 1970.
Sinatra, Nancy. *My Father.* 1986.
Bacall, Lauren. *Lauren Bacall: By Myself.* 1979.

14. БАГСИ СИГЕЛ: ВООРУЖЕН И ОЧЕНЬ ОПАСЕН

Carter, Lauren. *The most evil mobsters in history.* 2004.
Carpozi, George Jr., *Bugsy: The Godfather of Las Vegas.* 1976.
Brooks, Philip. *Extraordinary Jewish Americans.* 1998.
Thomson, David. *In Nevada: The Land, the People, God, and Chance.* 1999.
Rockaway, Robert A. *But He Was Good to His Mother: The Lives and Crimes of Jewish Gangsters.* 1998.
Lacey, Robert. *Little Man: Meyer Lansky and the Gangster Life.* 1991.
Higham, Charles. *Cary Grant: The Lonely Heart.* 1989.
Arons, Ron. *The Jews of Sing Sing: Gotham Gangsters and Gonuvim.* 2008.
Simich, Jerry L. *The Peoples Of Las Vegas: One City, Many Faces.* 2005.

БИБЛИОГРАФИЯ

15. БИЛЛИ РОУЗ - ЛЕГЕНДА И ЧЕЛОВЕК

Rose, Billy. *Wine, Women and Words.* 1948.
Gottlieb, Polly Rose. *The nine lives of Billy Rose.* 1968.
Goldman, Herbert G. *Fanny Brice: The Original Funny Girl.* 1992.
Lyman, Darryl. *Great Jews on Stage and Screen.* 1994.
Charyn, Jerome. *Gangsters and Gold Diggers: Old New York, the Jazz Age, and the Birth of Broadway.* 2003.
Сьюзанн, Жаклин. *Жозефина.* 1993.
Ydkoff, Alvin. *Gene Kelly: A Life of Dance and Dreams.* 1999.
Yablonsky, Lewis. *George Raft.* 1989.
Rockaway, Robert A. *But He Was Good to His Mother: The Lives and Crimes of Jewish Gangsters.* 1999.
Sarvady, Andrea. *Leading Ladies: The 50 Most Unforgettable Actresses of the Studio Era.* 2006.
Morrison, William. *Broadway Theatres: History and Architecture.* 1999.

16. ПРЕЛЕСТНЕЕ ТЕБЯ Я НЕ ВСТРЕЧАЛ НИКОГО
страницы жизни Шейлы Грэхем

Graham, Sheilah. *The Late Lily Shiel.* 1978.
Graham, Sheilah. *College of one.* 1967.
Graham, Sheilah. *The real F. Scott Fitzgerald: thirty-five years later.* 1976.
Graham, Sheilah. *The Garden of Allah.* 1970.
Graham, Sheilah. *Beloved Infidel.* 1989.
Fairey, Wendy W. *One of the family.* 1992.
Westbrook, Robert. *Intimate lies: F. Scott Fitzgerald and Sheilah Graham: her son's story.* 1995.
Фицджеральд, Фрэнсис. *Последний магнат.* 2012.

17. БЕВЕРЛИ

Sills, Beverly. *Beverly, an autobiography.* 1987.
Sills, Beverly. *Bubbles: A self-portrait.* 1976.
Paolucci, Bridget. *Beverly Sills.* 1990.
Englander, Roger. *Opera: What's All the Screaming About?* 1983.
Goulding, Phil G. *Ticket to the Opera: Discovering and Exploring 100 Famous Works, History....* 1996.
Самин, Д.К. *Сто великих вокалистов.* 2003.
Mordden, Ethan. *Opera Anecdotes.* 1985.

Dobkin, Matt. *Getting opera.* 2000.

Tommasini, Anthony. 'Beverly Sills, All-American Diva, Is Dead at 78' *The New York Times* (July 3, 2007).

18. ЖАН ПИРС - ЕДИНСТВЕННЫЙ И НЕПОВТОРИМЫЙ

Levy, Alan. *The Bluebird of Happiness: The Memoirs of Jan Peerce.* 1976.

Lyman, Darryl. *Great Jews in Music.* 1986.

Robinson, Harlow. *The Last Impresario: The Life, Times, and Legacy of Sol Hurok.* 1994.

Roland, L. Bessette. *Mario Lanza: Tenor in Exile.* 1999.

Slonimsky, Nicolas. *Baker's Biographical Dictionary of Twentieth-Century Classical Musicians.* 1997.

Boyden, Matthew. *The Rough Guide to Opera.* 2007.

19. ОПЕРАЦИЯ «СОЛО»

Barron, John. *Operation Solo: The FBI's Man in the Kremlin.* 1996.

Morris Childs - Master Spy. Retrieved from: www.spymuseum.com/pages/agent-childs-morris.html

A Byte Out of History. Going SOLO: Communist Agent Tells All. (August 2, 2011). Retrieved from: www.fbi.gov/news/stories/byte-out-of-history-communist-agent-tells-all

Калугин, Олег. *Прощай, Лубянка!* 1995.

20. ДВЕ ЖИЗНИ ЗИРО МОСТЕЛЯ

Brown, Jared. *Zero Mostel: A Biography.* 1989.

Mostel, Kate. *170 years of show business.* 1978.

Mostel, Zero. *Zero Mostel's Book of Villains.* 1976.

Josephson, Barney. *Café Society: The wrong place for the Right People.* 2009.

Lyman, Darryl. *Great Jews on Stage and Screen.* 1994.

Аллен, Вуди. *Записки городского невротика.* 2002.

Alvah, Bessie. *Inquisition in Eden.* 1965.

21. ШИРЛИ ПОВИЧ: РОМАН С ГАЗЕТОЙ ДЛИНОЮ В ЖИЗНЬ

Povich, Shirley. *All These Mornings.* 1969.

Povich, David. *All Those Mornings... at the Post: The 20th Century in Sports from Famed Washington Post Columnist Shirley Povich.* 2005.

Foer, Franklin. *Jewish Jocks: An Unorthodox Hall of Fame.* 2012.

Boxerman, Burton A. *Jews And Baseball: Volume I: Entering the American Mainstream, 1871-1948.* 2006.

Orodenker, Richard. *Twentieth Century American Sportswriters.* 1996.

Ward, Geoffrey. *Baseball: An Illustrated History.* 2010.

Кинг, Ларри. *Как разговаривать с кем угодно, когда угодно и где угодно.* 2008.

22. ЛЕО РОСТЕН: «УРА ИДИШУ!»

Rosten, Leo. *The Joys of Yiddish.* 1976.

Rosten, Leo. *Hooray for Yiddish!* 1982.

Rosten, Leo. *The new joys of Yiddish.* 2001.

Stavans, Ilan. 'O Rosten! My Rosten!'. *PaknTreger* 52 (2006).

Bryson, Bill. *Made in America: an informal history of the English language in the United States.* 1994.

McCrum, Robert. *The story of English.* 1986.

Skolnik, Fred. *Encyclopaedia Judaica: Ra-Sam. Volume 17.* 2007.

23. ДОРОГИЕ ЭББИ И ЭНН - КОРОЛЕВЫ МУДРЫХ СОВЕТОВ

Van Buren, Abigail. *The best of Dear Abby.* 1981.

Howard, Margo. *The story of Ann Landers.* 1981.

Van Buren, Abigail. *Dear Abby.* 1958.

Pettker, Janice. *Dear Ann, Dear Abby: The Unauthorized biography of Ann Landers and Abigail Van Buren.* 1987.

Hyman, Paula. *Jewish Women in America: An Historical Encyclopedia.* 1997.

Judd, Robin. 'Ann Landers'. (June 21, 2007) Retrieved from: http://www.jewishvirtuallibrary.org/ann-landers

Ефимова, Мария. *Дорогая Энн Лендерс* (2002) Retrieved from: www.SvobodaNews.ru

Grothe, Mardy. *Ifferisms: An Anthology of Aphorisms That Begin with the Word IF.* 2009.

24. БАРБАРА УОЛТЕРС: «В МОИХ ВОПРОСАХ НЕТ НИЧЕГО СТРАШНОГО»

Walters, Barbara. *Audition: A Memoir.* 2008.

Walters, Barbara. *How to Talk With Practically Anybody About Practically Anything.* 1970.

Jerry Oppenheimer, Barbara Walters (Biography). 1990.

Greenspan, Alan. *The Age of Turbulence*, 2007.

Paumgarten, Nick. 'Still kicking' *The New Yorker* (June 8, 2006)

Battaglio, Stephen. *From Yesterday to TODAY: Six Decades of America's Favorite Morning Show.* 2011.

Weiner, Ed. *The TV Guide TV Book: 40 Years of the All-Time Greatest: Television Facts, Fads, Hits, and History.* 1992.

Smith, Liz. *Dishing: Great Dish-and Dishes-from America's Most Beloved Gossip Columnist.* 2005.

Лазарис, Владимир. "ЗАМЕТКИ" (3.25.2007) Retrieved from: www.vladimirlazaris.com/zametki24.HTML

Богумилов, Юлий. 'О чем говорить, когда не о чем говорить'. *Огонек* 27, (1996): 13.

25. БАЛОВЕНЬ СУДЬБЫ ЛАРРИ КИНГ

King, Larry. *Tell it to the King.* 1982.

King, Larry. *When you're from Brooklyn, everything else is Tokyo.* 1992.

Davidovit, Aliza. *Larry King* (2013) Retrieved from: www.jewishvirtuallibrary.org/larry-king

Wenig, Gaby. *Swingin down the lane.* (Nov 14, 2003) Retrieved from: www.JewishJournal.com

Slater, Elinor and Robert. *Great Jewish Men.* 1998.

Кинг, Ларри. *А что я здесь делаю? Путь журналиста.* 2010.

Кинг, Ларри. *Как разговаривать с кем угодно, когда угодно и где угодно.* 2011.

Кинг, Ларри. *По правде говоря.* 2012.

Barbara Walters interviews Larry King. (2005) www.JewishNews.com

Розенбах, Марсель. 'Нелепая конкуренция'. *Шпигель*, 4, (16 апреля 2007).

26. КОРОЛЬ МОДЫ РАЛЬФ ЛОРЕН

Trachtenberg, Jerry A. *Ralph Lauren, The Man Behind the Mystique.* 1988.

Gross, Michael. *Genuine Authentic: The real life of Ralph Lauren.* 2003.

Birmingham, Stephen. The Rest of Us: The Rise of America's Eastern European Jews. 1984.

Samberg, Joel. *The Jewish Book of Lists.* 1998.

Buttolph, Angela. *The Fashion Book.* 2001.

Sullivan, James. *Jeans: A Cultural History of an American Icon.* 2006.

Menkes, Suzy. 'Ralph Lauren Returns to His Russian Roots' *The New York Times* (May 14, 2007).

27. БИЛЛИ КРИСТАЛ: «ОКАЗЫВАЕТСЯ, РОДИТЬСЯ - ЭТО ЕЩЕ НЕ ВСЕ!»

Crystal, Billy. *700 Sundays.* 2005.

Crystal, Billy. *I already know I love you.* 2004.

Thompson, David. *The new biographical dictionary of film.* 2010.

Kinn, Gail. *Academy Awards: The Complete Unofficial History.* 2008.

Zoglin, Richard. *Comedy at the Edge: How Stand-up in the 1970s Changed America.* 2008.

Trescott, Jacqueline. 'Billy Crystal, Clearly Funny' *The Washington Post* (May 2, 2007).

Kane, Joe. *'Jack Crystal: a man to remember'* (1.16.2008) Retrieved from: www.Allaboutjazz.com

ОБ АВТОРЕ

Михаил Столин родился в Киеве в 1938 году. Его первые газетные заметки появились в 1958 году в газете «На страже Родины» Ленинградского Военного Округа, где он проходил срочную службу в войсках ПВО.

На протяжении последующих шестидесяти лет он опубликовал несколько сотен статей, рассказов, очерков, фельетонов, юморесок, и подборок афоризмов; по его сценариям ставились музыкально-развлекательные радиопередачи.

Инженер по образованию, Михаил Столин успешно работал на различных инженерно-технических должностях. Но его подлинное призвание - это знакомить читателей с неожиданными, курьезными, захватывающими историями о замечательных событиях и людях - и делать это непременно с чувством юмора и неподдельного интереса к предмету своего повествования.

Юмористичесие рассказы, сатирические миниатюры и остроумные афоризмы Михаила Столина публиковались в центральной и региональной прессе СССР, в таких газетах и журналах как: «Правда», «Неделя», «Крокодил», «Перец», «Учительская газета», «Наука и религия», «Советская эстрада и цирк», «Техника и наука», «Наука в Сибири», «Изобретатель и рационализатор» и многих других. (Более 80 изданий).

Помимо публикаций в жанре юмора и сатиры, многие из его статей - это познователные мини-исследования на самые разные темы - от истории изобретений до цирковых афиш.

Иммигрировав в Америку в 1992 году, Столин написал множество статей на Американскую тему - о книжном мире ставшего для него родным города Сан-Франциско, об истории создания Организации Объединенных Наций, а также о многих людях еврейской национальности - выходцев из России и Советского Союза - чьи судьбы стали неотъемлемой частью современной Американской истории и культуры. Подборка таких очерков, печатавшихся в разные годы в сан-францисской русскоязычной газете «Новая Жизнь», предлагается вниманию читателя.

www.ingramcontent.com/pod-product-compliance
Lightning Source LLC
LaVergne TN
LVHW041541070426
835507LV00011B/872